《当代中国俄语名家学术文库》荣获

第二届中国出版政府奖图书提名奖

第三届中华优秀出版物奖图书提名奖

СЕРИЯ «ИЗБРАННЫЕ ТРУДЫ СОВРЕМЕННЫХ КИТАЙСКИХ РУСИСТОВ»

ЧЖАН ЦЗЯХУ А

张家骅集

黑龍江大學出版社

图书在版编目（CIP）数据

张家骅集 : 汉、俄 / 张家骅著 . -- 哈尔滨 : 黑龙江大学出版社，2011.5（2021.9 重印）
（当代中国俄语名家学术文库 / 王铭玉主编）
ISBN 978-7-81129-391-3

Ⅰ. ①张… Ⅱ. ①张… Ⅲ. ①俄语－语体－文集－汉、俄 Ⅳ. ①H355-53

中国版本图书馆 CIP 数据核字（2011）第 050082 号

张家骅集
ZHANG JIAHUA JI
张家骅 著

责任编辑 惠秀梅 张春珠
出版发行 黑龙江大学出版社
地 址 哈尔滨市南岗区学府三道街 36 号
印 刷 三河市春园印刷有限公司
开 本 720 毫米 ×1000 毫米 1/16
印 张 20.75
字 数 329 千
版 次 2011 年 5 月第 1 版
印 次 2022 年 1 月第 2 次印刷
书 号 ISBN 978-7-81129-391-3
定 价 58.00 元

《当代中国俄语名家学术文库》

编辑委员会

张家骅，男，1941年生，黑龙江大学俄罗斯语言文学与文化研究中心教授，博士生导师。普希金奖章获得者，第三届国家级教学名师，第四、五两届中国高校人文社会科学研究优秀成果奖获得者。

主要研究方向是体貌学、语义学。代表作有《透过汉俄对比看“了$_1$”的常体意义》（《当代语言学》2004年第2期），<<Аспектуальные семантические компоненты в значении имен существительных в русском языке>>（<<Вопросы языкознания>>2007, №1），《现代俄语体学（修订本）》（高等教育出版社2008年版），《俄罗斯语义学：理论与研究》（中国社会科学出版社2011年版）。

出版前言

中国的俄语教育从初始迄今，已走过了整整300年的历史。从清朝康熙年间理藩院开设的俄罗斯文馆（1708年）算起，先后经历了京师同文馆（1862年）、京师大学堂（1901年）、译学馆（1903年）等早期俄语教育时期，以及俄语专修科（1921年）、延安大学俄语系（1941年）、中央军委俄文学校（1942年）、延安外国语学院（1944年）、哈尔滨外国语专门学校（1946年）等建国前俄语教育时期。但中国俄语教育有计划、成规模的发展，主要还应归功于中华人民共和国建国后的60年。据不完全统计，到1951年全国共有36所大学设立俄语系科，另有俄语专科学校7所；到了21世纪，全国开设专业俄语的高校就有90余所，开设大学俄语的高校300余所，以北京外国语大学、上海外国语大学、黑龙江大学为中心的中国俄语教育体系正在发挥着越来越重要的作用。在这60年的时间里，中国造就了大批俄语专家学者，他们投身于俄语教学与研究之中，取得了辉煌的成就，可谓名家如云，群星璀璨。他们的名字在中国俄语界个个耳熟能详，有的还享誉中国外语界、语言学界，乃至国外俄语界。其主攻方向和学术成就俄语界同人大都能说出一二，但因种种原因，不少学者的成果或散见各处，或无暇集成。所以，要想系统地推介他们的学术成就，迫切需要搭建一个展台。

2007年8月，黑龙江大学出版社正式成立。成立之初，出版社就高瞻远瞩地担负起了一种历史的重任：梳理成果、审视学群，为一些推动中国俄语教育发展进程的学术名流树碑立传。由出版社总编辑李小娟策划，出版社会同黑龙江大学俄语学院、教育部人文社科重点研究基地——黑龙江大学俄语语言文学研究中心以及中国俄语教学研究会拟共同出版“当代中国俄语名家学术文库”，以填补中国俄语学界的一个空白，弘扬中国俄语学界著名学者的学术成果，力争为全国俄语学术研究尽绵薄之力。

黑龙江大学之所以始终如一厚待俄语教育、全力推动中国俄语事业的发展，正是秉承了始建于1941年的中国人民抗日军政大学第三分校俄文大队“服务国家”的光荣传统。黑龙江大学的俄语教育事业历经了中央军委俄文学校、延安外国语学校、哈尔滨外国语专门学校、哈尔滨外国语专科学校、哈尔滨外国语学院、黑龙江大学等阶段，至今已有66年的历程。目前，黑龙江大学俄语学科已成为中国高校俄语语言文学学科中历史最悠久、积淀最深厚、层次最齐全、队伍最坚实的学科之一，是对当今中俄战略协作伙伴关系和东北亚地区合作发展具有重大推动和建设性作用的学科。同时，俄语学科是黑龙江大学的创校学科，也是学校目前的龙头学科。2007年恰好是黑龙江大学俄语专业创办66周年，恰逢黑龙江大学出版社创立，并且十分明确地认定俄语学科是出版社应瞄准与支持的重点学科，可谓喜上加喜。

作为后学，作为当代学人，光大前辈的学术思想，我们义不容辞，责无旁贷。对其学术思想梳理出版，不仅是当下学术思想传播的需要，也是学术精华传承的需要，从某种意义上说，更是一种抢救人类非物质文化财富的学术义举。为了做好本文库名家的遴选以及丛书的出版工作，我们特邀国内同行专家共同组成文库编委会，根据老一辈学者在全国俄语界的贡献与影响，经全国俄语同行的提名推荐，首批入选了11名专家。他们均是新中国培养出来的俄语名家，数十年献身于中国俄语教学与科学研究，见证了俄语学科的兴衰更替。他们中间有为中国俄语事业作出重要贡献的学者型领导王福祥（北京外国语大学前校长）、赵云中（华东师范大学前副校长），有成果丰硕的语言学家华劭（黑龙江大学）、信德麟（北京外国语大学）、吴贻翼（北京大学）、倪波（上海外国语大学），有令人敬佩的中国资深翻译家李锡胤（黑龙江大学）、张会森（黑龙江大学）、俞约法（黑龙江大学），有奋斗在国防教育战线上的俄语专家丁昕（解放军外国语学院）、徐翁宇（解放军国际关系学院）。他们融入了历史，也创造了灿烂的俄语人生。

该文库由黑龙江大学王铭玉教授担任主编，由黑龙江大学俄语学院孙淑芳教授、黑龙江大学俄语语言文学研究中心黄忠廉教授、黑龙江大学《外语学刊》李洪儒编审等担任副主编，黑龙江大学黄忠廉教授、靳铭吉副研究员、李洪儒编审同黑龙江大学出版社编辑惠秀梅、赵颖一并担任文库责任编辑，吴丽坤、黄东晶、杨志欣、彭玉海、张春新、刘锟、李芳、张志军、张金忠等博士参与了校对工作。他们共同托出俄语界同人期待已久的 11 份精神大餐，使学术经典锦上添花。

在文库的出版过程中，得到了黑龙江大学国家级教学名师张家骅教授和邓军教授、俄罗斯专家 И. Б. 沙图诺夫斯基以及黑龙江大学俄语学院 И. А. 科切尔金娜、Т. А. 谢瓦斯季亚诺娃等外籍教师的悉心指导，使文库内容更加精当、准确，形式更加完美、统一。

我们相信，集名家一生学术财富的文库定能穿越时空，流芳后人。

王铭玉

2007 年 12 月

《当代中国俄语名家学术文库》(第二批)
出版说明

《当代中国俄语名家学术文库》(以下简称“文库”,第一批共 11 卷)自问世以来,得到了俄语学界与出版界的广泛关注和一致好评,2010 年荣获了第三届中华优秀出版物奖图书提名奖,2011 年荣获了第二届中国出版政府奖图书奖提名奖。

为了继续展示、传播中国俄语学界著名学者的学术成果,推动全国俄语教学与研究的发展,按照原有的丛书策划思想,经过“文库”编委会的推荐并广泛征求俄语学界专家同人的意见,黑龙江大学出版社于 2011 年继续推出“文库”的第二批丛书,共遴选了 8 位专家结集出版,他们分别是:肖敏教授、吴克礼教授、张家骅教授、郑述谱教授、金亚娜教授、余一中教授、任光宣教授和张建华教授。他们在各自研究领域中所取得的成就得到了俄语学界的普遍认可,享有很高的学术声望。对他们的学术思想加以梳理,不仅是当下学术思想传播的需要,也是学术精华传承的需要。因此,第二批“文库”的出版,一定会对我国的俄语学术研究和教育事业发展起到进一步的推动作用。

《当代中国俄语名家学术文库》编委会

2011 年 1 月

目　录

体的语法意义及其制约因素

概括体范畴语法意义的若干理论问题……………………………… (3)
俄语动词体的语法意义 ……………………………………………… (19)
动词体与动词的词汇意义 …………………………………………… (37)
词汇意义还是语法意义?……………………………………………… (42)
语用学与动词体 ……………………………………………………… (48)
动词体和语境相关的几个问题 ……………………………………… (60)
俄语体学的成就、现状与任务………………………………………… (70)

动词体的变体意义

俄语动词完成体过去时的结果存在意义 …………………………… (87)
完成体言语行为努力尝试动词的意向言语行为意义……………… (100)
关于完成体动词表达预期行为问题………………………………… (115)
完成体动词的总和一体意义………………………………………… (120)
俄语动词未完成体表达的概括事实意义…………………………… (125)
俄语未完成体动词现在时的具体过程意义和拟定行为意义……… (136)
俄语动词体用例分析………………………………………………… (146)

俄汉体貌范畴对比

汉语棱镜下的俄语未完成体动词概括事实意义…………………… (157)
俄汉动词体貌语义类别对比述要…………………………………… (169)
俄汉语动词完成体语法意义的对比研究…………………………… (185)

俄语棱镜下的汉语体范畴……………………………………………… (212)

俄语动词体教学

体学研究应服务于语言教学………………………………………… (227)
关于俄语动词体教学的几个问题…………………………………… (231)

体学俄语论文

Об одной трудности употребления видов глаголов русского языка
(使用俄语动词体的一个困难问题) ……………………………… (243)
Аспектуальные семантические компоненты в значении имен существительных в русском языке
(俄语名词词汇意义中的体貌范畴语义因素) ……………………… (253)
Обще-фактическое значение русского глагола в сопоставлении с китайским глаголом
(俄汉语动词概括事实意义的对比研究) ………………………… (287)
Исследовательские профили у китайских лингвистов-русистов(на примерах научных успехов по русской аспектологии)
(以体学成果为例谈中国俄语研究者的使命) ……………………… (302)

参考文献………………………………………………………………… (310)
《张家骅集》收录论著索引 ………………………………………… (316)
作者传略 ……………………………………………………………… (318)

СОДЕРЖАНИЕ

Грамматическое значение категории вида и обуславливающие его факторы

Теоретические проблемы поиска инварианта видового значения .... (3)
Грамматическое значение глагольного вида .... (19)
Вид глагола и его лексическое значение .... (37)
Лексическое или грамматическое значение? .... (42)
Прагматика и глагольный вид .... (48)
Некоторые вопросы контекстуальной обусловленности глагольного вида .... (60)
Успехи, нынешнее состояние и задачи русской аспектологии .... (70)

Вариантные значения глагольного вида

Перфектное значение формы прошедшего времени глагола СВ .... (87)
Иллокутивное значение речеактовых глаголов-конативов СВ .... (100)
К вопросу о выражении ожидаемого действия глаголом СВ ... (115)
Суммарное значение глагола СВ .... (120)
Обще-фактическое значение НСВ .... (125)
Значение конкретно-процессное и намеченного действия формы настоящего времени глагола НСВ .... (136)

Анализ употребления глагольных видов ······························ (146)

Аспектуальность в русском и китайском языках в сопоставительном плане

Обще-фактическое значение русского глагола НСВ через призму китайского языка ······························ (157)
Классификация глаголов по лексической аспектуальности в русском языке в сопоставлении с китайским ······························ (169)
Грамматическое значение глаголов в совершенном виде в русском и китайском языках в сопоставительном плане ······························ (185)
Китайская аспектуальность через призму русской ······························ (212)

Обучение глагольному виду в китайской аудитории

Исследование аспектуальности должно служить обучению языку ······························ (227)
Некоторые вопросы обучения глагольному виду ······························ (231)

Статьи по аспектуальности на русском языке

Об одной трудности употребления видов глаголов русского языка ······························ (243)
Аспектуальные семантические компоненты в значении имен существительных в русском языке ······························ (253)
Обще-фактическое значение русского глагола в сопоставлении с китайским глаголом ······························ (287)
Исследовательские профили у китайских лингвистов-русистов (на примерах научных успехов по русской аспектологии) ······ (302)

Литература ······························ (310)
Биографические сведения ······························ (319)

体的语法意义
及其制约因素

概括体范畴语法意义的若干理论问题

体作为俄语动词的核心语法范畴，是一个令人有些困惑、望而却步的研究领域。其中的诸多疑难不仅表现在我们都有切身感受的实践教学中，而且表现在语言学的理论阐释上。长期以来，围绕体范畴的理论阐述，有许多争论不休、至今不能求得一致的问题。这些问题涉及体范畴的语法意义和语法形式的各个方面。诸如：怎样正确概括完成体动词的常体意义（инвариант）；未完成体动词和完成体动词的关系是缺值对立关系（привативная оппозиция）还是等值对立关系（эквиполентная оппозиция）；体的对应词偶（видовая пара）是同一动词的两种不同语法形式，还是各自独立的动词；形态特征是不是行为方式动词的必备特征等。

体学（аспектология）领域长期争论的一个热点话题是完成体动词和未完成体动词的常体意义。所谓常体意义，是相对于变体意义（варианты）而言，指从体形式在具体上下文的不同意义变体中抽象出来的共同意义成分，这种意义又称为范畴意义或概括意义（категориальное значение）。如何界定完成体动词和未完成体动词的常体意义，语言学界的分歧很大。这些意见分歧在下列几种有重要影响的著作中反映出来：(1)苏联科学院俄语研究所编《现代俄语标准语语法》（苏联科学出版社 1970 年版）（以下简称《70 年语法》）；(2)苏联科学院俄语研究所编《俄语语法》（苏联科学出版社 1980 年版）（以下简称《80 年语法》）；(3)《80 年语法》的缩编改写本《俄语语法》（苏联俄语出版社 1990 年版）（以下简称《90 年语法》）；(4)菲林（Ф. Филин）主编的《俄语百科词典》（苏联百科全书出版社 1979 年版）；(5) 卡拉乌洛夫（Ю. Караулов）主编的《俄语百科词典》（俄罗斯大百科全书出版社 1997 年版）（简称新编《俄语百科词典》）；(6)亚尔采娃（В. Ярцева）主编的《语言百科词典》（苏联百科全书出版社 1990 年版）。这些经典之作关于动词体常体意义的相关表述分别是：

（1）完成体动词称谓达到自身界限的行为；未完成体动词不包含达到行为界限的意义。最抽象的行为界限意义是内在的质的界限意义；行为的各种具体界限意义抽象的程度可能较小，较外在。①

（2）体范畴是由相互对立并具有同类语法意义的动词形式列构成的系统：一列动词形式表示受界限限制的整体行为（完成体动词）；另一列动词形式不具有行为受界限限制的整体特征（未完成体动词）。行为受界限限制的意思是行为受抽象的内在界限限制。②

（3）动词体范畴是具有受界限限制的整体行为意义和不受界限限制的非整体行为意义的动词对立构成的非词形变化范畴。③

（4）完成体是体对立中承载体的语法意义的部分，具有行为达到自身的抽象的、质的界限意义；未完成体是体对立中不承载体的语法意义的部分，动词的未完成体形式可能不具有行为的完结意义（Мальчик целый день читал книгу. 小男孩儿读了一天书），也可能具有行为的完结意义（Я уже читал эту книгу. 我已经读过这本书了）。④

（5）未完成体动词和完成体动词语法意义对立的语义基础是达到被表达行为的内在界限/未达到被表达行为的内在界限或没有内在界限，以及由此形成的完成体动词把被表达行为的开始、继续、终结看做不可分割总体的行为整体意义和未完成体动词的行为非整体意义（没有行为开始与终结融为一体的特征）。⑤

（6）在俄语和其他斯拉夫语中，完成体和未完成体在语法上是相互对立的。这种对立的语义基础是界限动词。完成体动词标志达到界限，因而将行为作为不可分割的整体表示；未完成体动词对达到界限的特征和整体特征持中立的态度。⑥

上述几种定义的差别集中在“内在界限”/“较外在界限”的概念含义、“达到界限”/“受界限限制”的表述角度、界限特征/整体特征的相互

---

① Грамматика современного русского литературного языка. М., 1970, стр. 337 – 338.

② Русская грамматика. Т. I. М., 1980. стр. 583.

③ Русская грамматика. Под ред. Н. Шведовой и В. Лопатина. М., 1990, стр. 265 – 266.

④ Русский язык. Энциклопедия. Под ред. Ф. Филина. М., 1979, стр. 162.

⑤ Русский язык. Энциклопедия. Под ред. Ф. Караулова. М., 1997, стр. 65.

⑥ Лингвистический энциклопедический словарь. Под ред. В. Ярцевой. М., 1990, стр. 83.

关系和未完成体动词/完成体动词的对立性质等比较重要的理论问题上。本节旨在揭示这些定义表述的语言学理论背景，对它们予以解读，评说，提出笔者的意见倾向。

1 "内在界限"/"外在界限"的概念含义

《70 年语法》的"界限"（предел）是对"内在界限"（внутренний предел）和"外在界限"（внешний предел）两种情况的概括。这里的"内在界限"含义与《俄语百科词典》、新编《俄语百科词典》及阿维洛娃（Н. Авилова）的其他相关著述一致，指行为的抽象的、质的界限，被理解为一个极限点，行为在达到这个极限后穷尽自己，停止下来。[①] 行为的"外在界限"与"内在界限"相比，抽象的程度较小，指动词表达的对延伸行为在时间量上加以限制的各种具体界限意义，如行为过程的开始意义（запеть 唱起来）、停止意义（отшуметь 不再喧闹）、有限持续意义（посидеть 坐一会儿）以及一次行为意义（крикнуть 喊一声）等。"内在界限"在这里和通常的动词词汇语义分类范畴"界限性"（предельность）的意义是一致的，指词汇意义中反映的语言外客观世界的行为本身固有的界限。строить/построить дом（建房）表达的客观行为不是可以无限延长的直线，而是长度有限的线段。行为的不同时间片段具有异质的特征。房子不可能旷日持久地建下去，总有封顶交工的时刻。这种界限是客观行为本身的性质决定的，因而是"内在"的。反之，посидеть 的生产词（сидеть）表达的行为（状态）就其本身的客观性质而言，在理论上可以无限延长，无内在界限可言，行为的不同时间片段具有均质的特征。前缀 по- 给予 сидеть 的界限意义不是 сидеть 表达的客观行为性质本身固有的，而是来自行为外部语言体系的因素。因而这种界限和前者比较起来，是较外在的界限。反映语言外客观世界中具有内在界限行为的动词，通常称为界限动词（предельный глагол）。其中的完成体表达的界限意义是实在的，即行为结果；未完成体的界限意义是潜在的，蕴涵在行为过程意义当中。《语言百科词典》在相关表述中的"界限"所指，事实上就是这里所说的作为极限点来理解的行为内在界限。

阿维洛娃指出，所谓"内在界限"，是从若干语义类别的动词的体对

---

① Н. Авилова, Вид глагола и семантика глагольного слова. М., 1976, стр. 23 – 28, 168 – 169, 193 – 194.

应词偶中抽象出来的。[①] 主要的类别如:(1)以客体为作用对象的自主行为动词,未完成体表示朝向预期目的的积极进取的过程,完成体表示达到目的。其中的具体行为动词达到目的的意义体现在客体的位移(переставить стол 挪动桌子)、消失(сжечь письма 烧掉信件)、出现(построить дом 建房)等变化上;抽象行为动词达到目的的意义一般不体现在客体的物质变化上(беречь/сберечь 爱护,рекомендовать/отрекомендовать 推荐)。(2)不以客体为作用对象的自主行为动词,达到目的的意义体现在主体自身的状态(ложиться/лечь 躺下,дуться/надуться 打足气)。(3)非自主行为动词,未完成体表示从一种状态向另一种状态的消极渐变过程,完成体表示消极结果的出现(слабеть/ослабеть 变弱,слепнуть/ослепнуть 失明)。可见,"内在界限"在这里是积极行为结果和消极行为结果两种情况的概括。阿维洛娃认为,用 результат(结果)一词不能代替 внутренний предел(内在界限)来概括全部对偶完成体动词的语法意义,因为它只表示(1)、(2)两类完成体动词的积极结果特征,不表示(3)类完成体动词的消极结果特征。我们核对了俄语详解词典的释义,确如是说:результат ——实施某行为要达到的最终结局(конечный итог,ради которого осуществляется какое-л. действие(МАС))。但这并不等于在用汉语表述俄语完成体动词语法意义时不能以"结果"一词来代替"内在界限",因为"结果"(在一定阶段,事物发展所达到的最后状态:优良的成绩,是长期刻苦学习的结果/经过一番争论,结果他还是让步了(《现代汉语词典》1997))较之阿维洛娃使用的 результат 的语意宽泛,既可以表示积极的结局,又可以表示消极的结局。因此,我们认为,在用汉语表述对偶完成体动词的语法意义时,与其绕着弯子说"达到内在界限",不如直接了当地说"达到结果"。

《80 年语法》中的"界限"和"内在界限"是同义语:"行为受界限限制的意思是行为受抽象的内在界限限制"[②]。但是这里的"内在界限"的含义不同于《70 年语法》,其并列下位概念是包括自主行为结果界限(переписывать/переписать 写)和非自主行为结果界限(таять/растаять 融化)在内的"极限点界限"(行为在达到极限点后穷尽自己,停止下来)

① Н. Авилова, Вид глагола и семантика глагольного слова. М., 1976, стр. 168－169.

② Русская грамматика. Т. I. М., 1980, стр. 583.

与“时间界限”(对行为的延伸和分布在时间量上加以限制的界限)。因此,对于这里的“内在界限”不能局限于在动词词汇语义分类时通常赋予它的意义来理解,其含义范围被扩大了。这里反映了邦达尔科(А. Бондарко)对“内在界限”的观点:“内在界限”是受体、行为方式、词义等动词内部的语法、构词、语义诸因素制约的界限。而句子 Ждали до десяти часов вечера(等到晚上 10 点钟) 中 ждали(等) 的界限意义不是通过体、行为方式、词义等动词内部的因素表达的,而是借助 до десяти часов вечера (到晚上 10 点钟) 这一外部因素体现的,因而这里的界限才是外在的界限。[①]《90 年语法》的“界限”概念含义与《80 年语法》相同。

《80 年语法》、《90 年语法》以及邦达尔科的其他著述在定义动词体语法意义时这样使用“界限”(界限 = 极限点界限 + 时间界限) 一词似存在术语学方面的缺欠。如上所述,这个词被他们赋予的意义,较之通常使用的词汇语义范畴术语“界限性”/“非界限性”有所区别。后一对术语的所指已约定俗成地固着在包含内在“极限点界限”意义的动词和不包含这种界限意义的动词上。为了避免术语的多义性,洛莫夫(А. Ломов)曾经建议用“边界”(граница) 一词来取代广义的“界限”,作为“极限点界限”和“时间界限”的共同上位概念。[②]

2 “达到界限”/“受界限限制”的不同表述视角

《80 年语法》虽然以《70 年语法》为蓝本,但是在涉及完成体动词的常体意义时,却用“受界限限制”更换了“达到界限”的文字表述。两种不同的表述方式还体现在上文列举的其他著作中。不同的表述视角反映了两种相互对立的俄语体范畴观,不仅仅是文字表述上的一般调整。

阿维洛娃和邦达尔科分别代表两种不同的俄语体范畴观点,他们的分歧焦点集中在对于“体的对立”(видовая оппозиция) 概念的阐释上。阿维洛娃把“体的对立”与“体的对应词偶”等同起来。她认为,体的对立就体现在词汇意义相同、语法意义不同的动词构成的体的对应词偶中。体范畴作为语法范畴,正是建立在完成体动词和未完成体动词的这种语法对立或体的对应词偶基础之上的。所谓“词汇意义相同”,指的是完成

① А. Бондарк, о Проблемы грамматической семантики и русской аспектологии. СПб., 1996, стр. 125 – 126.

② А. Ломов, Очерки по русской аспектологии. Воронеж, 1997, стр. 29.

体动词和未完成体动词的意义区别仅限于达到/未达到行为的抽象内在的意义。① 基于对体范畴的这种认识，阿维洛娃的结论自然是，在概括完成体动词的常体意义时，应该把着眼点放在对偶完成体动词的终端"极限点界限"意义上。至于 зашуметь（开始喧闹起来），отзаниматься（停止做功课），посидеть（坐一坐）等完成体动词，由于没有对应的未完成体，不参与构成体的对应词偶，因而处于体范畴意义的概括范围之外，它们的开始、终结、有限持续等时间界限意义当然不是完成体常体意义的概括对象。这部分界限意义的研究工作应该纳入"行为方式动词"的章节中去。语法体范畴的特殊性恰恰就在于，它赖以存在的体的对应词偶不囊括全部动词，尽管所有动词都属于完成体或未完成体。

《70 年语法》"行为达到自身界限"的文字表述意味着，作者所说的"界限"受与之组合的"达到"一词的制约，事实上只能是作为行为极限点的终端内在界限，并不包括较外在的时间界限。我们的这个推论并不武断。对于完成体动词语法意义的这种观点，也体现在阿维洛娃的其他著作中，如在《动词体和动词的词汇意义》一书的导言部分，她就开宗明义地申言："本书采纳把完成体语义理解为达到行为内部抽象界限语义的观点。"②与阿维洛娃"体的对立"概念理解不同，邦达尔科把"体的对立"与"体的对应词偶"区分开来。他认为："完成体和未完成体对立远非仅仅限于体的对应词偶，这种对立关系遍及所有动词。全部完成体动词与全部未完成体动词构成相互对立的关系。例如，завязать（扎，系）不仅和 завязывать（扎，系）作为体的对应词偶的成员，彼此相互对立，而且同时又与 вязать（扎，系）以及 пилить（锯），требовать（要求），позевывать（不时地打哈欠）等所有其他未完成体动词构成对立的关系。"③"俄语中的体范畴与其他斯拉夫语一样囊括所有动词和动词的所有形式。""确定动词的体的归属和体的意义不取决该动词是对偶体动词（писать/ написать 写，записать/записывать 记下）或不是对偶体动词（грянуть 轰隆一声响；граничить 接壤），就是说，体的意义分析不仅要在体的对应词偶范

① Н. Авилова, Вид глагола и семантика глагольного слова. М., 1976, стр. 27.
② Н. Авилова, Вид глагола и семантика глагольного слова. М., 1976, стр. 23.
③ А. Бондарко и Л. Буланин, Русский глагол. Л., 1967, стр. 42.

围之内进行，而且要跨过这个范围，在体的总系统中进行。”①

《80年语法》“体范畴”一节的作者虽然仍旧是阿维洛娃，但显然接受了以邦达尔科为代表的体范畴观。既然“体范畴囊括所有动词”，那么完成体动词语法意义的概括对象就应该不仅是对偶完成体动词达到终端极限点界限的意义，而且是 зашуметь，отзаниматься，посидеть 等单体完成体动词的开始、终结、有限持续等时间界限意义。这就是《80年语法》用“受界限限制”更换《70年语法》“达到界限”的完成体动词语法意义表述的原因所在。

应当指出的是，并非所有对偶完成体动词都具有达到终端极限点的意义。试比较 растаять（消融）与 упасть（跌倒），虽然二者都属于非自主行为动词，但是前者属于一般持续－结果动词，有达到终端极限点的意义，行为在达到内在界限之前，有结果逐渐积累的过程。这种过程意义由对应未完成体动词 таять 表示。而 упасть（跌倒）属单纯结果动词，不包括终端极限点的意义，只表达偶然、瞬间发生的非自主行为，其前没有结果因素由少到多的量的积累过程。对应的未完成体动词 падать 因而主要用于表达重复的结果。再比较 написать（写）与 сказать（说）。虽然两个动词都具有“整体性”的意义特征（参见下文），但是前者的元语言释义“开始写，写一段时间，结束（кончить）写”中包含达到结果的意义因素（结束），后者的释义“开始说，说一段时间，停止（перестать）说”中却不包含达到结果的意义因素，“停止”不是结果。可以说：Долго писал диссертацию，но так и не написал ее（论文写了很久，但仍然没写完），但不能说：*Долго говорил, но так и не сказал. 此外，понять（领悟），удивиться（惊讶起来），прислушаться（开始倾听）等状态结果动词也不含有达到终端极限点的意义。它们与对应未完成体动词 понимать（懂），удивлять（惊讶），прислушиваться（倾听）之间的意义对立关系不是结果/过程的关系，而是结果状态出现/结果状态持续的关系。《80年语法》将用来构成对偶完成体动词的 вз-，на-，о-，по-，раз-，у-等全部16个前缀的意义都不加区别地说成表达结果，将用这些前缀构成的完成体动词与对应的不带前缀的未完成体动词之间的意义关系说成结果/过程关系，这

---

① А. Бондарко, О значениях видов русского глагола. — ВЯ, 1990, №4. А. Бондарко, О системе анализа семантики глагольного вида. // Труды аспектологического семинара филологического факультета МГУ им. М. В. Ломоносова. Т. I. М., 1997, стр. 6－10.

显然是欠妥当的。诸如 увидеть/видеть（看见），услышать/слышать（听见），оробеть/робеть（胆怯），рассердиться/сердиться（生气）等体的对应词偶，其中的完成体动词只表示结果状态的出现，对应的未完成体动词则表示结果状态的持续。

表达行为受终端极限点界限限制（达到结果）的对偶完成体动词，即表达行为达到自主结果和非自主结果的动词虽然仅仅是全部俄语完成体动词的一部分，虽然它们的达到结果的意义仅仅是受界限限制意义的一种具体表现形式，但是着重指出这种类型的界限意义是十分必要的，因为体的对立意义在这类完成体动词和它们的相应未完成体动词构成的体的对应词偶中表现得最明显（Мальчик долго переписывал работу, и наконец, переписал ее 男孩子抄作业抄了很长时间，终于抄完了；Снег таял и растаял 积雪在消融，融尽了）。尽管把完成体的意义说成达到结果，把未完成体意义说成达到结果的过程是以偏概全，不够准确，但是仅仅看到这里的偏差也不正确，因为体的对立特征在这里得到了最鲜明的体现。从教学法的角度看，在俄语作为非母语教学的初级阶段，与其使用《80 年语法》、《90 年语法》的定义，说完成体的语法意义是受界限限制，不如使用新编《俄语百科词典》以及阿维洛娃著作里的定义，说它们的意义是“达到行为内部的抽象界限”，即行为结果。因为“受界限限制”意义是在概括了语义特征纷繁复杂的全部完成体动词后得出的，难免十分抽象，不好把握。而“达到结果”的意义虽然不能概括所有完成体动词的特征，但是它与词义息息相关，反映了俄语动词体范畴受动词词汇语义制约的特点，容易为学生所接受。而且，事实上，“达到结果”也确实是完成体语法意义的核心。此外，体范畴之所以在外语教学中构成困难，原因不在于单体动词，包括具有外在界限的完成体行为方式动词上，这里没有体的选择使用问题。体的教学难点集中在动词体的对应词偶上，学生在这里每一步都面临困难的抉择问题。因此，从外语教学法的角度着眼，把完成体动词常体意义定义的范围限定在体的对应词偶中是可取的方案。

3 把界限性和整体性结合在一起来表述完成体的常体意义

用整体性特征概括完成体动词意义源于拉兹穆先（Л. Размусен），为列宁格勒功能体学学派的马斯洛夫（Ю. Маслов）、邦达尔科、舍利亚金（М. Шелякин）等接受和发展。他们认为，虽然客观行为自身一般都展现为一个动态的线性延伸过程，但是，完成体动词不是客观地截取这一动态过程的中间片段来作为自己的反映内容，而是出于说话人的主观意图，把行为的开始、中间、结尾各阶段压缩在一起，作为一个不可分割的浑然整体表达。例如，Ребенок написал букву палочкой на песке（小孩儿用小木棍在沙地上写了一个字母）的意思不是“在字母开始存在于沙地之上时，小孩儿结束了写的行为”，而是“小孩儿开始写字母，写一段时间字母，在这个字母开始存在于沙地之上时，结束了写的行为”。表达行为在达到结果之前包含逐渐积累部分结果因素的完成体一般持续－结果动词，行为的整体性特征表现得最典型，诸如 сделать（做），прочитать（读），сшить（缝），построить（建），надеть（穿、戴），вбить（打入），втащить（拖入），погрузить（使浸入）等等，这类动词占俄语动词的大多数。格洛温斯卡娅（М. Гловинская）给予它们以类似 написать 的统一的元语言释义模式：开始～，～着，在……开始存在时，结束～。[①] 对偶完成体意向言语行为动词（иллокутивные глаголы）的共同意义成分是“开始说话，说一段时间的话，然后停止说话”，它们的整体行为意义也十分典型。如 пригласить（邀请）的意思是：“开始说邀请的话，说一段时间邀请的话，停止说邀请的话”。所谓“不可分割”，指的是不能把完成体动词表达的整体行为分割为开始、中间和结尾的阶段。正是由于这个原因，完成体动词不定式形式不能和用来表示这些阶段的动词 начать（开始），продолжать（继续），кончить（终止）搭配使用。如果说，用未完成体动词表达非整体行为，即截取行为动态延伸过程的中间片段来加以表达时，行为主体置身于行为延伸的内部时间之中的话，那么，用完成体动词把行为作为不可分割的整体表达时，主体则被说话人置于行为延伸的内部时间之外。

整体特征和界限特征并不矛盾，它们的关系不是相互排斥、相互补充或相互包容的关系，而是同一特征的两个不同方面。假如完成体表达的行为是一条有两个端点的线段的话，那么，界限说把注意力放在这条线段的终点上；而整体说则把注意力从终点转移到作为整体的线段本身上来。在实际语言运用中，由于上下文等因素的作用，完成体动词有时主要体现出界限的一面，有时则主要体现出整体的另一面。

---

① М. Гловинская, Семантические типы видовых противопоставлений русского глагола. М., 1982, стр. 83－85, 86.

如果抛开整体特征，仅仅用达到界限来解释完成体动词的常体意义，那么动词的某些搭配特点、使用特点就无法解释。假如完成体动词确实仅仅强调行为的终端界限，而不是表达一个开始、中间、结束合在一起看待的整体行为的话，那么，一方面，就应该能够和指出终端界限的点状时间状语搭配使用。但事实上很多完成体动词并不具备这种搭配能力。例如：不能说* Я прочитал вашу статью в 3 часа 15 минут（*我 3 点 15 分读了你的文章）；* Он написал этот роман 17 декабря 1983 г.（*他 1983 年 12 月 17 日写了这部长篇小说）。[①] 可以用 отзаниматься в два часа 的搭配来表达 перестать заниматься в два часа（在两点钟停止自习）的意思，但是 написать в два часа 却不表示 перестать заниматься в два часа（在两点钟终止写），而只是 написать за два часа（用两个小时写）的意思。прочитать в два часа 也是加此。另一方面，зимой（冬天），в прошлом году（去年），вчера вечером（昨天晚上）之类非点状时间状语在和完成体动词搭配使用时，就应该表示行为终止的时间，但事实上 Вчера вечером я написал письмо（我昨天晚上写了一封信）；Художник нарисовал эту картину в прошлом году（这幅画是画家去年画的）之类句子中的谓语动词并不意味着将行为的开始、中间阶段排除在外，仅仅表示在该时间段落里行为达到了内在界限。

有些完成体动词在特定的上下文里，比如在努力尝试动词未完成体形式和完成体形式组成的同等谓语结构中（долго уговаривал, и наконец, *уговорил* 劝说了很久，终于说服了），在完成体一般持续 - 结果动词与否定语气词 не 搭配表达正在进行的尚未达到结果的行为的时候（— Вы все еще читаете эту статью? — Да, я еще не прочитала ее. ——你还在读这篇文章？——是呀，我还没读完呢），表意的着眼点是作为完成体行为的线段终端，体现出来的主要是行为达到界限的意义，而不是整体性意义。用整体论来解释类似用法的完成体动词的语法意义就未免有牵强附会之感（прочитала（读）不是 начала читать, читала и кончила читать（开始读，读，终止读）的意思，而是 кончила читать（终止读）的意思）。但是，如果 не прочитал 处在表达预期行为的上下文中，例如在句子 Из-

---

① И. Шатуновский, Семантика вида: к проблеме инварианта. // Русистика сегодня. М., 1992, стр. 66.

вините, что я не прочитал заданный отрывок «Матери», не достал книги（对不起,《母亲》里的那一段我没读,没弄到书）中,表达的却是应该进行而没有进行的,甚至没有开始的行为。这里指的显然不是线段终端界限,而是包括起点和终端在内的线段整体。

格洛温斯卡娅指出,Вот подмету комнату и пойду на работу（我打扫了房间就去上班）是一个歧义句。句中的完成体动词 подмету（打扫）在行为尚未开始的情景中,表达的是把开始、中间、结尾压缩在一起的整体行为（начну... и кончу подметать 开始打扫……结束打扫）。但是如果行为在说话的时候已经开始,表达的只能是行为的终端界限（кончу подметать 结束打扫）。[①] 这恰恰说明完成体动词的整体性特征和界限性特征的密切关系。如果说 подмету 的体的语法意义包含①开始打扫,②打扫一段时间,③结束打扫三个义素的话,那么,在行为尚未开始的情景中,这三个义素都被置于焦点的位置,共同扮演主要的交际角色。而在行为于说话时候已经开始的情景中,义素①,②则退居为背景信息,预设成分。被凸显出来的陈说（ассерция）部分只是义素③。

同样的道理,напишу（写）在— Почему ты долго не пишешь маме? — После обеда напишу（——你为什么总不给妈妈写信?——午后就写）中表达的是行为整体;在— Когда же ты кончишь писать? — Напишу сейчас（——你什么时候才写得完呀?——马上写完）中表达的侧重点则是行为的终端界限。

顺便说一下,汉语的时态助词"了"与一定语义类别动词结合起来表达的意义,类似俄语完成体动词,也具有整体性的特征。试比较我写了信就去/我写完信就去。"写了"与"写完"的区别就在于,前者的意义包括行为的开始、中间、结尾在内,后者只表示行为的结尾。

实际上,被视为整体论奠基者的拉兹穆先并没有把完成体的整体特征和界限特征对立起来。他在给完成体下定义时已经把二者结合起来了:"我认为,完成体动词首先表示达到目的（界限）的行为,其次表示作为一个整体（开始、中间、结尾合在一起）来看待的行为。"[②]

---

① М. Гловинская, Семантические типы видовых противопоставлений русского глагола. М., 1982, стр. 86.

② Л. Размусен, О глагольных временах и об их отношениях к видам в русском, немецком и французском языках. // Журнал Министерства народного просвещения. 1891.

正是由于上述原因,《80 年语法》、《90 年语法》、新编《俄语百科词典》和《语言百科词典》采取了不同于《70 年语法》、《俄语百科词典》的做法,把界限性和整体性结合在一起来表述完成体的常体意义。

4 未完成体动词与完成体动词的对立性质

《80 年语法》把未完成体动词的常体意义确定为：未完成体动词不具有行为受界限限制特征和整体特征,这与《70 年语法》的定义(未完成体动词是不包含指示行为达到界限内容的动词)大同小异。两个定义的区别在分析完成体动词常体意义时已经涉及,这里不再赘述。它们的共同特点是,不像完成体动词的常体意义那样,通过对变体意义的归纳,从正面进行肯定的表述,而是通过对完成体动词的界线特征和整体特征予以排除的方式,从反面进行否定的表述。采用这种表述方式的原因在于,未完成体动词与完成体动词不同,后者的受界限限制特征和整体特征贯穿在各种变体意义中,但是对于前者却无法从它的各种具体用法里归纳出共同的语义“公约数”来。我们知道,未完成体动词可以表示不受界限限制的非整体行为,包括:(1) 没有内在限制的行为,如用单体未完成体非界限动词表达的静止状态:① На столе стоят часы (桌子上放着一台座钟);(2)没有达到内在的行为,这种行为通常用对偶未完成体结果动词表示:② Твоя бабушка умирает (你奶奶病危);(3)没有次数界限限制的行为:③ Домой он возвращался только ночью(他只夜里才回家);(4)事物性质:④ Лиственница раскалывается(落叶松易裂);(5)可以称谓客观行为,但不附加任何特征限定:⑤ Братья спорят, стоит ли *отправляться* на поиски счастья (Л. Толстой) (兄弟们在争论:要不要去找寻幸福?) (6)也可以用在表示受界限限制的整体行为的上下文里,如:⑥ Где ты покупал эту книгу? (你在哪里买的这本书?) 从这些变体意义中委实难于正面概括出共同的意义成分来。有人试图把“过程性”说成是未完成体动词的常体意义。这对于①②没有疑问。例③④被解释为“无限重复的过程”也还勉强。但是例⑤,特别是⑥中的未完成体动词却无论如何也无法说成有“过程性”的意义因素。我们不能同意邦达尔科的观点,认为未完成体动词在体的对立中和(нейтрализация видовой оппозиции)情况下表达的事实意义不过是具体过程意义的修辞用法而已。[①] 未完成体动词的对立中和用法包括“历史现在时”、“概括事实”等各种不同的类型。这种观点对于未完成体动词的历史现在时用法是正确的，但是对于例⑤⑥中未完成体动词的概括事实用法则未必恰当。

《80 年语法》和《90 年语法》对于未完成体动词的定义方式源于雅柯布逊(Р. Якобсон) 的缺值对立学说:“如果范畴Ⅰ表示存在 A，那么范畴Ⅱ不表示 A 的存在;就是说，范畴Ⅱ不指明 A 是有或无。对范畴Ⅰ而言，范畴Ⅱ的概括意义仅限于没有表示 A。”[②]对于体范畴中有确定语义特征的标记成分完成体动词而言，未完成体动词是不具有这一特征的无标记成分。因此，未完成体动词既可以用来表示不受界限限制的非整体行为，又可以用在包含受界限限制特征和整体特征的上下文中(如例⑥)。

关于未完成体动词是体范畴二元对立中的无标记成分，有各种不同的理解:

(1)未完成体动词不具有行为受界限限制特征和整体特征的表述是对三类性质有别的变体意义的概括:在一种情况下，肯定地表示与完成体动词相反的不受界限限制的非整体行为(如句①②③④);在另一种情况下，出现在有确定界限意义和整体意义的上下文中，但是界限性、整体性不是语句的信息结构焦点，完成体的显性表达手段因而被略去(句⑥);在第三种情况下，出现在任何体的特征都无从谈起的上下文中。二、三两种情况统称之为未完成体动词的中和用法。第三种情况需要展开一点谈。人们需要表达的行为在体特征上并不处处都是确定的，泾渭分明的。并不是非结果，即过程，非重复，即一次，二者必居其一。情况远远不是这样。在很多情况下，我们甚至连行为是否发生，是否将要发生都不知道，更何况达到结果没有，发生多少次了。理想的方案是，俄语中应该有第三种体专门用来表达这种既非结果，亦非过程，既不是一次，又不是重复的行为。但是语言结构的形式与意义的非对称规律不允许这样。于是这一角色被未完成体兼而任之(例⑤)。类似的中立用法不仅仅表现在未完成体动词上。问句 У вас есть дети? (您有孩子吗?);У вас есть вопросы? (你们有问题吗?) 中的名词复数形式并不像语法书中名词复数定

---

① А. Бондарко, Вид и время русского глагола. М., 1971, стр. 232 – 233.

② 张家骅:《布拉格学派标记理论管窥》,《外国语》1992 年第 4 期.

义说的那样，表示“一个以上的事物”。连受话人有没有孩子、有没有问题都不知道，哪里谈得上一个，还是一个以上？复数形式在这里表示的既非“一个”，也不是“一个以上”，而是第三种数，不确定数。汉语的“他们”表示一个以上的男性，“她们”表示一个以上的女性。但是在“林黛玉要死，贾宝玉要活，贾母拿他们一点办法都没有”的句子中，“他们”指代的却是一男一女的第三种情况。把未完成体动词类似的表义功能也看做无标记成分的特征，这是对雅柯布逊缺值对立学说的发展。

对未完成体无标记成分持上述观点的著作，在表述未完成体动词的常体意义时，通常首先用排除法从反面概括定义，然后正面列举三种具体意义类型。但是，“不具有行为受界限限制特征和整体特征”的否定概括虽然严密，却毕竟空洞、费解。新编《俄语百科词典》的“未完成体”词条因而略去了通常的这个部分，开门见山地说：“未完成体是体范畴的两种形式之一，表示未达到行为界限或没有行为界限，并因此而具有非整体行为意义；也表示没有确定体特征的行为。”①

（2）未完成体动词因为是体对立中的无标记成分，所以既可以用来表示与完成体动词常体意义相反的特征，又可以与完成体动词一样，表达受界限限制的整体特征。《俄语百科词典》就持这种观点。

“未完成体动词表达界限特征和整体特征”与“可以用在包含这些特征的上下文中”是两回事。持上述观点的人把二者混为一谈。在句⑥里，行为受界限限制的特征和整体特征并没有通过体的语法形式表示，而是借助上下文体现出来的。试用完成体取代句中的谓语动词：⑦Где ты купил эту книгу?（你在哪里买的这本书?）句义保持不变，但是表达行为结果的手段发生了变化。句⑦中“买”的行为结果通过完成体动词 купил（买）和上下文因素 эту книгу（这本书）两重手段表示；在句⑥里仅仅依靠上下文一种手段，未完成体动词 покупал（买）只用来称谓行为本身，不表示它在时间中的任何运动特征和分布特征，对界限意义和整体意义持中立的态度。类似的情况如 Врач пришла ко мне（女医生来到了我这里），医生的“女性”意义是通过上下文因素 пришла（来）体现的，而不是由 врач（医生）本身的语法性属表达的。对话— К тебе *гости* — Кто? — Ну кто еще может приехать к тебе из дальней дали, кроме ма-

① Русский язык. Энциклопедия. Под ред. Ф. Караулова. М., 1997, стр. 268.

мы (Паустовский) (——你来客人了。——谁? ——除了妈妈,还有谁会天南海北地来看你) 中,客人从上下文看只是妈妈一人,但不能说名词复数(гости) 在这里表达了单数形式的语法意义。Гости 在句中只表示不定数,功能类似行为主体事实上只是一个人的不定人称句中的第三人称复数形式的谓语动词:Однажды Всеволод Сергеевич днем появился у их коровника. Старик его заметил первым: — К тебе, Соня, *идут*. (Паустовский) (一天,符塞沃洛得·谢尔盖耶维奇来到他们的牛棚里。老头儿先看见了他:"索妮亚,有人来找你");Ну живо, кому *говорят*! (快点儿,听见了没有!) 因此,不能把上下文表示的行为结果意义加在未完成体动词身上,认为它既可以表达不受界限限制的非整体行为,又可以表达受到界限限制的整体行为。

(3)未完成体动词不仅不具有行为受界限限制特征和整体特征,而且不具有行为在时间中的任何运动特征和分布特征。它们的意义只限于表示"没有特征评价的行为——状态",是体对立中的"零范畴"。[①]所谓的未完成体动词的各种变体意义,包括具体事实意义和无限次数意义,事实上都不过是上下文的意义罢了。"只有借助上下文才能'迫使'未完成体动词传达诸如持续性、未完结性(Когда я вернулся домой, брат *читал* книгу 我回到家里时,弟弟正在读书)、重复性(Летом он часто *заходил* ко мне 夏天他常常到我这儿来)等意义。"[②]把未完成体动词的过程意义和重复意义也看做上下文意义的观点忽略了一个事实:未完成体的语法形式常常是表达不受界限限制行为的不可或缺的手段。试在词语组成和语法结构不变的情况下改变②③句中谓语动词体的形式:Твоя бабушка умерла (你奶奶死了);Домой он возвратился только ночью (他回家时已经夜里了),我们发现,句中的行为过程意义和重复意义随之变成对立的结果意义和一次行为意义。可见,未完成体在②③里与在⑥里的功能有本质的区别。表达过程行为和重复行为是未完成体的基本意义,而它的中和用法受上下文条件的严格限制,使用的范围有限,不是未完成体的典型意义。

远非所有学者都一致认为俄语动词体是缺值对立的关系。我们注意

---

① А. Пешковский, Русский синтаксис в научном освещении. М., 1935, стр. 27.

② А. Спагис, Парные и непарные глаголы в русском языке. М., 1969, стр. 251.

到,《90年语法》虽然脱胎于《80年语法》,是后者的缩略本,很多内容,甚至例句都相同。但是,其中的未完成体动词常体意义的定义却作了重要的改动。表述方式从反面否定改为正面肯定,而且明确指出未完成体动词的范畴意义是"不受界限限制的非整体行为意义",中和意义因而被排除在外。新编《俄语百科词典》较之原版也作了同样的变更。显然,未完成体动词与完成体动词的对立在这两部著作中已不再被看做缺值对立,而被看做等值对立了。所谓等值对立,指双方意义均等的对立关系,对立的两个方面各自具有一个独自的正面区别特征,其余特征作为比较基础全部重合。对体范畴持等值对立观的人认为,语法形式的概括意义不应通过归纳语法形式的所有变体意义来确定,而只能通过归纳具有对立关系的变体意义来确定。因为只有在后一种情况下,语法形式的区分功能才得以显示出来。未完成体动词用在中和位置上的意义,不体现它的常体意义,因为在这种情况下,未完成体动词的区别特征完全丧失,剩下的仅仅是作为对立基础的行为称名意义罢了。这种意义与整体性/非整体性、界限性/非界限性的体范畴意义已无关系。在表达这种意义时,未完成体动词事实上是第三体、超体或中间体,与相应的完成体动词失去了体的对偶关系。① 类似的情况如名词的数范畴。尽管有些不计数名词的复数形式可以表示物质占据巨大空间、状态长久持续等意义(Степи да степи кругом 四周草原连着草原;Пройдут дожди, сойдут снега 连绵的淫雨要过去,莽莽的积雪将消融),但是,在确定复数形式的范畴意义时,应该纳入概括视野的却只限于和单数对立的"一个以上事物"的意义。没有必要去寻求"一个以上事物"、"物质占据巨大空间"、"状态长久持续"等等的共同语义成分。

① М. Шелякин, Основные проблемы современной русской аспектологии. //Вопросы русской аспектологии. Воронеж, 1975, стр. 18 – 23. М. Шелякин, Категория вида и способы действия русского глагола (Теоретические основы). Таллин, 1983, стр. 35 – 48.

俄语动词体的语法意义

1 俄语动词体的常体意义

1.1 体是俄语动词的核心语法范畴，它从界限性/非界限性、整体性/非整体性的角度来反映行为在时间中的运动特点。体的语法意义通过完成体和未完成体两类相互对立的动词形式来表达。

完成体是对立双方中具有肯定、明确的概括意义的成分，这个意义贯穿在完成体的各种具体用法中。未完成体的情况有所不同。在一些情况下，它表示和完成体意义相反的行为运动特点（Вчера вечером я переписывал/переписал сочинение）；在另外一些情况下，对完成体的正面意义既不否定也不肯定，持中立的态度，因而可以用在表示行为达到结果的上下文里，与对应的完成体形式构成同义关系（Где вы покупали / купили эту книгу?）。从未完成体各种不同的具体用法中很难正面概括出共同的意义成分。

1.2 完成体表示受界限限制的整体行为。这里的“界限”概念是对“内在界限”和“较外在的界限”两种情况的概括。

行为的内在界限（行为的结果）指动词词干意义中反映的客观行为本身固有的界限。以 строить/построить（дом）为例，其词干表达的客观行为不是可以无限延长的直线，而是长度有限的线段。房子不可能旷日持久地建下去，总有封顶交工的时刻。这种界限是由语言外的行为本身的性质决定的，因而是内在的。行为的内在界限通常被理解为一个极限点，行为在达到这个极限点后穷尽自己，停止下来。对于表达具有内在界限行为的动词来说，完成体行为受界限限制的特征具体表现为行为达到结果。行为的内在界限可能是行为的积极结果，即行为的目的，如 писать/написать, будить/разбудить；也可能是行为的消极结果，如 таять / растаять, умирать/умереть.

行为的较外在的界限(时间界限)抽象程度较小,指某些前缀或后缀给予动词的、非客观行为本身所固有的界限。例如 посидеть 的词干表达的行为——“坐着”就其本身的客观性质而言,在理论上是可以无限延长的直线,无界限可言。前缀 по-给予 сидеть 的界限意义不是 сидеть 表达的客观行为性质本身所固有的,而是来自行为外部的因素。因而这种界限和前者比较起来,是较外在的界限。有构词标志的许多完成体行为方式动词表达的都是受较外在界限限制的行为,例如:запеть, пойти, посидеть, простоять, отзаниматься, кивнуть 等。

有些完成体行为方式动词,如分配行为方式动词(глаголы дистрибутивного способа действия)поснимать(纷纷摘下),переломать(一个一个地全部毁掉,折断许多)等,把客观上有限次重复发生的达到结果的行为加起来,作为一个总合的整体表达,例如:Все, кто были здесь, поснимали шапки и стояли, не смело переступая ногами. (А. Андреев)(在场的人都纷纷摘下帽子来,站在那里,连脚也不敢动弹一下)一般的完成体结果动词也常常用来表示这种总合意义,例如:За всю свою жизнь он написал много книг. (М. Шелякин); Мама два раза позвонила Вере, но не смогла поговорить с ней. 总合行为的界限是行为发生次数的界限,这是外在界限的一种特殊表现形式。完成体表达的受次数界限限制的一次或有限次整体行为与未完成体表达的不受次数界限限制的无限次重复发生的行为构成对立。

表达行为受极限点限制(达到结果)的完成体动词,即表达行为达到积极结果和消极结果的动词虽然仅仅是全部完成体动词的一个部分,虽然它们的结果意义仅仅是受内在界限限制意义的一种具体表现形式,但是像《80 年语法》那样着重指出体的这种类型的界限意义是十分必要的,因为体的意义在这类完成体动词和它们的对应未完成体动词中表现得最明显:Мальчик долго переписывал работу, и наконец, переписал ее; Снег таял и растаял. 尽管把完成体的意义说成达到结果,把未完成体意义说成达到结果的过程是以偏概全,不够准确的,但是仅仅看到这里的错误也不正确,因为体的对立特征在这里得到了最明显的体现。从教学法的角度来看,在俄语教学的初级阶段,与其说完成体的语法意义是达到内在界限,不如说是达到结果。因为内在界限是在概括了语义特征纷繁复杂的全部完成体动词之后得出的,难免十分抽象,不好把握。而结果意义虽然不能概括所有完成体动词的特征，但是它与词义息息相关，容易为学生所接受。而且，事实上"达到结果"也确实是完成体语法意义的核心。

完成体动词表达不可分割的包括开始、中间、结尾各阶段内在的整体行为。正是由于这个原因，完成体动词不能够和表示行为阶段的词 начать, продолжать, кончать 等搭配。

整体性特征和界限性特征是从不同角度来观察的同一特征的两个不同方面。假如完成体表达的行为是一条有两个端点的线段的话，那么，持界限观点来理解完成体的概括意义时，我们的注意力主要放在这条线段的终点上；而用整体性观点来理解时，注意力则从终点转移到作为整体的线段本身上来。如果抛开整体性特征，仅仅用达到界限来解释完成体动词，尤其是表示达到积极结果行为的完成体动词（написать, прочитать 等）的概括意义，那么动词的某些搭配特点、使用特点就无法解释。假如完成体动词（结果动词）确实仅仅强调行为的终端界限，而不是表达一个开始、中间、结尾合在一起来看待的整体行为的话，那么，它们就应该能够和指出终端界限的点状时间状语搭配使用。但事实上很多完成体动词并不具备这种能力。例如可以用 отзаниматься в два часа 来表达 кончить заниматься в два часа 的意思，但是 написать в два часа 却不表示 кончить писать в два часа，而只是 написать за два часа 的意思。另一方面，зимой, в прошлом году, вчера вечером 之类非点状时间状语在和完成体动词搭配使用时，就应该表示行为终止的时间，但事实上 Вчера вечером я написал письмо; Художник нарисовал эту картину в прошлом году 之类句子中的谓语动词并不意味着将行为的开始、中间阶段排除在外，仅仅表示在该时间段落里行为达到了界限。

有些完成体动词在特定的上下文里，比如在努力尝试动词未完成体形式和完成体形式组成的同等谓语结构中（долго уговаривал, и наконец, уговорил），在完成体一般持续－结果动词与否定语气词 не 搭配表达正在进行的尚未达到结果的行为的时候（—Вы все еще читаете эту статью? — Да, я еще не прочитала ее），表意的着眼点是作为完成体行为的线段终端，体现出来的主要是行为达到界限的意义，而不是整体性意义。用整体论来解释类似用法的完成体动词的语法意义就未免有牵强附会之感（прочитала 不是 начала читать, читала и кончила читать 的意思，而是 кончила читать 的意思）。但是，如果 не прочитал 处在表达预期行为的上下文中，例如在句子 Извините, что я не прочитал заданный отрывок «Матери», не достал книги 中，表达的却是应该进行而没有进行的，甚至没有开始的行为。这里指的显然不是线段的终端界限，而是包括起点和终点在内的线段整体。

实际上，被视为整体论奠基者的拉兹穆先并没有把完成体的整体性特征和界限性特征对立起来。他在给完成体下定义时已经把二者结合起来了。“我认为，完成体动词首先表示达到目的（界限）的行为，其次表示作为一个整体（开始、中间、结尾合在一起）来看待的行为。”

1.3 未完成体不具有行为受界限限制的特征和整体性特征。它可以表示不受界限限制的非整体行为，包括：（1）没有内在限制的行为，如① На стене висит картина；（2）没有达到内在的行为，如② Он медленно поднимался на второй этаж；（3）没有次数界限限制的行为，如③ Как только мы переставали двигаться, сразу же становилось нестерпимо холодно；也可以用在表示受界限限制的整体行为的上下文里，如④ Где ты покупал эту книгу?

要注意的是，在句④里，行为受限限制的特征和整体性特征并没有通过体的语法形式表示，而是借助上下文体现出来的。试用完成体取代句中的谓语动词：⑤ Где ты купил эту книгу? 句义保持不变，但是表示行为结果的手段发生了变化。句⑤中“买”的行为结果通过完成体语法形式 купил 和上下文因素 эту книгу 两重手段表示；在句④里仅仅依靠上下文一种手段，未完成体 покупал 只用来指称行为本身，不表示它在时间中的任何运动特征，对界限意义和整体意义持中立的态度。类似的情况如⑥ Врач пришла ко мне，医生的“女性”意义是通过上下文因素 пришла 体现的，而不是由 врач 本身的性属表达的。因此，不能把上下文表示的行为结果意义加在未完成体身上，认为它既可以表达不受界限限制的非整体行为，又可以表达受到界限限制的整体行为。

有人把未完成体的过程意义和重复意义也看做是上下文的意义，因而认为上述的中立意义就是未完成体的常体意义。这种观点忽略了一个事实：未完成体的语法形式常常是表达不受界限限制行为的不可或缺的手段。试在词语组成和语法结构不变的情况下改变②③句中动词谓语体的形式：⑦ Он медленно поднялся на второй этаж. ⑧ Как только мы перестали двигатья, сразу же стало нестерпимо холодно. 我们发现，句中的行为过程意义和重复意义随之变成对立的结果意义和一次行为意义。可见未完成体在②③里和在④里的功能有本质的区别,表达过程行为和重复行为是未完成体的基本意义,而它的中立用法受上下文条件的严格限制,使用的范围有限,不是未完成体的典型意义。

2 俄语动词体的变体意义

2.1 动词完成体的变体意义

2.1.1 具体事实意义(конкретно-фактическое значение)

具体事实意义是动词完成体的基本意义,结果存在意义、直观示例意义、总和一体意义及有限持续意义和可能行为意义等都是具体事实意义的类型。具体事实意义表达在确定的时间条件下发生的一次具体的受界限限制的整体行为。它可以通过动词完成体的各种语法形式表达,对上下文的依赖程度极小,甚至在只有动词谓语成分的表述中就足以体现出来:Устали? Сядь. Успокойся; Сравнимся? (А. Андреев)

作为具体事实来表达的行为在时间上是确定的。行为发生的确定时间常常在表述中明确地指出:Понял *теперь*? Проснулись они уже ночью. 在没有任何时间状语修饰的同样情况下,完成体具体事实意义的确定性质和未完成体概括事实意义的不确定性也是截然区分开来的。试比较:

Ты послал книги?

Ты посылал книги?

第一句的"寄书"是和特定事件、特定时间联系着的具体行为,比如,从剧院返回途中,张三去邮局寄书,李四径直回到学校。过后李四用这个句子问张三。句中虽无时间状语,但交谈双方对于"寄书"行为的确定时间是默契的。第二句的"寄书"行为则不具有这种确定的性质。当张三不清楚寄书手续或寄书价格,问李四 Ты (когда-нибудь) посылал книги? 时,他不可能给 посылал 加上任何确定的时间状语成分,因为这里的"寄书"是泛指,而不是特指的行为。

2.1.2 结果存在意义(перфектное значение)

动词完成体的过去时、形动词和副动词形式可以用来表达过去的行为结果或由行为结果造成的状态在后来的时间范围里依然存在,这种变体意义叫做结果存在意义或完成时意义:

① Алеха следит за рекой и за дорогой, что внизу под горой прижалась к самой воде. (Ф. Таурин)

② Ольга лежала неподвижно, прижав колени почти к подбородку. (А. Патонов)

③ Весь двор неприглядно завален грудами разного дерева. (М. Горький)

④ Из будки паровоза высунулся машинист в берете, натянутом до бровей, и с трубкой в зубах. (И. Ликстанов)

完成体用于结果存在意义时,着重表达的不是具体行为本身,而是行为产生的结果,或者作为行为结果呈现的状态,试比较:

⑤ На дальней скамейке сидел спящий парень в черном костюме. Он уткнулся лбом в подлокотник. (И. Штемлер)

⑥ Фрося уткнулась лицом в подушку Федора и затихла. (А. Платонов)

在句⑤里,уткнулся 表达由行为结果造成的静止状态;句⑥的 уткнулась 则表示动态的行为本身。

结果存在意义的时间着眼点不是过去行为发生的时刻,而是后来结果呈现的时刻。短尾被动形动词体现的结果存在意义在这方面表现得尤其明显,例如 Библиотека эакрыта. 关门的行为发生在以前,但是表述却是现在时形式。因此有人说,俄语的动词完成体也和未完成体一样有三种时间形式,除了通常所说的过去时和将来时以外,还有现在完成时。再如 О чем вы задумались; Он кончил только семилетку. 谓语动词用于结果存在意义,形式上是过去时,但是意义上相当于 О чем вы думаете; Он имеет только семилетнее образование. 正是由于这种特殊的时间意义,表达结果存在意义的完成体过去时形式常常和 теперь, сейчас, сегодня, до сих пор 等词语连用:

⑦ Мама теперь умерла вместе с отцом, а я одна живу. (А. Платонов)

⑧ Бабушка с нами живет. Да она сейчас пошла. Она у нас общественный деятель.

结果存在意义的时间着眼点可能与说话时刻一致(现在完成时),如 Оделся ты, Зил… гладкий. Чем промышляешь? (Б. Авдеев)也可能在行为完成之后，说话时刻之前（плюсквамперфект —— 过去完成时），例如 Бабушка сидела на стуле, руки между коленями зажала.（А. Лиханов）

2.1.3 一般过去时意义（аористическое значение）

一般过去时意义表示过去时发生的与说话时刻没有直接联系的整体行为，常常出现在叙述话语中。表达一般过去时意义的主要形式是完成体过去时，完成体的短尾被动形动词和副动词形式也可以用来表达这种意义：

① Федя *повернулся*, *сделал* несколько медленных, нерешительных шагов вниз по улице и остановился.（И. Ликстанов）

② На третий день кое-как и кое-кем пополненные полки *были брошены* в атаку и снова *отхлынули к* исходным позициям.（А. Толстой）

③ Он *бросил* папироску на землю, *растоптав ее* двумя слишком сильными ударами ноги.（М. Горький）

2.1.4 有限持续意义（ограниченно-длительное значение）

有限持续意义表达两端受时间界限限制的具体、一次的持续行为。有限持续意义要通过有限持续行为方式动词（глаголы длительно-ограничительного способа действия）（如 пролежать, проплавать）、有限行为方式动词（глаголы ограничительного способа действия）（如 почитать, поговорить）和 долго, весь день 一类时间状语搭配起来表达：

① Девочка пожила дома еще два дня, переночевала, а потом ушла на станцию.（А. Платонов）

② Куренков весь вечер просидел дома в одиночестве.

有限持续行为方式动词必须和持续时间状语搭配使用；对于有限行为方式动词，持续时间状语不是必须的，特别是在这类动词和相邻的完成体动词组成链式结构表达顺序关系的时候：

③ Помолчав, он спросил: — Кто бригадир?（А. Андреев）

④ Паня полежал на сырой и холодной глине, потом шевельнулся и застонал.（И. Ликстанов）

2.1.5 直观示例意义（наглядно-примерное значение）

直观示例意义通过一次具体行为的举例来表示多次重复的达到界限

的行为，使人窥一斑而见全豹，对重复的行为获得直观的、生动的感受。

完成体动词参与表达的直观示例意义必须以表达重复行为的上下文为背景才能体现出来。以句子 Так уж в Варварино водится — привезли сено, сразу переселяются на сеновал 为例，其中的 водится 一词表明，句子里所说的情节是习惯性重复发生的，与 сразу 搭配的未完成体现在时 переселяются 进一步证实 привезли 表达的是客观上重复发生的行为。

完成体参与表达直观示例意义的主要是将来时形式。其他语法形式也可以参与表达这种意义：

① А журналы редко застанешь: все на руках. （В. Авдеев）

② Он сидел на своем кресле, то прямо устремив глаза вперед себя, то оглядывая входящих. （М. Горький）

③ По утрам, прежде чем разбудить Люсю, она подолгу и с состраданием вглядывалась в ее лицо. （А. Андреев）

④ Куда *бы* она ни *пошла*, возле оказывался Молостов. （В. Авдеев）

⑤ Японцы заставляют магазины продавать японские товары. Каждую неделю проверка. Если мало продано, штрафуют. （Н. Ильина）

2.1.6 可能行为意义（потенциальное значение）

完成体动词在表达一次具体行为或参与表达多次重复行为的时候，常常带有附加的“可能性”（在否定句中体现为“不可能性”）情态色彩，这种具体意义叫做可能行为意义：

① Дело, конечно, не только в том, что здесь красиво... Как же я брошу школу, свою работу. （Н. Дубов）

② Другое дело — в журнале «Природа и люди». Там что ни страница, то глаз не оторвешь. （А. Голубева）

例①的 брошу 表达的是一次具体的可能行为，не оторвешь 在例②中指称的是在重复情境下的不可能行为。

表达可能行为意义的动词完成体形式可以用“мочь/не мочь, можно/нельзя, возможно/невозможно + 动词不定式”的同义结构来替换：Как же можно мне бросить школу; Там что ни страница, то глаз не можешь оторвать.

常用来表达可能行为意义的是完成体的将来时（例①②）和不定式

形式：

③Нам пешком туда не добраться（невозможно добраться）.（М. Шелякин）

完成体的过去时和假定式在特定上下文里常常带有“可能性”情态色彩：Не понимаю，как он прошел（смог пройти）мимо меня；Он так и не решил задачу（не смог решить）；Я сомневаюсь，чтобы он так быстро решил（смог так быстро решить）задачу.

2.1.7 总和一体意义（суммарно-интегративное значение）

完成体动词用于总和一体意义时，通常与 дважды，раза три 之类词语搭配，把客观上有限次重复发生的达到界限的行为加起来，作为一个总和整体表达。由完成体动词和特定上下文词语参与表达的总和一体意义包含两个要素：完成体动词表达的界限性、整体性和上下文词语表达的有限重复性。

完成体的过去时、将来时、副动词、形动词等各种语法形式都可以参与表达总和一体意义。

① Прежде чем вывести первую букву, он несколько раз пугливо оглянулся на двери и окна, покосился на темный образ…（А. Чехов）

② — Валя, я еще сто раз расскажу с удовольствием.（«Русская разговорная речь»）

③ Красные бойцы узнают своих матерей, жен и сестер. Выстрелы стихают, дважды захлебнувшись, словно от невыразимого удивления, умолкает пулемет.（Н. Грибачев）

④ Нов бы и корабль, но частям многократно перестроенный.（В. Рыбин）

⑤ Я приглашен был два раза в тюремные замки.（П. Нилин）

⑥Пока реки еще не стали, старик успел несколько раз сходить на охоту.（Мамин-Сибиряк）

2.2 动词未完成体的变体意义

2.2.1 具体过程意义（конкретно-процессное значение）

具体过程意义是动词完成体的一种基本意义，表达在确定的时间条件下发生的一次具体的行为过程。

未完成体用于具体过程意义又可以表示：

（1）达到结果前的行为发展过程

① — Что ты *пишешь*? — спросил Николай Павлович, увидев, что Паня *заполняет* этикетку.（И. Ликстанов）

② Вадик облизывал пальцы, так как эскимо быстро *таяло*.（Он же）

这是最典型的具体过程意,表达这种具体过程意义的主要是数量十分庞大的一般持续－结果动词。

（2）为达到预期目的而竭力尝试的主观情态色彩（конативная функция）

③ Потом все вместе вспоминали, кто же он такой этот жених… *Вспоминали*, *вспоминали*, так и не вспомнили.（В. Семин）

④ У Пети слипались глаза. Мама *отправляла* его спать, но он ни за что не хотел уходить из столовой.（Н. Дубов）

努力尝试动词用于这种具体过程意义时,体现出来的竭力尝试的主观情态色彩最为鲜明。具有这类情态色彩的未完成体过去时动词形式通常可以用词组“пытался + 完成体不定式”来取代：пытались вспомнить, так и не вспомнили; Мама пыталась отправить его спать, но он ни за что не…

（3）无结果可言的静止状态

⑤ Она *сидела* в мягком кресле, рука устало *свисала* с подлокотника.（А. Андреев）

⑥ От прежних цветников уцелели одни пионы и маки, которые *поднимали из* травы свои белые и яркокрасные головы.（А. Чехов）

表达这种具体过程意义的可以是单体状态动词（сидела）,也可以是状态结果动词（свисала）或用于状态结果意义的努力尝试动词（поднимали）的未完成体形式。状态结果动词或具有状态结果意义的动词未完成体形式常常用来描写人的衣着、身体及其局部的姿态：

⑦ Черное платье с белым воротником *облегало* стройную фигуру.（Б. Изюмский）

⑧ Таня стояла в дверях, одетая в белую кофточку и белую юбку, одна рука на косяке, другой *поддерживала* волосы, которые, видимо, причесывала.（А. Андреев）

⑨ Зубы у Камынина были неровные, один *выдавался* вперед. (В. Авдеев)

在这种情况下使用的未完成体和对应的用于"主体姿态"意义的完成体形式常常构成同义关系,试比较:

⑩ Каски он не надел, на высокий лоб *выбивался* (ср. выбился) из-под пилотки коротко стриженный темнорусый чуб. (Н. Грибачев)

⑪ Вглядевшись, я поняла, что это и в самом деле девушка в пилотке, из-под которой *выбилась* (ср. выбивалась) прядь пушистых волос. (В. Катаев)

(4)无结果可言的行为过程

⑫ Вчера мы долго *разговаривали* с твоим отцом. (И. Ликстанов)

⑬ Молодая женщина в голубом платье стояла в двери и слушала, как *играл* Санька на скрипке. (А. Андреев)

这种具体过程意义类型虽然表达的不是静止状态,而是行为过程,但是这种行为过程与静止状态一样,没有内在界限可言。用于这种具体过程意义的是词汇意义界于结果动词和状态动词之间的未完成体单体动词,如 гулять, гостить, разговаривать, заниматься 等,或用于类似义项的对偶体动词的未完成体形式,如 петь, играть 等。

(5)由一系列重复发生的相同的短促行为构成的持续过程

⑭ Слезы *капали* на колени, оставляя на подоле темные кружочки. (А. Аидреев)

⑮ Антон украдкой *бросал* на нее взгляды, выражавшие немой неразрешимый вопрос. (Он же)

2.2.2 无限次数意义(неограниченно-кратное значние)

未完成体用于无限次数意义时表达没有次数界限限制的重复发生的行为。未完成体表示的无限次数行为多是抽象于具体时段之外的行为,而未完成体表示的具体过程则是在特定时间段落里发生的具体行为。这是二者的重要区别所在。根据重复行为对于具体时间段落的不同抽象程度,无限次数意义可以区别为具体重复意义、一般重复意义、概括重复意义和性质说明意义。

具体重复意义的时间抽象程度最小,出现在一次行为的语境里,表达具体行为主体在具体情境里的短促、重复的行为。和用于具体重复意义的未完成体在句法上相邻的通常是表具体事实意义的完成体动词和表具体过程意义的未完成体动词，例如：

① Я шел с мамой. Я все время *оглядывался* на наш дом, будто меня уводили из него навсегда.（К. Паустовский）

② Забавина смотрела, как он ест, как движутся его по-молодому сильные челюсти, и то *оправляла* скатерть, то *пододвигала* баночку с горчицей（В. Авдеев）

一般重复意义的时间抽象程度较大，表达具体行为主体在较长一段时间里的惯常的、有规律的重复行为：

③ Домой он *возвращался* только ночью, а то и на другой день.（В. Авдеев）

④ Он всегда скромно *сторонился*, если кто-нибудь попадался ему навстречу.（Из газет）

概括重复意义的时间抽象程度最大，表达概括行为主体泛时间性质的重复行为：

⑤ Желая облегчить нашу жизнь, наш труд, мы только *усложняем* ее, *увеличиваем* наш труд.（М. Горький）

⑥ Около завалинки *росла* кустистая трава. Из нее рыбачки вязали веники.（К. Паустовский）

⑦ Одинокие много *читают*, но мало *говорят* и *слышат*.（А. Чехов）

未完成体用于性质说明意义时表示主体的特征、性质、能力。用来说明主体的特征、性质或能力的行为不是事实上重复发生的行为，而是经常可能发生的行为：

⑧ А ты и на скрипке *играешь*?（М. Горький）

表达性质说明意义的动词未完成体形式可以用“мочь, уметь + 动词不定式”的同义结构来替换：играешь = умеешь, можешь играть.

未完成体表达的重复行为可能各自属于不同的主体，各自及于不同的客体，或各自发生在不同的地点，据此可以区分出：

（1）主体分配重复意义

⑨ За ее домом начиналось поле, за полем лес, а за лесом кончалась земля, оттуда и *запускались* в космос ракеты.（В. Токарева）

⑩ Гуськом, один за другим, подходили к окошку комсомольцы, *называли* свое имя и получали лампу.（Б. Горбатов）

(2)客体分配重复意义

⑪ Фаина давно заметила, что Низведкий влюблен в Лену. *Такие вещи* Фаина *распознавала* каким-то шестым чувством.（Б. Папова）

⑫ Он беспрестанно *менял позы*, то снимал шапку, то надевал ее.（Л. Толстой）

(3)地点分配重复意义

⑬ Он *бывал* во многих городах и портах.（Б. Горбатов）

⑭ Везде мы что-то ели и пили, и везде я *рассказывал* об Иване Ивановиче.（В. Каверин）

主语、补语等的复数形式是未完成体动词分配重复意义的重要标志，如将上述有些例句（如⑨⑪）的有关主语、补语改为单数形式（... оттуда и запускалась в космос ракета;.. Это Фаина распознавала каким-то шестым чувством），谓语动词表达的就不再是分配重复意义，而是概括事实意义了。

如果在表达分配重复意义的未完成体动词作谓语的句子里，有关的主语、补语、处所状语部分有限定动词 каждый, любой，那么，被其说明的名词通常用单数形式：

⑮ В те годы в Шанхае иностранец открывал какое-нибудь дело, открыл и Марс Клаузен ремонтную мастерскую.（Ю. Корольков）

⑯ На любом участке дороги Карима *встречают* радостным: «А, Карим приехал».（И. Радвалина）

未完成体用于分配重复意义时，所表达的多次行为在时间上是先后发生而不是同时发生的。

很多未完成体动词表达的无限次数意义并不具有这种分配性质：

⑰ Кирилл Петрович ежедневно выезжал на охоту.（А. Пушкин）

2.2.3 恒常持续意义（постоянно-непрерывное значение）

动词未完成体形式用于恒常持续意义时，表达泛时间性质的或时间跨度几乎没有限制的不间断呈现的事物关系、状态和行为。

经常用于这种意义类型的是表达领属关系的动词（如 принадлежать, относиться, иметь, овладеть, зависеть）、特征关系的动词（如 отличаться, характеризоваться, походить)、整体与部分关系的动词(如 содержать, делиться, состоять, входить, включать)、度量关系的动词(如 весить, стоить, преобладать)等等。

① По строению и расположению своих органов человек *относится* к классу млекопитающих. (Н. Ковалев)

② Этот вид дуба распространен вблизи морского побережья и *отличается* крупными плодоносящими деревьями. (З. Валова)

③ Клетки всех типов содержат два основных компонента, тесно связанных между собой, — цитоплазму и ядро. (Л. Шевчук)

④ В заповеднике преобладает *лесной* тип растительности, под лесами находится 96% территории. (Н. Васильев)

正如例句所示,这些动词表达的各种关系常常具有泛时间的、恒常的性质,是事物的特征、属性,因此多用现在时形式,常见于科技语体中。

一些单体状态动词(如 стоять, висеть, находиться, помещаться, примыкать)和用于状态意义的对偶体动词的未完成体形式(如 подниматься, проходить, располагаться, уходить)常常用来表达时间跨度几乎没有限制的静止事物的空间状态:

⑤ Рим лежит на пологих холмах. (Э. Жибидкая)

⑥ Гребни их хребтов *поднимаются* на высоту свыше 2500 м над уровнем моря. (А. Тимашев)

这些动词表达的恒常持续意义与它们所表达的具体过程意义在时间跨度上没有截然区分的界线(试与 2.2.1 节的例⑥⑨比较)。

具有恒常持续特点的不仅是事物的关系和状态,而且有时是事物的行为:

⑦ Быстрым, мощным потоком *протекает* Реан между горными хребтами и, поворачивая на север, выходит из гор и *впадает* в Боденское озеро. (В. Бонч-Бруевич)

2.2.4 概括事实意义(обще-фактическое значение)

在交际过程中并不处处都需要把行为的界限性与非界限性、一次性与重复性等特征辨别得泾渭分明。有时,说话者只要概括地、一般地指出行为事实本身是否曾经发生(Ты звонил?),是否将要发生(Вы не будете садиться?),或者是否应当使之发生(Мне завтра рано вставать.)就已经达到了交际的主要目的。至于行为客观具有的时间确定性、一次性和重复性、界限性或过程性、结果是否存在等特征则无关紧要，可以忽略，不必或无法确定地指出。这种概括事实意义在俄语中没有专门的“中间体”的形式与之相应，它的表达由未完成体兼而任之。

动词未完成体可以过去时、将来时、命令式、假定式、不定式等各种形式参与表达概括事实意义：

① Старик вошел в комнату, кивнул на цветы: — Сам *собирал* или, может... детишки? (И. Шевцов)

② — Кто приехал? — Дроздов. Сейчас *будет выходить*. (Дудинцев)

③ Теперь, поди, можно закурить? *Кури*. (Ф. Турин)

④ Позвонил, *чтобы давали* машину. (Ю. Герман)

⑤ Занятия окончились, а домой *уходить* не хочется. (Н. Дубов)

⑥ Среди десятиклассников не обнаружилось ни одного человека, читавшего «Короля Лира». (М. Гловинская)

用动词未完成体形式表达概括事实意义时，行为是泛指的、抽象的、脱离开具体环境、具体条件的，因而在时间上具有不确定的性质。

就其搭配特点而言，上下文常常出现意义十分概括的、不确定的状语成分 вообше, когда-нибудть, когда-то, хоть раз, как-то 等，例如：

⑦ С братом у меня плохо, очень плохо, доктор, — сказал мужчина. — Вы ведь его как-то смотрели. (А. Хлексин)

具体的点状时间状语通常只和表具体事实意义的完成体动词搭配，不和表概括事实意义的未完成体搭配。有些用于概括事实意义表达双向行为的动词未完成体过去时形式，虽然可以和具有点状性质的时间状语搭配，但是它们仍然保留着一定程度的时间不确定性，因为时间状语只属于双向行为的第一个组成部分，例如，在 Он приходил в 5 часов 这个句子中，приходил 包括 пришел 和 ушел 两个组成部分。в 5 часов 说明的只是 пришел，而 ушел 仍然保留着时间的不确定性质。此外，Он пришел ровно в 5 часов 说起来十分自然，而 Он приходил ровно в 5 часов 听起来非常别扭。

非点状时间状语和未完成体概括事实意义的时间不确定性特点不相矛盾，因此常常搭配使用：

⑧ Мы знакомы… Лет десять назад я выпускал вашу книгу. (К. Симонов)

⑨ Мы встречались в Ленинграде, когда я был учлетом. (В. Каверин)

但是在绝大多数情况下,用于表达概括事实意义的动词未完成体形式是不带任何状语性修饰成分的。仅仅在由主语、谓语和可有可无的语气词 уже 构成的句子里,概括事实意义就足以体现出来:Он уже отдыхал; Сестра уже приезжала.

未完成体用在概括事实意义的语境中所表达的行为次数是不确定的。在句子 Я останавливался в этой гостинице 中,谓语动词体的语法形式离开特定的上下文,在没有表达次数意义修饰的情况下,不能告诉我们,行为进行了一次还是多次。正是这种在行为次数意义上的中立特征,使得 останавливался 对于表达重复意义和一次意义的上下文因素都不加以排斥:Я останавливался в этой гостинице много раз/один раз.

有时,特定的上下文可以使行为的次数意义变得确定起来,例如:

⑩ Мы поймали девять окуней, но один оказался с крючком в верхней губе, — попадался уже раз. (К. Воробьев)

⑪ Дважды без меня звонила Ахматова. (А. Блок)

但是应当指出,动词的语法形式本身在这里并没有参与次数的表达。

存在于语言之外的客观行为,本身有达到界限、未达到界限、没有界限之分。这些不同性质的行为都可以成为动词未完成体形式用于概括事实意义时的指称对象,例如:Ты когда-нибудь приходил? Ты когда-нибудь уговаривал его? Ты когда-нибудь учился? 但是,不管行为的客观特征如何,表达概括事实意义的动词只着眼于行为事实的本身,既不突出行为的界限性,也不强调行为的过程性。这一意义与完成体具体事实意义和未完成体具体过程意义都是对立的。

特定的上下文可能给概括事实意义添加某种程度的过程色彩,例如,当说话者在行为结果存在的情况下,因关心与行为发生有连带的事,问主体是谁时。请看例句:

⑫ Вы не знаете, кто *открывал* окно? На подоконнике лежали мои книги, их куда-то переложили.

⑬ Таня, это ты *разбирала* книги в шкафу? Тебе не попадался

восьмой том Горького?

书从窗台移向他处是在开窗过程中发生的，书也只有在清理的过程中才能被发现。

某些状态动词或有状态意义的动词用来表达概括事实意义时，也含有一定程度的过程色彩：

⑭ Вы спали когда-нибудь в открытом поле?

这是由于词汇意义本身包含着明显的持续性、非界限性的缘故。实际上，这里的动词未完成体不过是表达具体过程意义的未完成体的同音形式罢了。说话者所关心的只限于行为事实本身是否曾经发生。行为客观具有的持续性特点对于交际目的来说是无关紧要的。

谓语表达概括事实意义的句子受动词词义和上下文的影响，不仅可能带有不同程度的过程色彩，而且可能带有界限意义的色彩，例如：

⑮ Стоит во дворе великолепный деревянный пароход с большими колесами. Его делали Иркутские ребята — студенты художественного училища.（Литературная газета）

⑯ А вы слышали о той травле, которую против меня подняли два месяца назад?（К. Симонов）

例⑮的第一个句子指出了 делали 的行为结果，因而使其具有结果意义的色彩。例⑯的谓语动词 слышали 词义本身包含着结果性的因素（试与 слушать 比较）。

2.2.5 结果存在意义（перфектное значение）

能够以未完成体形式参与表达结果存在意义的主要是为数不多的具有感受、认识意义的动词，如 смотреть, видеть, слышать, знать, читать 等，它们表示通过感受、认识的途径来积累知识、经验，词汇意义本身就包含“结果”的因素。在具有结果存在意义的句子里，这些动词不仅在于概括事实意义，一般地表示行为事实本身过去是否曾经发生过，而且用来描述主体说话时刻的特征、状态，例如：

① Все-таки он многое видел, образован?（Л. Толстой）

② Вы мне лучше про себя расскажите… О Сибири-то я слышала.（А. Арбузов）

видел 和 образован 的功能相同，都是对 он 的特征的描述。я слышала 与 я знаю 的意思一样，表明 я 说话时刻所处的状态。

另外一些动词，如 есть，умываться 等，用于否定句中也可以表示结果存在意义：行为事实没有发生，由此产生的后果（饿、脏）在主体身上存在：

③ Тоня глядела на них в оба глаза，пока не вспомнила，что еще не умывалась.（В. Белов）

2.2.6 结果取消意义（значение аннулированного результата）

动词未完成体用于概括事实意义时，借助一定的动词词汇意义和上下文，可以表达一个行为产生的结果被另一反向的行为所取消，这种变体意义叫做结果取消意义。

能够以未完成体形式表达结果取消意义的主要是表主体空间位移、状态变化的不及物动词，如 приходить，заходить，появляться，начинаться，просыпаться 等：

① Отец сказал，что Савченко *приходил*. Почему ты его ужинать не оставила？（И. Эренбург）

② Разбудить даже трудно. Но и не надо будить. Минут на пять *просыпался*.（В. Достоевский）

及物动词的未完成体形式只有在上下文的参与下才能够表达结果取消意义，试比较下列例句：

③ Я ненадолго *открывал* окно.

④ Ты *открывал* окно，или оно само отворилось？

同样是未完成体形式，但是因上下文不同，在例③中 открывал 表达结果被取消了的行为，在例④里表达的却是结果依然存在的客观行为。

动词体与动词的词汇意义

词汇意义类别不同的对应体动词,在对应体之间的意义关系上,体的变体意义组成上,有着明显的差别。

一

努力尝试动词(ловить / поймать, уговаривать / уговорить, вспоминать / вспомнить, встречать / встретить на вокзале)表达的是延伸的、线性的行为。它们的未完成体表示为达到结果而进行的积极努力;完成体表示持续努力的过程终止时预期目的以飞跃的方式出现。(умирать/умереть, опаздывать/опоздать 等个别非自主行为动词的完成体表示消极结果出现前的持续过程;完成体表示消极结果以飞跃的方式出现。)这类动词的体的意义和使用特点是:

(1)完成体不能和表示结果出现程度的副词(полностью, наполовину, частично 等)、结果出现过程的副词(постепенно, медленно 等)连用(*наполовину поймал, *совсем встретил, *частично умер, *постепенно поймал рыбу)。

(2)未完成体用在一次行为语境中有十分明确的具体过程意义,其中的积极努力尝试动词带有"竭力尝试"的主观情态色彩,通常可以用"пытаться + 完成体"的组合来取代:долго ловил (пытался поймать), и наконец, поймал; уговаривал (пытался уговорить), но не уговорил; У Пети слипались глаза. Мама отправляла (пыталась отправить) его спать, но он ни за что не хотел уходить из столовой (К. Катаев).

(3)与否定语气词 не 搭配时,未完成体表示否定行为本身,完成体表示否定行为结果(не поступал в аспирантуру; не поступил в аспирантуру)。

(4)未完成体用于概括事实意义时，一般不指称客观上达到结果的行为。试比较：Ты сдавал английский язык? / Ты писал матери? 努力尝试动词 сдавал 在这里用于非结果概括事实意义；一般持续－结果动词 писал 用于结果概括事实意义。

二

单纯结果动词(находить / найти, приходить / прийти, привозить / привезти, встречать / встретить на улице, попадаться / попасться, разбивать / разбить 等)表达的行为不是线状的，而是点状的，结果是一蹴而就或偶然出现的，而不是逐渐达到的，因而无过程可言。这类动词的体的意义和使用特征是：

(1)与努力尝试动词一样，完成体不能和表达结果出现程度、结果出现过程的副词连用(*постененно нашел, *полностью пришел)。

(2)未完成体不能用一次行为语境中表达具体过程。不能说：Смотри, вон он приходит; Я встретил почтальона, который как раз приносил мне письмо. 句中的 приходит, приносил 要分别用 идет, нес 取代。

(3)未完成体的主要功用是表示重复的达到结果的行为：В половине восьмого к воротам потянулся дежурный поезд, привозивший рабочих из дальних поселков. (А. Андреев) 例句应译作“七点半钟，运送边远集镇工人的班车向大门口驶来”，不能译成“七点半钟，班车载着边远集镇的工人向大门口驶来”。

在某种意义上似乎可以认为，带前缀 при-的完成体运动动词 прийти, привезти 等有两个对应的未完成体形式：表达具体过程意义的 идти, везти 等和表达重复意义的 приходить, привозить 等。

(4)未完成体的其他功用是：a. 表示概括事实意义：Однажды в этом лесу я находил рыжики; Вам же было сказано, что ее нет дома, зачем же приходить? (А. Андреев) b. 用在否定句中表示行为在持续的一段时间里没有发生：Действительно, три дня девочка совсем не приходила. (В. Короленко) c. 用于历史现在时，表达一次达到结果的行为：Прихожу однажды в наш Дворец культуры, а в зале одни детишки да пенсионеры.（Из газет）d. 用于现在时形式，表达将来要发生的一次行为：— Радость у меня, Аннушка, дочка приезжает. — С мужем или как? — Все едут, все.（В. Фатеев）

（5）和否定语气词 не 搭配时，未完成体和完成体否定的都是行为结果，在一定的场合常常可以互相取代：— Почтальон принес газеты? — Нет, еще не принес（приносил）.

有些动词意义靠近单纯结果动词，例如：уходить / уйти, брать / взять, давать / дать, начинаться / начаться 等，偶尔也可以用在具体过程语境中，但表达的往往不是行为过程本身，而是行为发生前的准备过程：Лукьяныч отдохнул после обеда и отправлялся обратно в свою контору. Сережа спросил у него: Если плохо живешь, то сажают в тюрьму?（В. Панова）或具有各种附加的情态色彩：Ладно, я вам даю（согласен дать）эту книгу; Ты тоже берешь（хочешь взять）эту книту?

三

一般持续－结果动词（строить / построить, писать / написать, привыкать / привыкнуть, переписывать / переписать, шить / сшить, выполнять / выполнить, делать / сделать 等）表达的行为，一方面，是线状的，而不是点状的，与单纯结果动词不同，而与努力尝试动词相同；另一方面，行为在达到结果之前，包含着逐渐积累起来的部分结果因素。以 строить 表达的"修建"过程为例，砖是一块一块增加的，墙是在不断升高的。而 ловить 一类努力尝试动词却不包含这种部分结果的因素。因此这类动词的体的意义和用法特征是：

（1）完成体常常可以和表示结果出现程度、结果出现过程的副词连用：написал письмо наполовину; дом построили полностью; Неприятное впечатление от встречи с Дарьиным постепено сгладилось.（А. Андреев）

（2）未完成体主要用来表示达到结果前的行为过程，不带有明显的"竭力尝试"的情态色彩。

（3）未完成体可以用于概括事实意义，表达客观上达到结果的行为：Кто строил этот дом? Старик вошел в комнату, кивнул на цветы: —

Сам собирал или может … детишки? （И. Шевцов）

四

状态结果动词（видеть／увидеть, слышать／услышать；помещаться／поместиться, выдаваться／выдаться；возмущаться／возмутиться, обижаться／обидеться；говорить／сказать 等）的未完成体和完成体都表示结果。它们之间的关系不是努力尝试动词和一般持续－结果动词对应体之间的从没有结果到有结果、或者结果从一端到另一端一点一点积累，直至全部出现的关系，而是结果出现（完成体）和结果出现后的持续状态或动作（未完成体）之间的关系。试比较下面两组例句：

Машина загородила дорогу. Машина загораживает дорогу.

Он сел. Он сидт.

如果状态结果动词完成体的结果出现意义相当于 сесть 的意义的话，那么，未完成体的结果出现后的持续状态意义相当于 сидеть。

俄语中，很多努力尝试动词的未完成体形式，除了具有动态过程意义外，用在特定的上下文中也可以表达静止状态意义，试比较：

如果表达静止状态意义的 $закрывать_2$ 与 закрыть 的意义关系相当于 сидеть 与 сесть 之间的关系的话，那么，表达具体过程意义的 $закрывать_1$ 与 закрыть 的关系则相当于 садиться 与 сесть 的关系：

$$закрыть\begin{cases} закрывать_1 \dots\ садиться \\ закрывать_2 \dots\ сидеть \end{cases}\ сесть$$

请看状态结果动词或某些努力尝试动词未完成体形式表达静止状态意义的例证：

① Боюсь один *оставаться* дома. （И. Шевцов）

② Взобраться на вершину скалы было невозможно — она небольшим карнизом *нависала* над склоном. （Н. Дубов）

③ А что, если мои часы *отстают*? （И. Шевцов）／试比较 Аннушка быстро устала и начала *отставать*.

④ Дорога круто *спускалась* под гору к песчаному берегу. （И. Шевцов）试比较：Осторожно спускайся.

有些状态结果动词或用于状态结果动词意义的努力尝试动词，它们的完成体过去时形式也可以用在静态语境中表达状态：

⑤ Много лет прошло, но и сейчас хорошо помню коричневую скалу, что *поднялась* высоко над озером.（В. Бурлак）试比较：Они идут над самым берегом, потому что недалеко от берега *поднимается* большая гора и она вся поросла листвяком.（Н. Дубов）

⑥ Вглядевшись, я поняла, что это в самом деле девушка в пилотке, из-под которой выбилась прядь пушистых волос.（Г. Васюкова）试比较：Я посмотрел на Косовратова. Каски он не надел, на высокий лоб выбивался из-под пилотки коротко стриженный темно-русый чуб.（Н. Грибачев）

完成体与未完成体的静止状态意义几乎相同，它们可以相互替换而不改变表述的意义。

词汇意义还是语法意义?

俄语中有些对偶体动词的未完成体形式,常常用来表达静止状态意义,功能相当于未完成体单体状态动词 лежать, висеть, стоять, находиться 等,请看 падать, снимать, проходить 用于持续状态意义的例句:

① Он сидел на лавочке возле своей избушки, чистил рыбу, точно строгал полено. Спутанные волосы падали ему на лицо, земля под ногами была усеяна рыбьей чешуей. (А. Андреев)

② По воскресеньям вместе со мной приходил на корвет еше один рыболов, отставной учитель географии Липецкий. Он снимал комнатушку на Греческой улице. Скудная обстановка комнатушки состояла главным образом из географических карт, книг и поблекших фотографий. (К. Паустовский)

③ Параллельно один другому тянутся два хребта — внешний и внутренний. По внешнему проходит граница с польской Силезией. (Ю. Демидович)

句中用于状态意义的 падать, снимать, проходить 仍然是 упасть (пасть), снять, пройти 的对应未完成体形式吗? 它们的这种意义可否作为未完成体单体状态动词的词汇意义来看待? 试比较乌沙科夫主编的《俄语详解词典》(以下简称 Ушаков 词典)和苏联科学院编四卷《俄语词典》(1981—1984)(以下简称科学院词典)的不同处理方法(见表 1):

表 1

标 题 词	Ушаков 词典	科学院词典
падать	4. (сов. нет). Свешиваться, свисать, ниспадат. Волосы ее падали длинными локонами водль щек.	3. (сов. упасть и устар. пасть I)… свисать, ниспадать (о волосах, одежде)…
снимать	1. Несов. к снять. 2. То же, что нанимать во 2 знач. С. Квартиру. (Нанимать, 2. Жить в наемном доме, квартире, квартировать где-н. …)	Несов. к снять. (Снять, 13. Взять внаем. Снять дачу, Снять комнату.)
проходить	1. Несов. к пройти во всех знач., кроме 10. 2. Иметь направление, быть располеженным. Туннель проходит через главный хребет. Пройти, 10 (Несов. нет). То же, что проходить во 2 знач. Туннель прошел (проходит) через главный хребет.	Несов. к пройти. (Пройти, 6. Пролечь, протянуться в каком-л. направлении о дороге, туннеле и т. п.)

显然，Ушаков 词典认为 падать, снимать, проходить 用于“свешиваться, свисать, ниспадать”, “жить в наемном доме, квартире, квартировать где-н.”, “иметь направление, быть расположенным”意义时，是未完成体单体状态动词，упасть (пать), снять, пройти 不是它们的对应完成体形式。而科学院四卷词典把它们的静止状态意义看做对偶体动词未完成体形式的语法意义，因此没有把这种意义作为未完成体单体动词的词汇意义单列。这种处理方法无疑是正确的，因为：

(1) Падать, снимать, проходить 对应完成体形式 упасть (пасть), снять, пройти 可以用来表达相应的状态出现意义：

④ Темный румянец медленно залил его чистое, белое лицо с родинкой на щеке. Русые волосы рассыпались и с двух сторон упали (начали свисать) на глаза. Он откинул их со лба назад. (В. Катаев)

⑤ Мы *сняли* (начали жить...) самый лучший номер в гостинице "Москва"— роскошный, с зеркалами, картинами и роялем. (Каверин)

⑥ Через десять дней вы услышите, что здесь *пройдет* (начнет быть расположенной) железная дорога. (А. Островский)

падать, снимать, проходить 在①②③中表达的持续状态意义和упасть, снять, пройти 在④⑤⑥中表达的状态出现意义构成对立关系。格洛温斯卡娅在她的专著«Семантические типы видовых противопоставлений русского глагола»中,把动词体的这种语法意义对应关系列为俄语动词体四种标准语法意义对立关系类型之一。

(2) Ушаков 词典事实上也把"状态/状态出现"的对立关系看做动词未完成体形式和完成体形式的一种语法对立关系。大量属于这种对立类型的动词未完成体的静止状态意义都没有当做未完成体状态动词的词汇意义来处理,诸如:

Вход в пешеру *заваливали* камни.

Скалистый мыс далеко *вдавался* в море. (А. Рыбаков)

Крышка плотно *закрывает* банку.

Вода *заполняет* бочку до краев.

Дорога *поворачивает* на юг.

Дом отдыха *располагался* на нижней ступеньке берега. (А. Андреев)

Погода долго *остается* хорошей.

属于这类体的意义对立关系的某些动词完成体形式,常常用于结果存在意义,表达由行为结果造成的状态,与对应的未完成体形式构成同义关系:

⑦ Я посмотрел на Косовратова, каски он не надел, на высокий лоб выбивался / выбился из-под пилотки коротко стриженный земнорысый чуб. (Н. Грибачев)

⑧ Вглядевшись, я поняла, что и в самом деле девушка в пилотке, из-под которой выбилась / выбивалась прядь пушистых волос. (В. Катаев)

⑨ Она была старая-престарая. Руки коричневые, в шишках, большущий нос загибался / загнулся вниз, костлявый подбородок — вверх. (В. Панова)

⑩ Повернув голову, я встретился с кошачьими глазами Фургонова, рыжая прядь упала / падала на один из них. (А. Аидреев)

例①中表达静止状态的 падали 因此也可以用表达结果状态的 упали 来替换。

当这类动词与表达很少形态变化的非生命体的主语搭配时,完成体表达的结果状态不是事实上曾经发生过的行为造成的,而是由假想的行为造成的:

⑪ Остров Тюлений, что прижался к Сахалину, стал заповедным домом для ста тысяч котиков. (Из газет) / На высоте около 2 тыс. м сосна, ель и пихта уже не сплетаются над головой высоким сводом, а *прижимаются* к земле. (Ю. Демидов)

⑫ Много лет прошло, но и сейчас хорошо помню коричневую скалу, что *поднялась* высоко над озером. (В. Бурлак) Неподалеку от Парфенона *поднимаются* развалины миниатюрного храма. Изящны его украшения: сквозь многие века пошли до нас тонкие лица женщин… (М. Семенов)

例句中的完成体与未完成体形式一方面是同义关系,另一方面,前者较之后者多了一层比喻意义。当我们赋予客观上静止的事物以动作时,表述增添了形象、生动的修辞色彩。格洛温斯卡娅把这类动词未完成体形式的静止状态意义和完成体形式由假想行为造成的结果状态意义的关系表述为:“Быть в каком-то состоянии — начать быть в каком-то состоянии как бы в результате соответствующего процесса.”①

正是由于上述原因,例③中的 проходит 虽然可以用 прошло 来替换,但是二者仍然是保留着静止状态意义与结果状态意义的对立关系。也正是同样的原因,Ушаков 词典以 Туннель проходит через главный хребет 与 Туннель прошел через главный хребет 以及 Дорога пролегает в горах 与 В горах пролегла дорога, Руда здесь неглубоко залегает 与

① М. Гловинская, Семантические типы видовых противопоставлений русского глагола. М., 1983, стр. 94.

Руда залегла здесь не глубоко(见该词典的相应词条)的同义关系为依据而把 проходить 与 пройти，пролегать，залегать 与 залечь 的状态意义完全等同起来的处理方式是欠妥当的。

类似 Ушаков 词典处理 падать，снимать，проходить 等的值得商榷之处在科学院词典中也时而可见：

Спускаться 1. Несов. к спуститься. 2. Быть расположенным наклонно，постепенно понижаться（о земной поверхности，береге и т. п.）Берег обрывом спускался к морю…

Уходить 1. Несов. к уйти. 2. Простираться，тянуться. … Уходила на север бесконечная водная ширь.

Окружать 1. Несов. к окружить. 2. Находиться，быть расположенным вокруг кого，чего-л. Пространный парк окружал дом со всех сторон.

Выступать 1. Несов. к выступить. 2. Образовывать выступ в общей границе，линии и т. п. чего-л.，выдаваться. Лицо узкое，с изящным переходом от едва выступающих скул к подбородку.

与 падать，снимать，проходить 等的情形一样，спускаться，уходить，окружать，выступать 等的静止状态意义也是对偶体动词未完成体形式的语法意义，而不是单体状态动词的词汇意义。它们的对应完成体形式可以用来表达相应状态的出现、由过去发生的或假想的行为造成的相应结果状态，从而与之构成“状态出现/状态”的体的意义对立关系：

⑬ Предместья города остались позади. Дорога *спустилась* в песчаную лощину. По бревенчатому мосту переехали они крохотную речушку.（Ф. Таурин）

⑭ С юга долины запирают горы，и с этих гор ледники *спустились* в долину так низко，что неподалеку от них настроены даже дома.（В. Бонч）

⑮ Вскоре дорога *ушла* от моря в горы，начала петлять и подниматься все выше.（В. Солоухин）

⑯ Волнуясь，я перелез осек — высокую изгородь，которая определяет границы лесных выпасов，и увидел опять，как дорога，словно не желая быть назойливой，*ушла* куда-то вправо.（В. Белов）

⑰ Одни двухэтажные светлые домики с красными черепичными крышами *окружены* садами.（Ю. Демидович）

⑱ Тави повела мысленную беседу с Сарацином из гипса. Не раз о его подножие пропавший капитан выколачивал трубку, чем сбил краску, *окружив* ноги Сарацина ужасными ямами.（А. Брин）

⑲ Вследствие неудачной кладки балкон *выступил* чуть ли не на пол-аршина дальше, чем следует.（Д. Ушков）

⑳ Ища спасения, чайки переселились на новые, *выступившие* из воды острова.（Соколов-Микитов）

顺便指出,окружать 的静止状态意义在奥热果夫的《俄语词典》(莫斯科俄语出版社 1982 年第十四版)中和 спускаться 的静止状态意义在 Ушаков 词典中都没有作为单体的状态动词的词汇意义标注,这恐怕与我们指出的原因不无关系。

从把俄语当做非本族语教学的角度来看,仅仅指出有些对偶体动词的未完成体形式常常用来表达静止状态意义这个语法条目是不够的。对于俄语功底欠深的人来说,在判断一个动词是否有这种意义性质时,往往不得不求助于词典。因此在以非俄罗斯人为对象的双语词典和教学词典中标出一些未完成体形式的常用静止状态意义仍然是必要的。例如,在我们不清楚 снимать 可以用来表达 жить в наемном доме, квартире, квартировать где-н. 这一持续状态意义的情况下,仅仅依靠科学院词典对于 снять 的释义 взять внаем 是不能解决问题的,因为 брать внаем 与 жить в наемном доме, квартировать где-н. 意义上一动一静,相去甚远。

我们认为,Ушаков 词典对于 нависать, выдаваться 等的静止状态意义的处理方法可以作为双语词典和教学词典在处理同类未完成体动词形式的静止状态意义的借鉴:

Нависать 1. Несов. к нависнуть. 2. Висеть низко над кем-чем. Скалы нависают над морем.

Выдаваться 1. Несов. к выдаться. 2. Прибрежные скалы выдаются над поверхностью воды.

这里一方面没有把静止状态意义不符合语言实际地当做未完成体单体状态动词的词汇意义来处理,另一方面,恰当地通过释义和例句指出了这种用法,这对于学习俄语是有帮助的。

语用学与动词体

一

1.1 本文分析与表达语句语用意义相关的实际切分、语用预设等语用因素制约俄语动词体使用的问题。

语句（высказывание）的意义分为客观和主观两个方面，意义通常称为命题（пропозиция）。命题由述语核心和受其意义制约的数量不等的题元（актант）组成，是对客观世界事物特征、事件的描摹。主观意义包括言语行为（речевой акт）意图，从说话者角度反映语句内容与现实关系的客观情态意义，以及表达说话者对语句内容了解程度、关切程度、评价、意志与情感的主观情态意义等。① 同一命题可用在表达各种各样不同言语行为功能（иллокутивные силы）的语句中，构成言语行为的不同类型：Я приказываю *взять город*; Я запрещаю *брать город*; Я сомневаюсь во *взятии города*. ②语句的主观意义及其表达手段是语用学研究的主要对象。③

1.2 实际切分（актуальное членение）指在特定的语境和上下文中，根据交际任务的需要，把句子切分成主位和述位两个部分。主位是传达实际信息（актуальная информация）的出发点，一般由上文设定，是将句子与上文衔接起来的部分，通常是已知的部分。述位表达实际信息，是对主位的叙述，句子的交际中心，一般是新知的部分。

预设（пресуппозиция）是一种必须为真的句义成分，否则句子将被

---

① В. Белошапкова, Современный русский язык. М., 1989, стр. 679.

② Н. Арутюнова, Предложение и его смысл. М., 1976, стр. 33.

③ В. Гак, Прагматика, узус и грамматика речи. — Иностранные языки в школе, 1982, №5, стр. 11－17.

认为语义异常或与特定上下文相抵牾。[①] 语用预设（прагматическая пресуппозиция）是预设的一种类型，内容涉及受话人的已知信息领域。如果说话人使用句子 s 时，认为句子 p 不言而喻，是受话人已知的信息，那么，句子 s 就包含句子 p 的语用预设。语用预设常常用来描写句子在实际切分时的语义现象。[②]

二

2.1 在叙述话语（текст повествования）的链式结构句组中，后续句的复指（анафор）动词，一方面由于充当主位，只是陈述的对象，不是表意的重心（语义重心落在行为地点、时间、目的、客体、主体等词语上），另一方面，行为达到结果的意义在起始句里已经通过被替代的述位动词（антецедент）表达，在后续句中转化为语用预设，因而常常可以用未完成体动词：

① У него четыре жены. Все они, по его словам, ушли от него. *Уходили* они //странно. （В. Панова）

уходили 在这里复指起始句的 ушли，在后续句里属于主位，是述位 странно 的陈述对象。整个接续句包含两个命题：ⓐОни ушли；ⓑУходили они странно。阿鲁秋诺娃（Н. Арутюнова）指出，句子交际结构的变化不导致语法结构的变化，这是俄语的一个特点。俄语人称动词谓语不仅可以独立地表示判断，而且与其对应的命题可以在状语成分充当述位的句子里以事件名称（наименование события）的方式充当主位：Мы работали. Работали мы//в Заполярье。逻辑上正确的叙述照理应是：Мы работали. Наша работа имела место в Заполярье. [③]因而命题ⓑ可改写为 Их уход был странен。命题ⓐ是命题ⓑ的语用预设。说话人明白“她们离去了”（行为达到结果）是受话人的已知信息，这使他可以依据“经济性”原则，在句中略去表达结果存在意义的、语义因而较为复杂的完成体过去时，代之以参与表达概括事实意义的、语义因而较为单纯的未

① Лингвистический энциклопедический словарь. М., 1990, стр. 396.

② Е. Падучева, Высказывание и его соотнесенность с действительностью. М., 1985, стр. 57－60.

③ Н. Арутюнова, Предложение и его смысл. М., 1976, стр. 65－66.

完成体过去时。Уходили 在句中不表示行为过程，与起始句中被复指的对应完成体动词 ушли 的客观所指是相同的。它的作用很像链式结构句组中后续句的复指名词或代词：

② Белые ворвались в село, где в тифу лежала Таня. *Больную девушку* бросили в тюрьму.

③ Потом вышла Тамара. *Она*, должно быть, подкрасила губы и попудрилась.（П. Нилин）

在静态的词汇聚合体系里，девушка, она 与 Таня, Тамара 的关系类似概念词语与种概念词语之间的缺值对立关系（привативная оппозиция）。种概念词语是对立中的标记成分，义素含量大于类概念词语，其词义等于所属类概念词语的词义加上该词语的区别义素。类概念词语为对立中的无标记成分，分布范围远远大于标记成分，囊括后者的全部分布区域。这就是 девушка, она 能够取代 Таня, Тамара 的原因。[①] 例①的 уходили 所以能够复指 ушли，也正是由于俄语动词未完成体用于概括事实意义时，与完成体动词构成缺值对立的关系，并且在对立关系中充当无标记成分的缘故。请看类似的例句：

④ Многих из них уже осудили. *Судили* //как руководителей, так и исполнителей.（Из газет）

⑤ Отворачиваясь от парней, он сказал девушке: — Это для меня дороже жизни. — *Говорил* он //вполне искренне.（В. Закруткин）

⑥ В этой портерной я написал первое любовное письмо к Вере. Писал//карандашом.（А. Чехов）

在起始句中，表达后续句主位动词行为结果意义的有时不是对应的完成体动词，而是词义相关的其他未完成体动词（例⑦），或显示行为结果的相关名词（例⑧⑨⑩）：

⑦ Позвонили из обкома. *Вызывал*//Бликин.（Г. Николаева）

⑧ Алеша открыл рот, чтобы рассказать, что плывет он по делу на ту сторону залива — посмотреть яблони. Яблони они с тоцом *сажали* // прошлой осенью.（С. Романовский）

⑨ Да вы и сами найдете: новая железная крыша. Перед самой

---

① Л. Новиков, Семантика русского языка. М., 1982, стр. 137 – 146.

войной // *крыли*. (В. Катаев)

⑩ Мне вспомнилось одно письмо из Кабардино-Балкарии. *Писали* // ребята из отряда 7-го класса. (Из газет)

例⑧⑨⑩的 яблони, крыша 和 письмо 的存在表明, сажали, крыли, писали 虽然是未完成体动词,但是指称的却是客观上达到了结果的行为。

2.2 有时,在后续句中,说明未完成体复指动词的是用疑问词或关联词表达的,置于主位之间的述位成分,这种情况常见于对话统一体的反应话语(реплика-реакция)中(例⑫⑬):

⑪ Осенью выкопали картошку, ссыпали в бурты, получили денежки. Весной сгноили. За что же // деньги *получали*? (А. Ткаченко)

⑫ — Мог бы я быть кем угодно, да зря время провел. — А зачем же вы его зря *проводили*? (В. Панова)

⑬ — Нам сказали, что мы в большом городе жить будем. Какой же это город? — не знаю, что вам *говорили*. Но жить вам придется здесь. (А. Андреев)

2.3 在对话统一体的反应话语中,充当主位的复指动词常常使用不定式形式(例⑭⑮),刺激话语(реплика-стимул)里与反应话语呼应的可能是非对应完成体动词的人称形式(⑯⑰):

⑭ — Ну-ка расскажи мне про себя! — А чего *рассказывать*-то? — Что ты любишь? Что не любишь? Какие видела фильмы? (А. Лиханов)

⑮ — Что-то не пойму. — А что не *понимать*? Ты в каждом врага видишь, почему все тебя другом считать должны? (В. Теидряков)

⑯ Вы что ж не женитесь, Николай Остапович? *Дали* бы нам пример. — Да где уж! Пример вы с Андреем должны *показывать*.

⑰ Так я *захвачу* с собой один утюжок. Ты мне напомни. — Хорошо. Можешь их *забирать* хоть все. (Б. Катаев)

2.4 在非谓语成分充当述位的祈使句中,占据主位的命令式表达已知信息,包含"行为达到结果"的语用预设,遵循经济原则,也常用未完成体:

⑱ Алексей вынул деньги, протянул ему, сказал: — Видишь, какая она худющая! Кожа да кости! Вот ты ей и купи! Да не сластей — что с них проку, — а варушку *покупай*. (А. Лиханов)

⑲ Из-за руды у меня теперь не открывается ящик. Ну-ка, Пронякин, у тебя силы много… Нет, нижний не пытайся. *Тащи* любой повыше. (Г. Владимов)

句中的 покупай, тащи 与"催促"、"同意"、"一切就绪了,可以开始了"等典型情境中的未完成体命令式的使用机制不同。后者在句中充当述位,用于祈使交谈对方立即开始进行已知的行为(приступ к действию в момент речи)[①],包含"交谈对方事前已经作好完成该行为的准备"的语用预设。[②]

2.5 值得注意的是,在包含"行为达到结果"的语用预设的表述中,充当主位的未完成体动词不仅常常使用过去时、不定式和命令式形式,而且也可以使用现在时形式:

⑳ — Нет. Я поеду. Прости меня, пожалуйста! Так надо, честное слово! — Я ведь знаю, зачем ты *едешь*. Шальная голова! (А. Андреев)

㉑ Ты уйдешь. Ничего не поделаешь, уйдешь, конечно. Ну что ж, я не в обиде. Не по воле своей и не по прихоти *уходишь*, судьба такая. (Ч. Айтматов)

因为上文的 поеду, уйдешь 已经表达了行为达到结果的意义,因而不是表义重心的主位位置上,以事件名称身份出现的人称动词可以略去完成体将来时形式,使用表达中立意义的未完成体现在时形式。尽管 едешь, уходишь 在这里指称的也是将来时刻发生的行为,但是它们显然与拟定行为现在时(настоящее намеченного действия)不完全是一回事。这里使用未完成体现在时的主要制约因素是实际切分。

2.6 包含"行为结果"的语用预设,以主语为述位、未完成体概括事实意义动词谓语为主位的刺激话语,在特定的上下文、语境中,常常用来构

① 张家骅:《现代俄语体学》,高等教育出版社 1996 年版,第 240 – 249 页。

② И. Шаронов, Проблема толкования вида в императиве. // Русский глагольный вид в прикладных исследованиях. М., 1994, стр. 59 – 63.

成间接言语行为(косвенный речевой акт)[1]。例如用疑问句间接表达祈使(例㉒㉓),对行为结果的优劣进行评价(例㉔㉕)等:

㉒ Кто *передавал* (на билет)?(Возьмите билет.)

㉓ Кто *открывал* дверь?(Дай ключ.)

㉔ Кто *проверял* эту статью?(В ней замечено много ошибок.)

㉕ Девушка сняла с плеча кожаную сумку и, осмотрев повязку, строго спросила: — Кто *перевязывал*?(Разве так надо?)(М. Тихомиров)

三

在会话统一体中,如果刺激话语的述位是可以带语气词 это 的主语;主位是完成体过去时谓语动词时,肯定句的反应话语要用表达结果存在意义的完成体动词过去时。否定回答时,如果答句不是部分否定句,而是全部否定句的话,那么句中的谓语动词要用表达概括事实意义的未完成体动词过去时形式:

㉖ Это ты пролил на скатерть?

[Да, я *пролил*.
[Нет, я не *проливал*.

句中包含语用预设 Кто-то пролил на скатерть. 说话意图不是对行为结果论其优劣,而是责其不当。受这种因素制约,用部分否定句回应这类刺激话语时,谓语动词仍然要用完成体形式:Нет, не я пролил 刺激话语的预设仍然保留。以全部否定句回应时,谓语动词只用未完成体形式,表示说话人否定该主体与行为有任何干系。句中需要否定的不是行为结果,而是行为本身。刺激话语的预设没有保留。类似的例句如:

㉗ — Это его отец убил Кирова! — Неправда! Мой отец никого *не убивал*.(А. Рыбаков)

㉘ — Сейчас же признавайтесь, это кто чашку разбил? — Ей-богу, бабушка, он, а не мы. Мы *не разбивали*.(А. Голубева)

㉙ — Вам это товарищ Рудин рассказал? — Нет, Семен Петрович

---

① Е. Падучева, Высказывание и его соотнесенность с действительностью. М., 1985, стр. 44–47.

ничего *не говорил*.（Б. Горбатов）

㉚ — Но все-таки откуда пушки? Это кто их здесь поставил? — Никто их здесь *не ставил*. Они давно здесь стоят.（В. Аксенов）

四

4.1 当问句的述位是完成体所表示的谓语，用来提问对方是否进行了预期的行为时，肯定回答与否定回答通常都用表达结果存在意义的完成体动词过去时形式：

㉛ — Как диссертация? Назначили оппонентов? — Да, *назначили*.（В. Аксенов）

㉜ — Здравствуйте. Говорит Ленин. Получили вы от меня телеграмму? — Нет. Владимир Ильич, *не получил*. — Потребуйте почту и посмотрите. — Сейчас сделаю и позвоню вам.（С. Аксенов）

预期行为通常指说话人认为应该发生的行为，这类行为要用完成体动词表达。被作为预期行为来解释的通常是疑问句、否定句里完成体过去时表达的行为，完成体过去时在句中充当述位。具有这种预期行为意义的句子包含着“行为应该发生”的语用预设。[1] Получили ли вы телеграмму 与 Не получил 在具体上下文里表达的全部意义分别是：Вы должны были получить телеграмму. Их получили? Я должен был получить, но не получил. “行为应该发生”的语用预设与本文第二节谈及的“行为达到结果”的语用预设不同，具有规约的性质，附着在完成体动词的特定语法形式上，与完成体动词的时间确定性（локализованость во времени）义素有着密切的关系。未完成体动词过去时充当述位的问句和答句不包含这种意义的语用预设。

在指称预期行为时，完成体动词过去时在否定句里表示的常常不是已经开始的行为没有达到结果，而是行为根本没有发生。否定的不是行为的终端界限，而是包括起点和终端在内的行为整体。对于表达延续行为的一般持续－结果动词和努力尝试动词来说，强调这一表意特点尤其重要。试比较下列例句：

---

① В. Гуревич, Актуальное членение и употребление глагольного вида. — Русский язык за рубежом, 1986, №5, стр. 79－82.

㉝ — Ты почему вчера задачу *не решил*? Ты же мне обещал. — Я хотел вчера сделать, только я заснул. (И. Ликстанов)

㉞ Колмогоров арифмометр в класс притащил, а сам пустяковой задачи *не решил*, звено опозрил. (Он же)

㉟ — Дядя Жора, — слегка приостановился кореспондент, — вы нас ведете и не спросите, кто мы.

Вопрос был неожиданный. Дядя Жора на минуту смутился. В самом деле, почему он *не узнал*, кто это люди? (А. Ткаченко)

㊱ Он пытался, но *не узнал*. Так что извини.

一般持续－结果动词、努力尝试动词指称的客观行为是延续的，它们的完成体形式在否定句中既可以表示已经开始的行为最后没有达到结果，又可以表示预期行为甚至没有开始，上下文常常是排除歧义的手段。[①] не решил, не узнал 在例㉝㉟中表示预期的行为甚至没有开始，在例㉞㊱中则表示已经开始的行为没有达到结果。再请看下面一段对话：

㊲ — Ну, как там у вас, Витя?

— Все в порядке, Димка. Родители на даче. Здоровы.

— А ты как? Защитил?

— Нет, *не защитил*.

— Неужели зарубили, скоты?

— Да нет. Отложена защита. (В. Аксенов)

“喂，维佳，你们怎么样？”

“一切正常，吉姆卡。爸爸妈妈住在别墅，身体都健康。”

“你怎么样？答辩通过了吗？”

“没有，没通过呢。”

“怎么？砸了？这帮畜牲！”

“啊，不是。答辩延期了。”

не защитил 在这里既可以理解为“没有通过答辩”，又可理解为“没有答辩”。维佳的意图是说“他没有答辩呢”，但是吉姆卡却误解为“答辩没有通过”。歧义产生的原因是，句中否定的是预期行为，要用完成体动词表示，因而与否定行为结果的句子在形式上重合。例㊳的 не защитил

---

① А. Спагис, Парные и непарные глаголы в русском языке. М., 1969, стр. 286.

也表达预期行为根本没有发生：

㊳ Саша протянул капитану зачетную книжку, показал графу «военное дело» с отметкой «хорошо».

— Вам было присвоено звание?

— Нет, я *не защитил* диплома, меня арестовали. （А. Рыбаков）

当刺激话语中“行为应该产生”的预设信息为受话人一无所知时，交际并不因此受阻。否定答句里的谓语动词在这种情况下要用未完成体：

㊴ — Вы получили деньги?

— Никаких я денег *не получал*. （А. Чехов）

反应话语在这里一方面否定了刺激话语的命题，另一方面，由于动词谓语改用未完成体形式，因而也否定了刺激话语的语用预设。而例㉜㊲等的反应话语却保留了刺激话语的语用预设，否定的只是其中的命题部分。

4.2 我们认为，除了说话人认为应该发生的行为之外，预期行为还包括说话人不希望发生，但预料到事实上可能发生的非自主行为（неконтролируемое действие）。这类行为同样要用完成体动词表达。动词完成体的语法形式在这类句子中包含“非自主行为可能发生”的预设。行为可能发生，但是不希望发生，句子的“担心”情态色彩由此而来。包含“非自主行为可能发生” 预设的典型结构是“не + 完成体命令式“：

㊵ Осторожно, *не разбей*. Там бутылка водки. （М. Булгаков）

未完成体命令式在否定句中不含有“非自主行为可能发生”的预设，因而不具有“担心”的情态色彩。帕杜切娃从另外一个角度解释这种语义现象。她认为，在句子 Не падай 中，未完成体动词命令式包含“行为自主性”的预设；Не упади 不包含这种预设。①

完成体动词的不定式和假定式形式在否定结构中也常常带有“非自主行为可能发生”的预设，因而具有“担心的情态色彩”。试比较下列结构中不同体动词的意义：

（1）нельзя ＋ {完成体动词不定式 / 未完成体动词不定式}

㊶ Нам вот говорят: отдайте немедленно все! Кому? На каких ус-

---

① Лингвистический энциклопедический словарь. М., 1990, стр. 396.

ловиях? Приватизировать можно только один раз, и *ошибиться* здесь *нельзя*. (Из газет)

㊷ *Укрываться нельзя*. Жара. (А. Рыбаков)

(2) не мочь + {完成体动词不定式 / 未完成体动词不定式}

㊸ Но как же тогда мама? Мама этого не перенесет, такого удара он ей *нанести не может*, придется тянуть лямку. (А. Рыбаков)

㊹ Вы солдаты, и мы *не можем заставлять* вас изменить присяге. (В. Чванов)

(3) не должен + {完成体动词不定式 / 未完成体动词不定式}

㊺ Нет, они *не должны узнать* об этом. Не должны! Они правда убьют ее. (Н. Блаев)

㊻ Школа *не должна перенимать и приводить* в жизнь любой опыт, независимо от конкретных условий. (В. Сухомлинский)

(4) … чтобы не + {完成体动词不定式 / 未完成体动词不定式}

㊼ Езжай быстрее на станцию, чтобы *не опоздать*. (Ч. Айтматов)

㊽ Я надела купальник, чтобы там *не переодеваться*. (А. Рыбаков)

(5) стараться не + {完成体动词不定式 / 未完成体动词不定式}

㊾ Тихонько, стараясь *не разбудить* соседей, я меняла белье, подкладывала клеенку. (А. Лиханов)

㊿ Устало передвигая ноги, мы старались *не отставать* от него. (А. Андреев)

(6) 使令动词 + не + {完成体动词不定式 / 未完成体动词不定式}

51 Один из казаков посоветовал Запрометному *не утонуть* в своем озере. (Из газет)

52 Прошу тебя, Надя, *не вмешиваться* в наши отношения с ней.

(А. Андреев)

(7) не + {完成体动词假定式 / 未完成体动词假定式}

⑤③ Как бы из-за дождя *не задержался* самолет. (Н. Наволочкин)

⑤④ — За сколько? — По пять рублей за штуку. — *Не продавал* бы. (А. Саломатов)

(8)… чтобы не + {完成体动词过去时 / 未完成体动词过去时}

⑤⑤ Только осторожно, чтобы никто книгу у вас *не увидел*. (А. Голубева)

⑤⑥ Я ведь чего хочу? Чтоб ты на меня *не обижался*. (Г. Владимов)

例④①④③④⑤④⑦④⑨⑤①⑤③⑤⑤中标出的完成体动词在具体上下文里都具有"担心"的情态色彩，而例④②④④④⑥④⑧⑤⓪⑤②⑤④⑤⑥中标出的未完成体动词，在同样的结构中表达的却是"不必，不该"发生的行为。

五

句子的交际结构不仅制约着动词体的使用，而且对于体的变体意义表达也有所影响，例如：

⑤⑦ Пришел поезд. 来火车了。

⑤⑧ Поезд // пришел. 火车(已经)来了。

例⑤⑦从实际切分的角度来看，是不可切分句，陈述过去发生的事件：Пришел поезд. Мы сели и поехали. 在句中 пришел 用于一般过去时(аорист)意义，表达与说话时刻没有联系的动态行为，观察点与行为同步。在例⑤⑧里，пришел 是述位，用于结果存在意义，表达的不是动态行为本身，而是过去行为结果造成的状态，这个状态存在于说话时刻：Поезд уже есть. Пора садиться.[①]再如：

⑤⑨ Вы // говорите по-русски? 您会讲俄语吗？

---

① Н. С. Поспелов, О выражении категории определенности / неопределенности временными значениями русского глагола в форме прошедшего времени. //Памяти акад. В. В. Виноградова. М., 1971.

⑥⓪ Вы говорите // по-русски？您说的是俄语吗？

例⑤⑨ 的 говорите 是述位，表义重心，在句中用于性质说明意义。说话人的交际意图是了解对方有无讲俄语的技能。例⑥⓪的 говорите 属于主位，已知信息，по-русски 是述位，表意的重心。говорите 在这里用于具体过程意义。交际对方正在说话，这是语用预设，说话人感兴趣的是，对方在操哪种语言说话。

动词体和语境相关的几个问题*1

1 关于有限次数变体

很多俄语语法书、教科书在说明动词未完成体可以表达重复行为的时候,常常以未完成体过去时和 два раза, трижды, несколько раз 等次数状语的搭配来做例证。但这并不在任何情况下都是正确的。请比较下面的例句:

① Дважды (без меня) звонила Ахматова. (А. Блок)

② Я раза три к тебе девочку за деньгами присылал и жалостное письмо писал. (А. Чехов)

③ Папка два раза заносил ногу и не мог попасть в седло, наконец попал, и велосипед покатил к шоссе. (Н. Дубов)

④ Он прикладывался к бутылке (в кармане) раза два, а потом широко вздохнул и начал зевать. (Д. Мамин-Сибиряк)

例①②与③④之间存在着一个明显的区别:如果把句中表达有限次数的状语 дважды, раза три 等统统去掉的话,我们发现,例①②中被次数状语说明的动词仍然要保留未完成体形式不变:Без меня звонила Ахматова; Я к тебе девочку за деньгами присылал. 但是,例③④的动词必须相应地改变体的形式:Папка занес ногу, попал в седло, и велосипед покатил к шоссе; Он приложился к бутылке, широко вхдохнул и начал зевать.

这个区别是动词体的变体意义不同造成的。звонила, присылала 在①②中参与表达的是概括事实意义,着眼于集中在行为曾经发生过的事实本身上。至于行为发生的时间、环境、条件、是否达到结果等等,这些具

---

* 本文原名《俄语动词体的几个问题》,《外语学刊》1987 年第 4 期。

体特征在句中是无关紧要的信息,因而被略去。заносил, прикладывался 在③④中参与表达的是具体重复意义,指称的行为是在特定的时间、环境、条件下重复发生的。

概括事实意义区别于重复意义的一个重要特征是,它所表达的行为具有次数不确定的性质。在句子 Я останавливался в этой гостинице 中,谓语动词体的语法形式离开特定的上下文,在没有表达次数意义的状语修饰的情况下,不能告诉我们,行为进行了一次还是多次。正是这种在行为次数意义上的中立特征,使得 останавливался 对于表达重复意义和一次意义的上下文因素都不加以排斥:Я останавливался в этой гостинице много раз /один раз。例①②的 дважды 和 раза три 也完全可以用 один раз 来取代。但是,在③④中这种替换是不允许的。可见,未完成体只在③④中参与了重复意义的表达,而在①②中,指示行为重复发生的因素仅限于次数状语。谓语动词没有参与表达重复意义。它们之所以用了未完成体,是因为表达概括事实意义的缘故。

汉语译文上的差别,可以作为例①②和③④之间在谓语动词体的语法意义上各不相同的一个旁证:

① 我不在的时候,阿赫马托娃打过两次电话。

② 我打发小姑娘到你那儿去取过三次钱……

③ 爸爸迈了两下腿也没登上车座,后来终于骑上了……

④ 他用手按了两下衣袋里的瓶子,然后深深地吸一口气,打起哈欠来。

俄语未完成体过去时表达的概括事实意义译成汉语时,常常可以用带时态助词“过”的结构表达(①②)。译文③④中的“了”不能用“过”代替。

综上所述,我们的结论是:(1)在说明动词未完成体可以表达重复行为的时候,不宜使用①②类型的例证;(2)邦达尔科把未完成体与 два раза, трижды 一类词语搭配起来的用法(ограниченно-кратная разновидность)划归概括事实用法无疑是正确的[①],但是,他没有把确属概括事实意义的①②类型和不属于概括事实意义的③④类型区分开来[②],这

---

① Русская грамматика. Т. I. М., 1980, стр. 611.

② А. Бондарко, Принципы функциональной грамматики и вопросы аспектологии. Л., 1983, стр. 166. 作者在这里以例④作为概括事实意义有限次数类型的例证。

不能不说是一个缺陷。

2 体的言语对偶

在静态的词汇体系中不具有反义关系的两个词,在特定的上下文里可能构成临时的反义词偶,这是我们十分熟悉的现象。动词体的对偶关系也有类似的情况。本来没有对偶关系的某些完成体动词和未完成体动词,在特定的上下文里,可能形成临时的对偶关系。例如:

(1)прийти / идти

单纯结果动词 прийти / приходить 与努力尝试动词(如 ловить 捉/поймать 捉到)不同,完成体和未完成体都表示"来到"。体的对立只表现在"具体事实意义(конкретно-фактическое значение)/ 无限次数意义(неограниченно-кратное значение)"和"具体事实意义/概括事实意义"两个方面,未完成体不能用来表示达到结果前的行为过程: * Смотри, вот автобус приходит сюда. 在需要表达"来到"前的行为过程时,常常不得不使用 идти: Смотри, вот автобус идет сюда; Постоим немного, подождем Никиту с Иваном. Вон идут / * приходят. (А. Андреев)在上下文因素(сюда, подождем)的作用下,句中的 идти 在词汇意义上由一般的"走"、"行驶"具体化为"走来"、"驶来",语法上体现了未完成体的具体过程意义(конкретно-процессное значение),从而与表达完成体具体事实意义的 прийти 构成了临时的体的对偶关系:

прийти(具体事实意义){ приходить(无限次数意义、概括事实意义)
　　　　　　　　　　　 идти(具体过程意义)

привести / вести, принести / нести, найти / искать 等在类似的上下文中也构成同样的临时对偶关系。

(2)сходить/ходить

这两个动词的语法对偶关系至少可以表现在三种类型的上下文里:

а. 对偶体动词形式间的"具体事实意义/概括事实意义"的对立关系,在一定的上下文中常常体现为"预期行为(ожидаемое действие)意义/非预期行为意义"的对立关系:Ты прочитал «Евгения Онегина»? (Не забыл, что сегодня ты должен его отдать мне? / Ты читал «Евгения Онегина»? (Стоит ли почитать его?)

сходить 与 ходить 用在这类上下文里表达"往返"意义时,恰好也构成同样的体的语法意义对立关系：Ты сходил за хлебом, Алеша?（Ведь ты обещал маме.）/Ты ходил за хлебом, Алеша?（Есть черный?）

b. 分别用在一次行为语境和重复行为语境中表达具体事实意义和无限次数意义：Вам надо сходить к врачу. / Вам надо ходить к врачу.

c. 动词不定式和 надо, можно, мочь, просить, хотеть, советовать 等具有情态意义的主导词搭配表达一次具体行为时，一般用完成体，在表达"不必、不该"情态意义的否定句或包含否定意义的句子中用未完成体：Вам надо созвониться с ним. / Зачем с ним созваниваться?

сходить 与 ходить 可以作为对偶体动词和 созвониться/созваниваться 等对偶体动词等值地用在具有这种对立关系的上下文中：Тебе надо сходить к научному руководителю. / Зачем ходить-то?

съездить / ездить, сбегать / бегать 等用在这些上下文类型中也构成同样的对偶关系。

（3）пойти / идти

二者的对偶关系表现在以下三种情况下：

a. идти 用在重复行为语境中表达"开始走"时，词汇意义和 пойти 完全重合，区别只体现在语法意义上：一次行为/重复行为。例如：Когда жара спадала, люди шли дальше.（З. Выгодская）/ Когда жара спала, люди пошли дальше; Вот так всегда: напьются да идут в кино спать.（А. Андреев）/ Напился и пошел в кино спать.

b. 在历史现在时中，идти 可以作为 пойти 的对应未完成体使用，指称同样性质的客观行为：Потом мы следом за ним поднимаемся и идем в свой класс.（Н. Дубов）/ Потом мы следом за ним поднялись и пошли в свой класс.

c. 在表达预计的行为时，идти 是作为 пойти 的对应未完成体来使用的：Ты сообщил товарищам, что завтра идем на выставку Пикассо? / Завтра пойдем на выставку Пикассо. 试比较：Завтра меня уже не будет здесь, я ухожу（уйду）от отца, покидаю（покину）все, начинаю（начну）новую жизнь（Чехов）.

поехать / ехать, повести / вести, подуть / дуть 等在上述情形下也构成同样的体的对偶关系。

（4）поговорить / говорить, погулять / гулять 等

能够以临时对偶关系与对偶体动词等值地用在“‘不必、不该’情态意义（未完成体不定式）/具体事实意义（完成体不定式）”对立关系（2）中的，除了 сходить / ходить 类型的动词外，还有 поговорить / говорить，погулять / гулять 类型的动词：Почему вы не хотите поговорить с ней? / Незачем говорить；Советую вам почитать эту книгу. / Ее не стоит читать.

3 结果存在意义的延伸

我们知道，完成体过去时可以用来表达以往行为的结果或作为行为结果呈现的状态在后来依然存在，这种变体意义叫做结果存在（перфект）意义：— Где книга? — Я поставил на полку；— Можно к Ване? — Он уже лег. 如果动词表达的是空间位移、姿态变化意义的话，那么，所谓“结果存在”，通常理解为主体或客体在说话时刻仍然保持着行为过后的位置和姿态（Книга стоит на полке；Миша лежит）。

但是，有时行为造成的在空间位置上的结果虽然已不存在，其后果却仍旧存在。动词在这种情况下仍然要用完成体形式，表达的意义仍然没有超出结果存在意义的范围。请看例句：

① Он дождался вечера и，когда все ребята пошли в клуб，на собрание，задержался у койки Виктора. — Как ты себя чувствуешь?（Б. Горбатов）

② — Петя пришел? — Нет，видимо，он задержался на работе.

③ — Ты почему опоздал? — Немного задержался у кассы.

例①陈述过去发生的事情，задержался 用于一般过去时意义。例②的 задержался 用于对话中，时间着眼点是现在，表达结果存在意义：Петя 说话时刻仍然在工作地点。在例③中，задержался у кассы 的空间位置上的结果已不存在：я 说话时刻离开了付款处。但是后果 опоздал 却是事实。完成体过去时的这种意义应看做结果存在意义的一种类型。

完成体过去时用于例③类型的结果存在意义时，常用来说明原因。例如：

（1）对某种现象作解释：

④ — Как это ты простудился? — Я *провалился* под лед.（С. Кучеренко）

⑤ — Что все дремлешь? — Вчера *лег* поздно.

行为后果可能存在于说话时刻（例④的 простудился，例⑤дремлешь），也可能存在于说话时刻之前（⑥），以后（⑦）：

⑥ — Чего тебя ругали дома? — Я *пошел* купаться.

⑦ Завтра он придет домой, и его опять побьют за то, что *ушел*, не ночевал дома.（Н. Дубов）

（2）揣测原因：

⑧ Почему ты такой грязный? *Упал*?

（3）说明道歉的原因：

⑨ Прости меня, Надюшенька, что *ушел* в тайгу. Больше не будем расставаться.（С. Кучеренко）

⑩ Извини, что я *открыл* окно без твоего согласия.（Окно сейчас закрыто）

（4）说明感谢的原因：

⑪ Спасибо, что ты вчера на новоселье ко мне *пришел*.

要注意将完成体的这类结果存在意义与未完成体过去时参与表达的结果取消意义（значение аннулированного действия）区分开来。不能认为以上例句中标出的动词表达的行为在空间位置、姿态方面的结果已不存在，因而动词应用未完成体，表达结果取消意义：— Что все дремлешь? — Вчера *ложился поздно; Прости меня, Надюшенька, что я *уходил в тайгу.

4 用体的经济原则

人们在语言过程中遵循着"从简"的原则，可有可无的语言手段常常略去。这种现象也可以在选用俄语动词体语法形式的时候观察到，例如：

（1）在上下文、语境已经表达了行为结果的情况下，用完成体语法形式重复地加以表示往往就不再需要。因而口语中常常遇到多余的完成体形式省略，使用未完成体指称达到界限的客观行为的现象。请看下面的例子：

[— Ваше платье очень красиво.] — ... А знаете, я его шила（сшила）сама.（А. Грин）

因为方括号中的句子已经指出了"缝"的行为结果，所以这里可以用

未完成体 шила 来指称达到界限的客观行为。

这种以未完成体形式取代完成体形式的“从简”用法常见于下列典型上下文类型里：

a. 在行为结果存在的情况下提问或指出行为发生的地点、时间、客体、目的、原因等：

① Эту книгу я брал（взял）в библиотеке.

② — А вы художник, настоящий. Вы что кончали（кончили）? — Среднюю школу.（И. Шевцов）

③ Бабушка Настя достала из сумки сливу и дала Сереже: — Ешь, Сережа, они мытые. Не надо мне. Для мамы покупала（купила）.（В. Панова）

④ — Вы комсомольцы? — Комсомольцы. — Зачем сюда ехали（приехали）, знаете? — Догадываемся!（Б. Горбатов）

b. 提问或指出建筑物、电影、戏剧、美术作品等的设计者、导演者、作者：

⑤ Зимний дворец строил（построил）Растрелли.

⑥ — Кто все это рисовал（нарисовал）? — Ярослав Андреевич, надо полагать.（И. Шевцов）

c. 就谈话对方涉及的达到界限的行为提问或作出反应：

⑦ — Мы должны провести подобный эксперимент. — А когда его проводить（провести）?

⑧ — Нам сказали, что мы в большом городе жить будем. Какой же это город? … — Не знаю, что вам говорили（сказали）. Но жить вам придется здесь, другого у нас ничего нет.（А. Андреев）

d. 在特定场合，当涉及的行为应当完成为交谈双方不言而喻的时候：

⑨ Мне надо попасть на ВДНХ. Где мне выходить（выйти）?（在公共汽车上）

⑩ К кому вас записывать（записать）?（在医院挂号处）

⑪ Сколько вам взвешивать（взвесить）?

⑫ На какой день вам заказывать（заказать）билет?

⑬ На какое время назначать（назначить）собрание?

(2)预期行为(ожидаемое действие)本来应该用完成体形式表达,但是在下列例句中,因为方括号内的上下文已经表达了行为的预期性质,所以完成体形式对于表示预期行为就不再是必需的了,可以用未完成体来取而代之:

⑭ [Я был уверен, что именно здесь, в этом парке, встречу свою незнакомку.] Но она не *приходила* (пришла). (Паустовский)

⑮ [Помните, я дал вам прочитать свою статью?] Вы *читали* (прочитали) ее? (В. Гуревич)

(3)从属动词不定式或从句中的动词在主导动词、主句谓语动词已经通过未完成体形式表达了行为重复发生意义的情况下,常常可以或必须用完成体形式来代替未完成体指称重复发生的客观行为,例如:

a. 在以 перед тем как, прежде чем 等连接的时间复句中:

⑯ По утрам, прежде чем *разбудить* (будить) Люсю, она подолгу и со страданием вглядывалась в ее лицо, потом тихонечко касалась плеча дочери и просила шопотом: — Встай, девочка... Пора на завод. (А. Андреев)

⑰ Перед тем как *лечь* (ложиться) спать, он усаживался на кровати и выкладывал услышанное с непоколебимой верой в то, что говорил. (А. Андреев)

b. 在以 чтобы 连接的目的复句中:

⑱ Они слепо брели по полю, временами останавливались, чтобы *перевести* (переводить) дыхание. (В. Быков)

c. 在某些动词性合成谓语中:

⑲ Летом по выходным стараюсь *выехать* на природу.

⑳ Где вам удается *достать* (доставать) такие редкие книги.

d. 在用联系用语加语气词 бы, ни 连接的让步句中:

㉑ Он был специалистом по всем наукам и объяснял научно все, о чем бы ни *зашла* (заходила) речь.

5 未完成体命令式的语用条件

未完成体命令式可以用来要求立即着手某一具体行为。但是这种用法通常要有两个先决条件。

（1）要求立即着手的行为是“预期”的行为。预期行为指交际双方事前已经明确应该由他来进行的行为。行为的预期性质一般蕴涵在语境之中，例如，从海滨度假归来的人自然要作好准备讲述见闻，亲友们因而通常这样向他提出请求：Ну，рассказывай，что там видел？；作课堂练习的学生在下课铃声响起的时候，当然要急于答完交卷，教师因而可以用未完成体命令式向他们要求：Сдавайте тетради！上下文的某些词语也常常表明要求立即着手的是预期的行为：（Безводов вернул бумажку，сославшись на неразборчивый почерк）— Читай сам（А. Андреев）；Предлагай уж（кому-нибудь другому）（Он же）；（Ну так не тяни душу）говори，как она называется（В. Солоухин）. 有时说话人首先用完成体动词把新的信息通告对方，然后以同一动词的未完成体命令式要求或催促立即着手这一行为：Сейчас мы *напишем* фонетический диктант. Я буду читать предложение только один раз. Внимание！*Пишите*（К. Соколовкая）；Зойка，*отопри*. *Отпирай*，говорят（А. Салынский）.

如果语境或上下文不包含这种预期意义，交际对方事前没有进行某一具体行为的思想准备，那么即使要求对方在谈话过程中就立即进行该行为，动词命令式也往往用完成体形式：— Хочу я спросить тебя，— тихонько сказала она，— что ты все читаешь？Он сложил книжку. — Ты — сядь，мамаша … Мать грузно опустилась рядом с ним…（М. Горький）句中的 сядь 与主人对客人常说的 садитесь 的区别不像通常人们解释的那样：“要求对方在谈话之后着手做某事应用完成体命令式，要求对方在谈话过程中就立即着手做某事通常用未完成体命令式”，而是在于，前者对于“母亲”来说是非预期的行为，而后者对于客人来说是预期的行为。和 немедленно，сейчас 搭配的动词命令式也可以用完成体形式：Немедленно останови машину！Сейчас же открой дверь！（Л. Ломов）正是由于上述原因，在没有特定上下文的情况下，Пишите сочинение；Читайте этот рассказ 之类句子的含义往往是不明确的。

（2）交际对方在多数情况下处于服从的地位，或者与说话人关系密切。表述因而语气坚决，或者带有不拘礼貌的色彩：— Давай лучше похорошему，— сказал дядя Миша. — Показывай документ！（Н. Дубов）；Мама，подавай скорее вино и закуски！（А. Чехов）如果交际对方与说话人之间不存在这种特定关系，使用未完成体命令式来要求立即着手某一具体行为就会背离语用原则，收不到期望的交际效果。*Взвешивайте* мне двести граммов колбасы，пожалуйста；Девушка，*показывайте* Булгакова，пожалуйста；Ксения Александровна，*читайте* еще раз новые слова；Приходите к нам в гости，Константин Андреевич，*рассказывайте* о поездке 是外国学生的典型用体错误。

但是，假如行为的结果于交际对方有利的话，那么不容分说的坚决语气非但不会显得唐突，反而使对方感到态度恳切。这就是为什么 Приходите завтра；Садитесь；Проходите；раздевайтесь；Выздоравливайте 之类语句能够表达礼貌态度的原因。

同样的 берите，使用的场合不同，效果因而迥异。假如导游人员表示愿为同行的旅游者携带提包，而后者答之以“берите”的话，这将意味着“你理所当然应该为我代劳”；反之，主人在请客人用点心时说“берите”却表达了自己的殷勤态度。

预期行为立即着手的时间通常是说话时刻，但有时也可能紧跟在另一作为参照的行为之后。要求预期行为在说话时刻立即着手的表述常用来表达：（1）一切就绪了，可以开始了：Вы прочитали текст? Все вопросы к тексту понятны? Хорошо! Отвечайте на вопросы.（К. Соколовская）（2）到时候了，该……了：Ребятки，просыпайтесь. В поле пора.（А. Андреев）Вылезайте! Хватит прятаться.（Н. Дубов）（3）催促、鼓励或解除顾虑：Завязывай，не бойся!（В. Панова）Тебе нужно позвонить. Звони скорее!（О. Рассудова）表示预期行为紧跟在参照行为之后的常见结构是具有时间、条件关系的无连接词复句和同等谓语句：Кончится картина，веди всех домой（А. Андреев）；Не по душе придется — поворачивай назад（Он же）；Иван，занеси баул домой и догоняй（Он же）；Выключи свет и ложись спать（М. Шелякин）.

“立即着手某一具体行为”不是命令式特有的情态意义。未完成体的不定式和假定式也可以用来表达这种意义：Вот и место для ночевки. Снимать амуницию，готовить костер и ночлег（Н. Дубов）；Иван Потапович разослал нас по деревне сказать，чтобы все немедля шли на очень важное собрание（Он же）.

俄语体学的成就、现状和任务

俄语体学由于学科对象的特殊性和对语言教学的重要性而受到国内外几代语言学家的关注，是一个成就斐然的语言学领域。关于体的概括意义，从完结性、界限性、整体性、情景更替等特征着眼，至今已提出了十余种定义方案，全面地揭示了完成体/未完成体的缺值对立（привативная оппозиция）关系；建立起受各种上下文、情景因素制约的适用于对外俄语教学的变体意义和典型上下文体系；系统地分析了动词在形式上通过后缀法、前缀法和异干法构成的对偶关系的问题；在完成体/未完成体内部，根据行为在时间、数量、程度、结果等方面的具体运动特征，划分出50余种有形态标志的行为方式动词；从界限性/非界限性的传统语义范畴角度，借助万德勒（Z. Vendler）的状态（state）、活动（activity）、界限（accomplishment）、结果（achievement）等分类范畴，深刻地论证了动词词汇意义与体的语法意义的复杂制约关系；对以体范畴为中心，包括词汇、构词、句法等各种语言层次手段在内的体性功能语义场（аспектуальность）进行了详尽的描述。

特别值得注意的是，近年来俄语体学从语义学、语用学、自然语言逻辑分析中借鉴了新的思想和方法，开辟了更加宽广的研究领域。

现代语义学使用元语言（метаязык）诠释意义的方法在体学中被广泛地采纳。元语言由表述基本语义元素、数量因而十分有限的对象语词汇和句法手段构成，词和句法手段与基本语义元素逐一对应，排除任何同义、同音关系。对象语的复杂意义单位可借助元语言转换为若干基本语义元素构成的释文，借以直观显示在语义体系中与其他意义单位的各种聚合关系和组合关系。试比较一般持续–结果动词、努力尝试动词和状态结果动词在元语言释义上的差别：

未完成体一般持续–结果动词（如 проверять сочинение）——“（1）在某时刻不存在情景 p，（2）主体以某种方式活动，以致因这一活动在随后的一个时刻存在 p 的部分,(3)在随后的每个时刻都存在比以往的每个时刻较多的 p 的部分,(4)如果过程(3)在一定的时刻之前不中断,那么在这个时刻开始存在 p"。完成体一般持续 - 结果动词(如 проверить сочинение)——"(1)在某时刻不存在情景 p,(2)主体开始以某种方式活动,以致因这一活动在随后的一个时刻存在 p 的部分,(3)在随后的每个时刻都存在比以往的每个时刻较多的 p 的部分,(4)主体在 p 开始全部存在的时刻终止活动"。①

未完成体努力尝试动词(ловить бабочку)——"主体以某种方式活动,目的是使情景 p 因这一活动而开始存在"。完成体努力尝试动词(如 поймать бабочку)——"主体以某种方式活动,目的是使情景 p 因这一活动而开始存在;情景 p 因这一活动开始存在"。②

未完成体状态结果动词(如 видеть)——"处于某状态"。完成体状态结果动词(如 увидеть)——"开始处于某状态"。

这种释义方法醒目地显示了三类动词的完成体/未完成体在语法意义上的不同对立关系:一般持续 - 结果动词未完成体表达的行为在达到结果(完成体)之前,包含着逐渐积累起来的部分结果因素;努力尝试动词未完成体表达的行为在达到目的(完成体)之前,不包含逐渐积累起来的部分结果因素;而状态结果动词未完成体则表示结果出现(完成体)之后的持续状态。

再如,依附 бояться 的从属不定式何以允许用完成体和未完成体两种动词形式?元语言释义令人满意地回答了这个问题。③ Бояться 有相关的两个义项:(1)A боится Б ——"A 认为,他不希望的、不可抗拒的 Б 事件可能发生,因而处于否定的情感状态。"(2)A боится Б——"A 认为,他不希望的、不可抗拒的某事件由于 Б 而有可能发生,因而处于否定的情感状态"。бояться 用于义项(1)时,从属不定式表达的是主体担心可能发生的不可抗拒的事件本身,只用完成体非自主行为动词:боюсь простудиться, боюсь упасть, боюсь опоздать, боюсь проговориться,

---

① М. Гловинская, Семантические типы видовых противопоставлений русского глагола. М., 1982, стр. 77 – 91.

② Ю. Апресян, Типы информации для поверхностно-семантического компонента модели "Смысл-Текст". Wiener Slawistischer Almanach. Wien, 1980.

③ М. Гловинская, Семантические типы видовых противопоставлений русского глагола. М., 1982, стр. 68 – 70.

боюсь провалиться на экзамене 等，因为只有非自主行为动词的完成体才具有这种情态意义，试比较：Ты простудишься; Не упади; Прошу не опоздать. бояться 用于义项(2)时，从属不定式表达的不是主体担心可能发生的不可抗拒的事件本身，而是导致这一事件发生的原因，因而没有必要使用完成体非自主行为动词，可用自主行为动词的未完成体和完成体两种形式，常常使用未完成体：боюсь подходить / подойти, боюсь выходить / выйти, боюсь глубоко вздыхать / вздохнуть. 句子 А спрашивать его — любит ли, она боялась, боялась обидеть (О. Ворокин) 中的从属不定式动词 спрашивать 表达的行为恰恰是可能导致非自主行为 обидеть 的原因。顺便指出，汉语“怕”也有与俄语 бояться 对应的两个义项：“怕(1)”、“怕(2)”。与“怕(1)”连用的是非自主动词，表示主体担心可能发生的不可抗拒的行为，非自主动词的形态标志是可以加时态助词“了”：怕跌倒/怕跌倒了，怕感冒/怕感冒了，怕说错话/怕说错了话。与“怕(2)”连用的多为自主动词，表示导致非自主行为发生的原因，不能加“了”：怕吃药/*怕吃了药，怕乘飞机/*怕乘了飞机，怕说话/*怕说了话。

在俄语体学中，成功运用语言逻辑分析、语用学有关预设(пресуппозиция)、蕴涵(импликация)与陈说(ассерция)以及实际切分(актуальное членение)、言语行为(речевой акт)、指示(дейксис)等理论的例子颇多。

预设是一种必须为真的隐含意义成分，否则句子将被认为语义异常或与特定上下文相抵牾。我们知道，当叙实谓词(фактивный предикат)表达命题态度(пропозициональное отношение)时，其真值意义与副句命题(пропозиция)的真值意义没有制约的关系。句子(1) Я знаю, что он пришел 和句子(2) Я не знаю, что он пришел 都意味着(3) Он пришел，因而(3)是(1)和(2)的事实预设(фактивная пресуппозиция)。包含事实谓语的主句则是显性意义成分，称为陈说。值得注意的是，当包含事实预设的副句从属于表达情感状态的叙实谓词(сожалеть, раскаиваться, извинить, рад, огорчен, удивлен 等)时，副句谓语动词常常使用完成体过去时结果存在意义(перфектное значение)，用以指出情感状态产生的事实根据：В душе я глубоко раскаивался, что так написал (А.

Андреев); Рад, что начальник впросак попал? (В. Аведеев)[①]

蕴涵与预设一样,也是句子的一种隐含意义成分,不同的是,其真值意义受句子真值意义的制约。例如:(1) Мне удалось достать билет. = (2) Я достал билет; (3) Мне не удалось достать билет. = (4) Я не достал билет, 因而(2)是(1)的蕴涵。表达命题态度的 удалось 则称做蕴涵动词(импликативный глагол)。这种语义蕴涵概念与逻辑蕴涵有所区别,后者还要增加一个条件:如非(2),则非(1)。但是 Я не достал билет 并不意味着 Мне не удалось. 俄语中类似 удалось 的蕴涵动词有 *успел* переодеться, *сумел* исправить, *заставил* остаться, *догадался* позвонить 等,依附这些动词的从属不定式用完成体表示与主导动词相同的真值意义,是句子的语义蕴涵,例如:Мы уже пересекли Сену, когда я *догадался* спросить (ср.: спросил), куда же все-таки мы едем. (А. Крон)否定蕴涵动词 *забыл* напомнить, *избежал* сказать, *опоздал* поздравить, *постеснялся* спросить 等的从属不定式用完成体表示与主导动词相反的真值意义,例如:При вашем росте... — Она *постеснялась* договорить (ср.: не договорила): «Ведро водки надо». (М. Соколов)

语言单位的各种意义成分从语用角度可以切分为交际上的核心成分和次要成分。陈说就是核心的交际成分,预设与蕴涵则是次要的交际成分。语言单位的意义差别常常不表现在语义结构的组成上,而表现在意义成分的切分上。例如,努力尝试动词(如 поймать/ловить)包含主体有目的活动(1)和达到目的(2)两项意义成分。在未完成体的语义结构中,(2)是蕴涵,(1)是陈说,在否定陈说时,蕴涵也被否定;完成体的陈说是(2),(1)则是预设,因此 поймал 与 не поймал 都包含 ловил 的意义成分。[②] 而一般持续-结果动词没有这一特征,在无特定上下文的情况下,не проверил 不意味 проверял,[③]例如:Мог ты вчера проверить Колмогорова? Мог, а не *проверил*. Правда?[④] 所谓"在否定结构中,未完成体否定行为本身,完成体否定行为结果",在大多数情况下只限于努力尝试

---

① 张家骅:《俄语动词完成体过去时的结果存在意义》,《外语学刊》1990 年第 6 期。

② Ю. Апресян, Типы информации для поверхностно-семантического компонента модели "Смысл-Текст". Wiener Slawistischer Almanach. Wien, 1980.

③ Т. Акимова, Значение совершенного вида в отрицательных предложениях в русском языке. — ВЯ, 1993, №1. стр. 75-86.

④ 张家骅:《现代俄语体学》,高等教育出版社 1996 年版,第 278 页。

动词。

语用预设（прагматическая пресуппозиция）是预设的一种类型，内容涉及受话人的已知信息领域。如果说话人使用句子 s 时，认为句子 p 不言而喻，是受话人已知的信息，那么，句子 s 就包含句子 p 的语用预设。语用预设常常用来描写句子在实际切分时的语义现象。在叙述话语的链式结构句组或对话统一体中，后续句或反应话语的复指动词，由于：（1）充当主位，只是陈述的对象，不是表意重心；（2）行为达到结果的意义在起始句或刺激话语里已经通过被替代的述位动词表达，在后续句或反应话语里转化为语用预设；（3）俄语动词未完成体用于语义较为单纯的概括事实意义时，作为无标记成分，与表达结果存在意义的、语义较为复杂的完成体构成缺值对立关系，因而依据格赖斯（H. Grice）"要简洁"的会话合作原则，常常可以用体现概括事实意义的未完成体：Отворачиваясь от парней, он сказал девушке: — Это для меня дороже жизни. — *Говорил* // вполне искренне. （В. Закруткин）[①]

具有预期行为意义的句子包含着"行为应该发生"的语用预设。被作为预期行为来解释的通常是疑问句、否定句里完成体过去时表达的行为，完成体过去时在句中充当述位。对话（1）Получили ли вы телеграмму? （2）Не получил 在具体上下文里表达的全部意义是：（3）Вы должны были получить телеграмму, （4）Ее получили? （5）Я должен был получить, （6）но не получил. （3）、（5）分别（1）、（2）的语用预设，（4）、（6）则是（1）、（2）的陈说。当刺激话语中"行为应该发生"的预设信息为受话人一无所知时，交际会因而受阻。反应话语在这种情况下常常以否定刺激话语的语用预设为内容，指出刺激话语与情景相抵牾，动词谓语因而要改用未完成体，表达非预期行为：— Вы получили деньги? — Никаких я денег не *получал* 反应话语在这里一方面否定了刺激话语的语用预设，另一方面，也否定了刺激话语的命题。[②]

在表达"不必、不该"情态意义的各种否定结构中，未完成体不定式充当主位，包含的是受话人已知的信息，因而是语用预设。承担意义重心的不是未完成体不定式动词，而是 не надо, не нужно, зачем, очень ну-

---

① 张家骅：《动词体用例分析一则》，《外语学刊》1988 年第 6 期。

② 张家骅：《现代俄语体学》，高等教育出版社 1996 年版，第 55 – 57 页。

жно 等表示显性或隐性否定意义的成分:— А что такое индивидуум? — Почему я знаю! Ты посмотри в энциклопедии. — *Очень мне нужно* // смотреть, как меня ругают. (И. Ликстанов) [①]与上述后续句或反应话语的未完成体复指动词不同,这里的未完成体不定式动词表达的只是情态中立的话题,而不是已经产生结果的事实,没有真值意义。前者可以用完成体取代。Сказал // вполне искренне. / *Очень мне нужно // посмотреть…

施为句(перформатив)是言语行为理论的具有奠基意义的问题。在形式上,施为句是以未完成体主动态施为动词的现在时第一人称做谓语的陈述句(Благодарю за внимание; Прошу садиться; Клянусь исполнить обещание),但是在功能上不同于一般陈述句,不是通过话语陈述、描写施为动词所表达的行为,而是通过说出话语实施这些行为。я клянусь 与 он клянется 的区别在于,前者是说话人的承诺行为,而后者仅仅是与 он бежит, он курит 一样的对于客观过程的描写而已。[②] 施为动词在施为句里虽然用未完成体,但是具有与完成体动词类似的结果意义,不表示具体行为过程。因而,具有同等关系的施为句中的若干未完成体施为动词的组合(*Прошу* у вас прощения и *обещаю* больше так не поступать)不像一般陈述句里的未完成体动词组合(Он сидит и молчит)那样,表示行为的同时关系;而是像一般陈述句里的完成体动词组合(Он встал и пошел)那样,表达行为的次第关系。一些施为动词的现在时第三人称可用来构成类施为句(квазиперформативы),由言语主体在受话人不知道言语行为内容的情况下,代替言语行为主体(Петя)向受话人转致谢意、邀请、建议等:Петя благодарит вас за книгу. 句中谓语虽不用第一人称,但仍集言、行一身,无具体过程意义。只有在言语行为主体的社会地位和年龄处于优势时,类施为情景句的未完成体现在时施为动词才可以用完成体过去时取代,试比较:Директор просит / попоросил вас срочно оформить документ; Кладовщик просит / *попросил вас (ди-

---

① 张家骅:《现代俄语体学》,高等教育出版社 1996 年版,第 290 – 291 页。

② М. Гловинская, Русские речевые акты и вид глагола. // Логический анализ языка. Модели действия. М., 1992, стр. 123 – 130.

ректора) подписать эту бумагу. [①]

言语行为由命题行为(пропозициональный акт)、意向行为(иллокутивый акт)和取效行为(перлокутивый акт)三个方面构成。命题行为赋予语句以客观意义,即由述语核心和特定数量题元(актант)组成的命题意义。意向行为赋予语句以肯定、请求、询问、致谢等交际功能,亦即一种主观意义;各种不同的交际功能可以用同一命题来表达。取效行为使语句作用于受话人的思想、感情和行为,以唤起相应的反应。有些俄语意向行为动词(иллокутивные глаголы)的对应完成体是取效行为动词(перлокутивные глаголы),表示相应的现实言语行为效果。这类对偶体动词与两种体都表示意向行为的对偶体动词明显不同,试比较:просить / попросить 与 умолять / умолить; приглашать / пригласить 与 вызывать / вызвать; спрашивать / спросить 与 расспрашивать / расспросить,每组第一个动词的未完成体/完成体的语法关系是"活动/开始活动,活动一定时间,然后停止活动",因而只分别表示"说话以示请求、邀请和询问/说出话来以示请求、邀请和询问";第二个动词的未完成体/完成体的语法关系则是努力尝试动词的体的意义关系(参见上文),不仅表示"说话以示恳求、召唤、详问/说出话来以示恳求、召唤、详问(预设)",其完成体的意义还包括"受话人满足了说话人的愿望,来到了某处,回答了问题(陈说)"。[②] 由于通常将"过程/结果"关系看做俄语动词未完成体/完成体的普遍语法关系,也由于对 совершенный / несовершенный вид 的汉语名"完成体/未完成体"停留在字面的理解上,中国学生常常误认为 попросить, пригласить 等是完成体努力尝试动词,以为 Я попросил его выйти; Он пригласил меня к себе обедать 的意义包含 он вышел; я пришел к нему,因而是与 умолить, вызвать 等相同的取效行为动词。这是中国俄语教学中要特别警惕的错误。

使用一种交际功能的语句来实现另外一种交际意图的言语行为叫做间接言语行为(косвенный речевой акт)。我们知道,祈使言语行为的成功条件之一,是祈使人要使用以"受话人将实施特定行为"为命题内容的

① Г. Кустова и Е. Падучева, Перформативные глаголы в неперформативных употреблениях. Логический анализ языка. Язык речевых действий. М., 1994, стр. 31 – 35.

② М. Гловинская, Русские речевые акты и вид глагола. // Логический анализ языка. Модели действия. М., 1992, стр. 123 – 130.

语句。如果这个语句不是祈使句，而是陈述句或疑问句，那么祈使人采取的就是一种间接言语行为：После гудка зайдешь ко мне. （М. Соколов）; Вы не дадите мне свой телефон? （Г. Аверьянова）值得注意的是，在用于间接祈使的俄语陈述句中，表达命题内容的不仅可以是完成体动词将来时形式，而且可以是未完成体动词拟定行为现在时：Черноиваненко строго и уже совсем по-домашнему прикрикнул на нее; — *Остаешься* в порядке родственных отношений с первым секретарем! （В. Катаев）; Или вы сейчас *одеваетесь*, или я уеду один! — Он прикрикнул строгим тоном. （А. Писемский）二者的区别类似完成体和未完成体的命令式，前者常用来表示与说话时刻有时间距离的受话人未知的行为；后者只用来表示在说话时刻要实施的受话人已知的行为。[①]

指示是以说话人参照来表示言语行为参加者和言语对象空间、时间位置的词汇、语法现象，有十分明显的语用性质。俄语动词的体范畴和时间范畴一样，在对话这一典型的口头交际形式中，具有指示的功能。如上文所述，完成体/未完成体动词的命令式、陈述式用于直接、间接祈使时表示的祈使行为时间就是以说话人为参照的。此外，完成体和未完成体动词过去时形式的结果存在意义和概括事实意义（обще-фактическое значение）也是以说话人的言语行为时刻为参照的变体意义。Пошел 在对话— Иван Николаевич у себя? — Он *пошел* к ректору 中表示行为发生于说话人言语行为时刻之前，但行为结果在说话时刻依然存在：Иван Николаевич 说话时刻不在这里。对话— Здесь можно остановить машину? — Да. Я останавливал 中的 останавливал 表示距离说话人言语行为时刻较久远的、过去发生的行为，行为结果在说话时刻大多已不存在。在叙述（包括描写）话语里，完成体和未完成体过去时表达结果存在行为和概括事实行为的参照点已不是说话人的言语时刻，而是其他行为（例 а 中的 вздрагивал, прищуривался 和例 б 中的 передумал, заехал）的发生时刻：（а）Левый глаз у него вздрагивал и прищуривался, нижняя губа смешно *отвисла*. （М. Горький）（б）Он собирался остановиться у Кораблева, но потом передумал и заехал в гостиницу, в которой *останавливался* два года назад. （В. Каверин）这种指示手段常常被

① 张家骅：《现代俄语体学》，高等教育出版社 1996 年版，第 123 页。

称做间接指示手段(вторичный дейксис)[①]。

体学研究领域尽管硕果累累,现状喜人,但是有待解决的问题依然很多。如何切实有效地在辞书中描写体的语法意义就是一个紧迫的问题。

首先,辞书编纂缺少行之有效的判断对偶体动词(видовая пара)的统一标准。

通常认为,只有由完成体生产动词与后缀法未完成体派生动词构成的对偶体动词才是纯粹词汇意义相同、语法意义不同的对偶体动词(проветрить / проветривать);而由未完成体生产动词与前缀法完成体派生动词构成的对偶体动词往往不可避免地掺杂某些细微的语义差别(如 стирать / выстирать 的完成体带有"行为彻底性"的意义色彩)。基于这种观点,在处理(а)无前缀未完成体生产动词(如 хранить)→(б)前缀法完成体派生动词(сохранить)→(в)后缀法再构成未完成体派生动词(сохранять)三者关系时,有些词典往往将(б, в)视为对偶体动词,(а)则被看做单体动词而排除在对偶体之外;另外一些词典则倾向于将(а, в)都看做(б)的对偶未完成体动词,(а, в)之间是同义关系。试比较苏联科学院编 1981—1984 年版《俄语词典》(以下简称科学院词典)、乌沙科夫(Д. Ушаков)主编的《俄语详解词典》(以下简称 Ушаков 词典)和奥热果夫(С. Ожегов)主编 1975 年版《俄语词典》(以下简称 Ожегов 词典)处理(а, б, в)三类动词对偶体关系的意见分歧(见表 1)。

表 1

动 词			科学院词典	Ожегов 词典	Ушаков 词典
(а)	(б)	(в)			
менять	разменять	разменивать	+	–	–
хранить	сохранить	сохранять	+	–	–
греть	согреть	согревать	+	–	–
лечить	вылечить	вылечивать	+	–	–
гореть	сгореть	сгорать	+	+	–
мести	подмести	подметать	+	+	–
чистить	очистить	очищать	+	+	–
учить	выучить	выучивать	+	+	–

① Е. Падучева, Семантические исследования. М., 1996, стр. 265 – 270.

表中的“＋”表示将(а, в)都看做(б)的对偶体动词,(а, в)之间是同义关系(科学院词典),或(а, в)分别与(б)组成对偶体动词(Ожегов词典);“－”表示只认为(б, в)是对偶体动词,而(а)则是单体未完成体动词。从方便对外俄语教学的角度着眼,我们倾向于科学院词典的处理方式。

“过程/结果”关系通常被作为衡量对偶体动词的唯一标准。如《80年语法》认为,用来构成对偶体动词的全部16个前缀毫无例外,表达的都是结果意义。① 具有“状态/状态出现”关系的动词,尤其是用前缀法构成的对应动词(радоваться / обрадоваться)往往被排斥在对偶体之外。沙皮罗(М. Шапиро)说,即或把某些完成体/未完成体状态结果动词划归对偶体动词,着眼点亦非它们的意义差别,不过是出于纯形式的考虑罢了。② 状态结果动词究竟是不是对偶体动词?辞书在这个问题上有较大的分歧(见表2)。

表2

动 词	科学院词典	Ожегов词典	Ушаков词典
обижаться / обидеться	+	+	+
надеятся / понадеяться	−	+	−
нравиться / понравиться	+	+	−
чувствовать / почувствовать	+	−	+
беспокоиться/обеспокоиться	−	−	+
радоваться / обрадоваться	−	+	+
робеть/ оробеть	+	+	−
трусить / струсить	−	+	+
сердиться / рассердиться	+	+	−

表中“＋”表示承认是对偶体动词;“－”表示不承认是对偶体动词。我们认为,既然承认 обижаться / обидеться (обидеться — начать оби-

① Русская грамматика. Т. I, М., 1980, стр. 586－588.

② М. Шапиро, Видовые пары глаголов в русском языке. — Ученые записки Тиральпольского гос. пединститута им. Шевченко. вып. I. Кишинев, 1956.

жаться)是对偶体动词,就没有理由将 чувствовать / почувствовать 等其余对应动词排除在外,因为它们都同属状态结果动词(почувствовать = начать чувствовать)。

俄语中有些对偶体动词,除过程/结果关系外,还常常用来表达"状态/状态出现"的关系,试比较:Видишь, как неуклюже он закрывает$_1$ чашку / Крышка закрывает$_2$ чашку. 如果表达具体过程意义的 закрывать$_1$ 与 закрыть 的关系相当于 садиться 与 сесть 的关系的话,那么表达静止状态的 закрывать$_2$ 与 закрыть 的关系则相当于 сидеть 与 сесть(= начать сидеть)之间的关系。[①] 这类动词未完成体的静止状态意义(закрывать$_2$)在一些词典中被看做对偶体动词未完成体形式的语法意义,因此没有作为未完成体单体动词的词汇意义单列;在另外一些词典中,由于受到排斥状态结果动词对偶体类型的倾向影响,往往不恰当地被作为未完成体单体动词的词汇意义处理(见表3)。

表3

动 词	科学院词典	Ожегов词典	Ушаков词典
падать(垂着)/упасть(垂下)	+	−	−
снимать(租住在……)/снять(租下来)	+	+	−
окружать(围着)/окружить(围起来)	−	+	−
нависать(悬垂着)/нависнуть(悬垂下来)	+	+	−
опускаться(倾斜)/опуститься(倾斜下来)	−	−	+
проходить(贯穿)/пройти(贯穿起来)	+	+	−

表中的"+"表示将未完成体动词的静止状态义项看做对偶体动词未完成体的语法意义;"−"表示将这个义项看做未完成体单体动词的词汇意义。事实上,把这类动词未完成体静止状态意义看做未完成体单体动词的词汇意义显然不恰当,因为对应的完成体动词可以用来表达相应状态的出现、由过去发生的或假想的行为造成的相应结果状态,从而未完成体动词构成"状态出现/状态"的体的意义对立关系。[②] 试比较:Он сидел на лавочке возле своей избушки, чистил рыбу, точно строгал по-

① 张家骅:《动词体与动词的词汇意义》,《外语与外语教学》1988 年第 5-6 期。

② 张家骅:《词汇意义还是语法意义》,《外语研究》1991 年第 1 期。

лено. Спутанные волосы *падали* ему на лицо, земля под ногами была усеяна рыбьей чешуей. (А. Андреев) / Темный румянец медленно залил его чистое, белое лицо с родинкой на щеке. Русые волосы рассыпались и с двух сторон *упали* на глаза. (В. Катаев)/ Берег обрывом *спускался* к морю. (М. Лермонтов) / Предместья города остались позади. Дорога *спустилась* в песчаную лощину. (Ф. Таурин)

马斯洛夫将历史现在时和无限次数用法(неограниченно-кратное употребление)中构成意义等同关系的未完成体动词和完成体动词视为对偶体动词。[①] 这样可以将一般持续－结果动词、努力尝试动词、单纯结果动词和状态结果动词等各种语义关系类型的对偶体动词统一在同一标准之下。仅仅在意义上具有“过程/结果”或“状态/状态出现”等关系的未完成体动词和完成体动词还不足以构成对偶体动词。例如 ждать / дождаться (Дождавшийся, наконец, того смешного, что он только и ждал — Л. Толстой); звонить / дозвониться (Правда, звонила, но дозвониться не могла. — В. Чванов); спать / выспаться (— Еще не спите? — Уже выспались. — М. Соколов); искать / найти, идти / прийти, блуждать / заблудиться, бороться / побороть[②] 与 ловить / поймать 一样,未完成体都表示达到结果之前的行为过程,完成体表示行为达到结果。встать / стоять, лечь / лежать, сесть / сидеть, испугаться / бояться, усомниться / сомневаться, устыдиться /стыдиться 等与 обидеться / обижаться 一样,完成体表示状态出现 ,未完成体表示状态本身。但是这些对应动词与对偶体动词 ловить / поймать, обидеться / обижаться 的显著不同是,未完成体不能在历史现在时或无限次数用法中表达类似完成体的行为达到结果、状态出现的意义。

无前缀未完成体生产动词(говорить)与带前缀 за-(开始)的派生完成体动词(заговорить)之间的意义关系也是“状态/状态出现”的关系,但正因为它们的未完成体不能在历史现在时或无限次数用法中表达类似

---

① Ю. Маслов, Очерки по аспектологии. Л., 1984, стр. 66－67.

② 维诺格拉多夫(В. Виноградов)、阿维洛娃认为,сомневаться / усомниться, ждать / дождаться, искать / найти, бороться / побороть 是对应体动词。见 В. Виноградов, Русский язык. Грамматическое учение о слове, М., 1947, стр. 537; Н. Авилова, Вид глагола и семантика глагольного слова. М., 1976, стр. 189, 246－247。

完成体的状态出现意义，因而不构成对偶体动词。идти/пойти 的情况则不同，前者不仅可以用在历史现在时中表现“走”的行为开始出现，试比较：Потом мы следом за ним поднимаемся и *идем* в свой класс.（Н. Дубов）/ Потом мы следом за ним поднялись и *пошли* в свой класс，而且可以在无限次数用法中表达这种意义，试比较：Когда жара спадала，лоди *шли* дальше.（З. Выгодская）/ Когда жара спала，люди *пошли* дальше. 因而是对偶体动词。[①]

有人主张不拘泥于传统对偶体动词的观念，跨过词的界限，沿着从语义到形式的方向确定体的对应词偶，对便于对外俄语教学（例如：очнуться / приходить в себя，принять участие / участвовать）。[②]

其次，绝大多数辞书中的后缀法未完成体派生对偶动词的释义只限于“参见完成体”的标记，无助于解决疑难问题。例如，在我们不清楚 снимать 可以用来表达 жить в наемном доме，квартире，квартировать где-н. [③]这一持续状态意义的情况下，仅仅依靠科学院词典对于 снять 的释义 взять внаем 是不能解决问题的，因为 брать внаем 与 жить в наемном доме，квартировать где-н. 在意义上一动（действие）一静（состояние），相去甚远。对未完成体派生对偶动词的这种千篇一律的释义方法源于传统的体范畴“界限”观。既然所有对偶体动词的意义关系都是“过程/结果”关系，当然没有对未完成体动词逐一加以诠释的必要，只需将对偶完成体动词释义中的完成体谓词改作未完成体，就可以推导出它们的意义来。但事实上，词汇意义属不同的未完成体动词与对偶完成体动词的语义关系很不相同，不加区分的“参见完成体”的释义方法往往将读者导入误区。例如，既然 возглавить = стать во главе чего-н.，[④]那么，对偶完成体动词 возглавлять 的意义就应该是 становиться（стать 的对偶未完成体动词）во главе чего-л.，但事实上 возглавлять 属状态结果动词，表达的不是结果出现之前的过程，而是结果出现之后的状态 стоять во гла-

---

① 张家骅：《俄语动词体的几个问题》，《外语学刊》1987 年第 4 期。帕杜切娃（Падучева Е.）认为 идти 不用于无限次数语境中表达 пойти 的意义，参见 Е. Падучева，Семантические исследования. М.，1996，стр. 90.

② В. Гак，Формальные и функциональные видовые пары в русском языке. — Вестник МГУ，сер. 9. Филология. 1997，№1. стр. 175.

③ Д. Ушаков，Толковый словарь русского языка. М.，1935，Т. IV，стр. 322.

④ Словарь русского языка. М.，1981—1984，Т. I，стр. 198.

ве чего-л.;[①]既然 выпасть = упасть на землю (об атмосферных осадках)[②],那么 выпадать 的意义就应该是 падать (об атмосферных осадках),但事实上 выпадать 属单纯结果动词,并不像 падать 那样可用于具体过程意义(Первый снег у нас выпадает в январе)。有些未完成体一般持续－结果动词或努力尝试动词,虽然可用于标准的具体过程意义,但是这一变体意义往往并不能仅仅通过辞书中的对偶完成体动词的释义推导出来。例如,решить = найти требующийся ответ, решать(参见 решить)[③],应为 находить требующийся ответ。但事实上 решать 不仅仅可以像 находить(单纯结果动词)那样表达重复的行为结果($решать_1$)而且可以表达具体过程($решать_2$)。$Решать_1$ = находить требующийся ответ。但是 $решать_2$ = искать требующийся ответ。在两个完成体动词释义完全等同的情况下,"参见完成体"的标注意味着它们的对偶未完成体在语法上同义。例如,произойти 与 случиться 在许多词典里相互诠释:произойти — случиться, совершиться; случиться — произойти, совершиться. 但事实上,它们的对偶未完成体动词并不同义。可以说 Что там происходит? 但不能说 * Что там случается? происходить 可用于具体过程意义,而 случаться 只表达无限次数意义的区别,不能通过参见完成体在一般现有词典里查到。

总的来说,对偶未完成体动词的体范畴变体意义可区分为三种类型:(а)全部对偶未完成体动词都具有的意义,如无限次数意义和历史现在时意义;(б)特定语义类别动词共有的意义,如一般持续－结果动词的"有目的的活动＋逐渐积累的结果"意义,努力尝试动词的"有目的的活动＋无逐渐积累的结果"意义,施为动词的"施为意义"等;(в)受个别动词词汇意义制约的特殊意义。(а)类变体意义显然无需标注。(б)类比较复杂,在不清楚动词语义类属的情况下,很难判断哪些词有什么意义。解决的途径是,或者注明标题词的意义类属,另附动词语义类别与体范畴变体意义的对应关系总表,或者逐词标注具体的语法意义。(в)类意义必须逐词诠释。如 догадываться 的意义既不是 догадаться 之后的状态(догадывается ≠ догадался,试比较 понимает ≌ понял),也不是其前的

---

① Д. Ушаков, Толковый словарь русского языка. М., 1935, Т. I, стр. 335.

② Словарь русского языка. М., 1981—1984, Т. I, стр. 269.

③ Словарь русского языка. М., 1981—1984, Т. III, стр. 715.

过程(догадываться ≠ пытаться догадаться, 试比较 отгадывать = пытаться отгадать),而是 располагать некоторой гипотезой(持某种假设,估计):Я не знаю, о чем вы будете переписываться, хотя *догадываюсь*. (М. Соколов)

还有一个令人困惑的问题:与同一完成体动词平行对偶的两个未完成体动词的意义关系往往因词而异,如"приготовиться / приготавливаться / готовиться"中,它们的变体意义相同:Алена вернулась из церкви раньше всех и стала *приготавливаться* / готовиться к встрече дорогих гостей. (М. Соколов); Дарья Ивановна, как только вошла в дом, сразу почувствовала: дочка и сын к чему-то *готовяться* / приготавливаются. (Он же)在"сгореть / сгорать / гореть"中变体意义不同。[①] сгорать 只用于表示重复达到结果或性质说明意义:Полено хорошо сгорает(这种劈柴烧得透),句中的"烧"是预设,"透"才是陈说,交际的中心成分,не сгорает 只否定"透",不否定"烧"。гореть 则可用以来表示具体过程:Полено горит. "烧"在这里是陈说,交际的中心成分。类似的异同关系在词典中没有反映出来。

恐怕正是由于这些原因,舍利亚金 1994 年在莫斯科大学语文学系举办的体学论坛上把编写动词体词典作为当代体学的迫切任务提了出来。[②] 我们认为,对于我国俄语工作者来说,这尤其是一个亟待着手的工作。

---

① Ю. Апресян, Избранные труды. Т. II. Интегральное описание языка и системная лексикография. М., стр. 102 – 113.

② М. Шелякин, О спорных вопросах аспектолгии. — Вестник МГУ, сер. 9. Филология, 1995, №4, стр. 207.

动词体的变体意义

俄语动词完成体过去时的结果存在意义

1 俄语动词完成体过去时形式结果存在意义的特点

俄语动词完成体的过去时形式，可以用来表达过去的行为结果或由行为结果造成的状态在后来的时间范围里依然存在，这种变体意义叫做结果存在意义或完成时意义（перфектное значение）。[①] 完成体过去时表达的结果存在意义与这种形式表达的一般过去时意义（аористическое значение）形成鲜明的对照，试比较下列两组例句：

① Она *пошла* обратно к станции, но пока шла, поезд постоял и уехал.（А. Платонов）

② Антон *оперся* рукой на плечо Гришони и зашагал по опустевшему цеху в столовую.（А. Андреев）

③ — А где сейчас Василий Григорьевич? — *Пошел* к Астафьевым.（М. Тихомиров）

④ Лонгрен сидел понурясь, сцепив пальцы рук между колен, на которые *оперся* локтями.（А. Грин）

пойти, опереться 的过去时形式在例①②中用于一般过去时意义，在③④里体现结果存在意义。二者的差别是：

（1）在①②中，它们表达主体实现从一种情状向另一种情状转变的动态的具体事实；③④里的表意重点不是情状转换的动态事实本身，而是变化之后产生的结果（例③），或者作为行为结果呈现的静止状态（例④）。Василий Григорьевич 向 Астафьевы 家走去的结果是说话时刻他

---

① А. Бондарко, Вид и время русского глагола. М., 1971, стр. 95－97. Г. Лебедева, Употребление глагольных форм прошедшего времени совершенного вида в перфектном значении в современном русском литературном языке. // Вопросы истории русского языка. М., 1959, стр. 208.

在 Астафьевы 家里；将双肘拄到膝盖上去之后形成的状态，是膝盖支撑着双肘。因此，例③④可以改写为：— А где сейчас Василий Григорьевич? — У Астафьевых; Лонгрен сидел, сцепив пальцы рук между колен, на которые опирался локтями.

(2)就时间意义而言，①②中的 пошла, оперся 表达的是从一种情状向另一情状转变的行为发生时刻，这个时刻对于语法参照点来说属于过去时。而③④中的 пошел 与 оперся 包含两个不同的时间意义平面：情状转变发生的过去时刻；由这种变化造成的结果或结果状态呈现的后来时刻。它们的表意重心集中在后来时刻上，过去时刻较之后来时刻处于无足轻重的、陪衬的地位。[①] 表达结果存在意义的完成体过去时的这种特殊时间意义常常借助 теперь, сейчас, до сих пор 等词语更加明确起来：

⑤ Мама теперь *умерла* вместе с отцом, а я один живу.（А. Платонов）

⑥ Когда-то на берегу озера были горячие ключи, и древние римляне построили здесь бани-термы; развалины их *сохранились* до сих пор.（Г. Горшков）

例⑤的 теперь 表明，умерла 的结果呈现时刻与 живу 相一致，例③的 сейчас 也有同样的功能，它提示我们，пошел 的时间着眼点不是离去的当初，而是交谈的此刻。例⑥中 до сих пор 与 когда-то 相比较，明确指出行为结果的观察时刻是说话时刻。

与此相反，用于一般过去时意义的完成体过去时形式则常常与表达情状转变的行为发生时刻的时间状语搭配：

⑦ К Вятке *приночевал* в 1839 году табор цыган и *расположился* на поле.（Герцен）

⑧ Однажды весной, в час небывало жаркого заката, в Москве, на Патриарших прудах, *появились* два гражданина.（М. Булгаков）

结果存在意义的这种时间特点，使得用于该意义的完成体过去时可以与未完成体现在时动词连用，表达同一个时间平面的情状：

⑨ Итак, мама жива, *выстояла*, *знает*, где он.（А. Рыбаков）

---

① Ю. Маслов, Очерки по аспектологии. Л., 1984, стр. 32.

⑩ Он верил, что есть какой-нибудь косвенный признак в мире или неясный сигнал, указывающий ему, *дышит* ли еще его Афродита или грудь ее уже *охладела*. (А. Платонов)

许多表达结果存在意义的完成体过去时形式都可以在表述意义基本不变的情况下用未完成体动词现在时形式替换:— О чем вы *задумались*? (О чем вы думаете?) — *Соскучились* по дому? (Скучаете по дому?)

结果存在意义的时间着眼点可能与语法参照点(说话时刻或另一行为时刻)一致(现在完成时),如例③的 пошел,例⑤的 умерла,例⑥的 сохранились,例⑨的 выстояла 以及例⑩的 охладела。也可能在语法参照点之前(плюсквамперфект —— 过去完成时),如例④的 оперся,或以后[①],如:

⑪ Завтра он придет домой и его опять побьют за то, что ушел, не ночевал дома. (Н. Дубов)

2 纯结果存在意义

完成体过去时的结果存在意义按照功能的差别区分为纯结果存在意义、主体姿态意义、性质结果存在意义和直观示范结果存在意义等几个类型。

纯结果存在意义,或者称做结果完成时意义,是使用得最广泛,因而也是最基本、最典型的结果存在意义类型。纯结果存在意义表示过去的行为结果在后来的时间范围里依然存在,没有其他的附加意义色彩。完成体过去时在表达一般持续－结果存在意义时,主要出现在对话里,行为结果呈现在具体的、确定的时间段落中。用于这种意义类型的主要是表示具体行为的各种结果动词,如:пойти, поехать, прийти, приехать, уйти, уехать, задержаться, привыкнуть, договориться, познакомиться, разобраться, упасть, найти, поймать, арестовать, принести, отнести, привести, привезти, вспомнить, запомнить, забыть, получить, научить 等等。

完成体过去时常常用在下列上下文类型中表达纯结果存在意义:

---

① А. Бондарко, Вид и время русского глагола. М.,1971, стр. 95, 133 – 134.

（1）提问或指出预期的行为是否兑现了。

预期行为指说话人希望发生、事前知道应该发生、或者可能发生的行为。被作为预期行为来解释的通常是完成体动词过去时形式在充当述位时表达的行为（Ты // принес документы? Конспекты мы // уже составили. Комсорг // не пришел на собрание）。在完成体过去时充当主位的表述中，语义重心落在行为发生的地点、时间、目的、主体、方式等因素上。动词的前提信息，或者预设，不是行为“应该发生”、“可能发生”，而是“已经发生”，通常可以用表达概括事实意义的未完成体来替换（Где ты взял / брал эту книгу?），因而指称的不是我们这里所说的“预期行为”。

和预期行为对应的是谈话中偶然涉及的行为。提问或指出这种非预期的行为是否发生过时，通常要用表达概括事实意义的未完成体动词。试比较 Ты послал книги? / Ты посылал книги? 两个句子。在已经知道某人去邮局寄书或向某人提出了寄书请求的情况下，检验书是否寄了出去时，要使用第一个问句；为了了解与寄书相关的信息，诸如寄书手续、寄书价格等等，要使用第二个问句。前者的“寄书”是说话人希望发生、事前知道应该发生的与具体事件、具体时间相联系的特指行为；后者的“寄书”是脱离开具体事件、具体时间的泛指的行为。译成汉语的话，第一句是“你把书寄出去了吗？”第二句则是“你寄过书吗？”

（2）揣测或者指出说话时刻某一现象产生的原因：Почему ты такой расстроенный? Потерял мою книгу? 在这里 потерял 表达的不是预期的行为，句子的交际意图不是检验预期的行为是否兑现，而是揣测现象（расстроенный）产生的原因。用在这类上下文里表达结果存在意义的动词常常是指称无意识行为（неконтролируемое действие）的动词，例如：

⑫ — Прошу водительские права. — Товарищ начальник, разве я что *нарушил*? （В. Иванов）

⑬ Ты что это такой красный да потный? Уж не *подрался* ли с кем? （А. Голубева）

⑭ Однако Дьяков в Москве, в центральном аппарате, а Алферов здесь, в глуши. *Проштрафился* наверно. （А. Рыбаков）

⑮ — Домой-то скоро поедем? — Ты что, по бабе *затосковал*?

（М. Тихомиров）

（3）说明感谢、道歉、惋惜、气恼、责备、惊讶、不满等各种感情过程产生的理由，句中常常有表达感情过程的词语：

⑯ Ну *спасибо* вам, ребятки, что *помогли*.（Б. Горбатов）

⑰ Я тогда за столом глупость *сказал*, *обидел* вас… вы *простите*.

⑱ В душе я глубоко *раскаивался*, что так *написал*.（А. Андреев）

⑲ Рад, что начальник впросак *попал*? Измываешься?（В. Авдеев）

⑳ Вы же *возмущались* тем, что русский царь *подавил* украинцев?（М. Тихомиров）

或者表述里不包含指称感情过程的词语，仅仅具有表述感情过程的语调等：

㉑ Ты уже и наши поговорки *выучил*, Матвей Михайлович!（Он же）

㉒ Зачем *напились*, *потеряли* столько удовольствия?（В. Авдеев）

例㉑的 выучил（поговорки）是说话人赞叹的理由，㉒通过 напились, потеряли 表达了惋惜的原因。

需要指出的是，如果完成体动词表达的是空间位移、姿态变化意义的话，那么，所谓"结果存在"，通常理解为主体或客体在说话时刻仍然保持着行为过后的位置和姿态（参看本文有关状态结果存在意义的部分）。但是，有时行为造成的在空间位置上的结果虽然已不存在，其后果却仍旧存在。动词在这种情况下仍然要用完成体形式，表达的意义仍然没有超出结果存在意义的范围。请看例句：

㉓ Туляков вышел первый. Черноиваненко *задержался* в дверях, оправляя противогаз.（В. Катаев）

㉔ — Петя пришел? — Нет, видимо, он *задержался* на работе.

㉕ — Ты почему опоздал? — Немного *задержался* у кассы.

例㉓陈述过去发生的事情，задержался 用于一般过去时意义，例㉔的 задержался 用于对话中，时间着眼点是现在，表达结果存在意义：Петя 说话时刻仍然在工作地点。在例㉕中，задержался у кассы 的空间位置上的结果已不存在："я"说话的时刻离开了付款处，但是后果"опоздал"却是事实。这种意义也应看做结果存在意义。完成体过去时用于这种结

果存在意义的典型上下文类型也是(2)(3)两种,例如在揣测或指出说话时刻某一现象产生的原因时:

㉖ — Как это ты *простудился*? — Я провалился под лед. (С. Кучеренко)

㉗ — Что все *дремлешь*? — Вчера лег поздно.

㉘ Почему ты такой грязный? *Упал*?

在说明感谢、道歉等感情过程产生的理由时:

㉙ *Прости* меня, Надюшенька, что *ушел* в тайгу. Больше не будем расставаться. (С. Кучеренко)

㉚ *Извини*, что я *открыл* окно без твоего согласия. (Окно сейчас закрыто)

㉛ Куда же вы *скрылись*, Костя? *Оставили* меня одну, покружиться не с кем. (А. Андреев)

㉜ Я так *упала*, Костя! (Он же)

要注意将完成体过去时的这类结果存在意义与未完成体过去时参与表达的结果取消意义区分开来。不能认为以上例句中标出的动词表达的行为在空间位置、姿态方面的结果已不存在,因而动词应用未完成体,表达结果取消意义:— Что все дремлешь? — Вчера *ложился поздно; Прости меня, Надюшенька, что я *уходил в тайгу.

(4)用疑问副词 как 和性质副词 хорошо, плохо, блестяще 等对行为的结果进行质量评价:

㉝ Я больше ничего не отдам в это ателье, мне там очень *плохо сшили* пальто. (К. Соколовская)

㉞ По-моему, Варюша, ты *несерьезно продумала* этот вопрос. (Б. Авдеев)

㉟ *Привез такие* новости, *что ахнете*! (В. Катаев)

(5)某人某物不在或某人某物在什么地方:

㊱ — Стой, где Тамийши? — *Ушел* проверять посты. (М. Тихомиров)

㊲ — Где книга? — Она *упала* за шкаф.

3 主体姿态意义

有些完成体动词的过去时形式,可以表达由过去的行为结果造成的主体空间位置和姿态在后来的时间范围里依然存在，这种结果存在意义类型叫做主体姿态意义。[①] 完成体过去时在表达主体姿态意义时，用在静态的描写语境中，主体空间位置和姿态既可以呈现在具体的、确定的时间段落里，又可以呈现在跨度近于无限的时间领域中，表现为恒常持续的状态。能够用来表达这种结果存在意义的主要是指称主体姿态、形态、位置变化的不及物动词，如：раскинуться, откинуться, нагнуться, согнуться, выгнуться, растянуться, натянуться, вытянуться, протянуться, пролечь, разлечься, залечь, усесться, прижаться, упереться, опереться, нависнуть, повиснуть, отвиснуть, расположиться, подняться, выпрямиться, свернуться 等。

这类完成体动词过去时形式用于结果存在意义时，既可以表达非生命体的空间位置、姿态，又可以表达生命体的空间位置、姿态。

（1）非生命体

a. 占据特定空间的客观静止事物：

㊳ Расположен этот научный центр на окраине Варны — в том месте, где изящно *выгнулась* дуга Аспарухова моста, подняв полотно автомагистрали, соединяющей известный болгарский курорт с Бургасом. (Из газет)

㊴ Все так, как было месяц назад. В шпагатных качалках *свернулись* бесчисленные графики, схемы. Тут же фотография Эйнштейна... (И. Штемлер)

b. 人的衣着：

㊵ Женька сидел, подняв колени к подбородку и охватив их, узкие штаны его *вздернулись*, открывая тощие ноги. (В. Панова)

㊶ Он 〈...〉 ходит по своей земле, сунув руки за спину под кафтан *приподнялся* петушиным хвостом... (М. Горький)

c. 身体局部：

㊷ Дома музыкант вынул птичку из кармана на свет. Седой воробей лежал у него в руке; глаза его были закрыты, ножки беспомощно

---

① Чжан Цзяхуа, Об одной трудности употребления видов глаголов русского языка. — Русский язык за рубежом, 1986, №5, стр. 69 – 73.

согнулись…（А. Платонов）

㊸ Левый глаз у него вздрагивал и прищуривался, нижняя губа смешно *отвисла*.（М. Горький）

（2）生命体

㊹ В стороне ото всех, у обрыва небольшой промоины *улеглись* трое молодых парней, а перед ними стоял Ежов и звонко говорил…（М. Горький）

㊺ Плачет оркестр, рыдает трубач, палочки ударника замирают в воздухе, пианист *склонился* над клавишами…（А. Рыбаков）

在描写人体睡眠姿势、死者体态、美术形象等情境时，完成体动词过去时形式表达主体静止位置、姿态的结果存在意义体现得尤其明显，例如：

㊻ Женщины спали — одна почти ничком, зарыв лицо в подушку 〈…〉 другая *натянула* простыню почти до переносья, лоб у нее был в морщинах.（В. Панова）

㊼ Вадим пощелкал пальцем по бронзовой морде пинчера, который *разлегся* на пепельнице.（И. Штемлев）

㊽ Затем, перегнувшись через прилавок, взглянул на（убитого）старика: тот *съежился* в узкой щели между прилавком и стеной, голова его *свесилась* на грудь…（М. Горький）

完成体过去时只能借助下列典型上下文来表达生命体的静止空间姿态：

（1）由一系列结构相似的句子构成的平行结构句组或由一系列结构相似的分句组成的具有平行关系的复句。用于结果存在意义表达生命体静止空间姿态的完成体动词过去时形式，和其他表示并存状态或行为过程的未完成体现在时或过去时形式，在平行结构中处于平等的句法位置上，例如：

㊾ Санька сидел все на том же месте. Никита *привалился* боком к стене у окна и задумчиво курил.（А. Андреев）

㊿ Одной рукой Забавина опиралась на стол, другой крепко *ухватилась* за спинку стула.（В. Авдеев）

（2）由表达状态或过程的总括句和详述这一状态或过程的说明句组

成的链式结构：

(51) В коридоре стояли три девушки. Одна из них прислонилась к стене, стараясь удержаться на правой ноге. Левую ногу она *поджала*. (И. Штемлер)

(52) На дальней скамейке сидел (спящий) парень в черном костюме. Он *уткнулся* лбом в подлокотник. (Он же)

(53) Под тусклой мигающей электрической лампочкой стоят двое ребят. Оба *протянули* один к другому крепко сжатую правую руку. (В. Авлеев)

(3) 由前面的叙述和随后的描写两个部分组成的结构。叙述部分包括 видеть, смотреть, заметить 之类谓语动词，描写部分表示呈现在人物眼前的状态，例如：

(54) Два санитара на носилках вынесли из вагона ее и ребенка. Данилов *смотрел* из окна штабного вагона, больной рукой женщина *охватила* закутанного в одеяло ребенка, и на ее лице, обращенном к ребенку, была забота и боль. (В. Панова)

(55) Она *оглянулась* на Ваську. Васька *нагнулась* к топке, кончик льняной косички *упал* в ящик с углем. (Он же)

(4) 由未完成体现在时或过去时形式与完成体过去时形式组成的同等谓语，完成体过去时置于未完成体现在时或过去时之后或之间，例如：

(56) Тетя Груня кивает, *оперлась* удобно о ладошку, улыбается стеснительно. (А. Лиханов)

(57) Бабушка сидела на стуле, руки между коленок *зажала*… (Он же)

在表达非生命体的静止形态时，完成体过去时的结果存在意义对于上下文的依赖性较小，往往不必借助特定的上下文类型，仅仅在孤立的，只有一个谓语的句子里就足以体现出来，例如：

(58) Медным пальцем *воткнулся* в небо тонкий шпиль Никольской колокольни… (М. Горький)

(59) Так называемая успенская рудная зона *протянулась* в длину на 500 и ширину на 60—100 километров. (Из газет)

但是，这里需要指出的是，一些动词的完成体过去时形式和非动物名词主语搭配使用时，除了能够表达静止状态意义外，还可以表示运动着的人对于客观事物的动的感受，如：Впереди вдруг поднялись зубчатые стены замка. 在容易产生这种歧义的情况下，上面指出的典型上下文类型对于显示非生命主体的静止状态意义往往也是有一定作用的。请看下面的例句：

⑥⓪ Справа *поднимается* лесистая Рукова гора, слева *нависла* почти отвесная стена горы Студничной. （Ю. Демидович）

⑥① По весне, когда гремучими ручьями схлынут снега, каждая деревня выглядит по-своему. Одна, как птичье гнездо, *лепится* на крутой горе; другая *вылезла* на самый бережок Пинеги, хоть из окошка закидывай лесу. （Ф. Абрамов）

句中的 нависла, вылезла 在平行结构中，和表状态的未完成体动词 поднимается, лепится 处在同等的句法位置上，体现的显然是静止状态意义，而不是运动着的人对于客观事物的动的感受。

在同等谓语（例⑤④⑤⑥⑤⑦）中，用于结果存在意义，表达主体位置、姿态的完成体动词过去时形式，与相应的副动词在意义上大体相当，常常可以用后者取代前者而句义基本不变。这可以用下面的例句来证实：

⑥② Они сидели за столом друг против друга. Артомонов — облокотясь, *запустив* пальцы обеих рук в густую шерсть бороды, женщина, нахмурив брови, опасливо *выпрямилась*. （М. Горький）

句中 выпрямилась, запустив 的句法位置、语法意义和功能几乎完全相同。例④⑥中的 закрыв 和 натянула 的关系也是如此。

下列非动物名词充当主语的同等谓语句中，表主体空间形态的完成体动词过去时形式与相应的副动词在意义上也是一致的：

⑥③ Большая сосна *выдвинулась* далеко в поле и стояла одинокая, точно ее выгнали из леса. （М. Горький）/试比较 Большая сосна, *выдвинувшись* далеко в поле, стояла одинокая, точно ее выгнали из леса.

⑥④ Море спокойно *раскинулось* до туманного горизонта и тихо плещет своими прозрачными волнами на берег, полный движения. （Он же）/试比较 Море, спокойно *раскинувшись* до туманного горизонта, тихо плещет своими прозрачными волнами на берег, полный движения.

在与表达形态很少变化的非生命体主语搭配时，完成体过去时的主体姿态结果存在意义实际上是比喻义。给予非生命体以虚拟的行为，把主体的空间形态描写成这一行为造成的结果，从而给表述着上一层形象、生动的修辞色彩（参看例㊳㊿⑥⑥⑥）。有些完成体正是通过这种比喻途径形成了固定表达非生命体空间位置、姿态的义项，如：раскинуться, расположиться, протянуться 等。

能够用来表达主体姿态意义的动词可以区分为：(1)对应未完成体除了过程意义，在一定上下文中也可以用来表达静止状态意义的类型；(2)对应未完成体只有过程意义、不表示静止状态的类型。

(1)类动词在静态语境中表达主体空间姿态、形态意义时，完成体和未完成体常常可以相互替换，句义基本保持不变，例如：

⑥⑤ Он подходил к тому дому, в котором когда-то провел свое детство, и хранившиеся в памяти картины постепенно оживали: там же виднелась вдали старая мельница, за садом *пролегала* дорога, за ней простирались поля. (Л. Шведова)

⑥⑥ Она была старая-престарая. Руки коричневые, сморщенные, в шишках, большущий нос *загибался* вниз, а костлявый подбородок — вверх. (В. Панова)

句中的未完成体动词 пролегала, простирались, загибался 都可以用相应的完成体形式 пролегла, простерлись, загнулся 来替换。例㊳㊶㊸⑥⓪等中的完成体动词也可以用对应的未完成体形式取代。这种对应体在表达静止状态时的同义互换现象大多出现在描写非生命体空间形态的语境中，表达生命体空间姿态的完成体过去时能够被相应未完成体取代的情形（例④）比较少见。阿维洛娃认为，пролегать / пролечь, выдаваться / выдаться 等动词对应体的同义互换现象（дорога пролегала / пролегла около сада; скалы выдавались / выдались в море）说明，它们的体的对立是近于纯形式的，意义上没有什么差别。①

(2)类动词的完成体过去时用于结果存在意义、表达主体静止姿态时，不能用对应的未完成体来取代。绝大多数用来表示生命体静止姿态意义的动词都属于这个类型（例㊹㊾㊿等）。

---

① Н. Авилова, Вид глагола и семантика глагольного слова. М., 1976, стр. 122.

4 性质结果存在意义

性质结果存在意义表示过去的行为结果作为主体的生理、心理特征在行为后的时间里依然存在。完成体过去时用来表达性质结果存在意义时常见于描写语境中,作为行为结果的身心状态一般呈现在比较宽广的时间领域里,表现为恒常持续的性质、状态。能够用来表达这种结果存在意义的主要是带前缀 по-, о-等从性质形容词派生出来的表示状态过渡的完成体动词,如 пополнеть, постареть, похудеть, ослабеть, отупеть, состариться 等。

表达性质结果存在意义的动词完成体过去时常常在描写性话语中构成同时关系的同等动词谓语:

⑥⑦ Теперь я молод, крепок, а она *осунулась*, *состарилась*, *поглупела*, от головы до пят набита предрассудками. (А. Чехов)

⑥⑧ Петя не без труда скинул с себя тяжелое ватное одеяло и стал рассматривать свои руки и ноги. Они очень *похудели*, *побледнели*. (В. Катаев)

这类同等谓语和由具有一般具体事实意义的完成体过去时构成的表达顺序关系的同等谓语的一个显著区别在于,前者的谓语动词的先后顺序可以颠倒。后者的谓语先后顺序不能颠倒。

完成体过去时在表达性质结果存在意义时,常在平行结构中与性质形容词的长短尾形式处于同等的句法位置上,功能相同:

⑥⑨ В глубоко запавших, полуприкрытых облезлыми складками век глазах лошади он ничего не увидел. Они *померкли* и были *пусты*, как окна заброшенного дома. (Ч. Айтматов)

⑦⓪ Терпеть не могу Полянского. Толстый, *обрюзг*, а когда ходит или танцует, щеки трясутся. (А. Чехов)

例⑥⑦ 的 осунулась, состарилась, поглупела 与 молод, крепок 的语法功能和表义功能也是等同的。

5 兼直观示例意义和结果存在意义于一身

完成体过去时可以用在表达重复行为的语境中,兼直观示例意义和结果存在意义于一身:

⑦1 А когда? Я прихожу, она спит, просыпаюсь, она уже *ушла*. (А. Рыбаков)

⑦2 Она сидела на моей повозке восемьдесят четыре раза, или немного меньше. Когда девушка идет пешком из города, а я *продал* свой уголь, я уж непременно посажу девушку. (А. Грин)

⑦3 Приходил он всегда рано, когда по-настоящему еще не *рассвело*. (Б. Горбатов)

完成体言语行为努力尝试动词的意向言语行为意义

1 努力尝试动词的概念

对偶体努力尝试动词(конативные видовые пары)虽然和对偶体一般持续－结果动词(длительно-результативные видовые пары)一样,都表示延伸的、线状的行为,但与后者的重要区别是:

(1)未完成体表示主体以某种方式活动,目的是使情景 p 因此而开始出现;情景 p 的出现采取飞跃的方式,没有结果因素逐渐积累的过程;其过去时形式因而不用于结果概括事实意义(Ты *уговаривал*(≠ уговорил)его? 你劝说过(≠说服)他吗?)。而未完成体一般持续－结果动词则表示主体开始以某种方式活动,以致在随后的每个时段都出现比以前较多的情景 p 的部分;情景 p 的出现采取渐进的方式,行为的每个时段都有不同程度的结果因素①;其过去时形式因而可用于结果概括事实意义(Нет, я сиротинушка горькая. Я же *писал*(≈написал). 不,我是可怜的孤儿,我写过的呀)。

(2)未完成体/完成体的语义中分别包含"努力尝试"(попытка)/"如愿以偿"(удача)的情态色彩(ловил 捕 = *пытался* поймать 努力尝试捕到/поймал 捕到 = *удалось* поймать 捕成功)。对偶体一般持续－结果动词的未完成体/完成体通常不包含这种情态色彩(писал 写≠пытался написать 努力尝试写(完)/написал 写(完)≠ удалось написать 写成功)。

(3)"如愿以偿"的语义因素在否定结构中通常仍然保留(не поймал 没捕到 = не удалось поймать 没捕成功),是完成体努力尝试动词语义

① М. Гловинская, Семантические типы видовых противопоставлений русского глагола. М., 1982, стр. 89－91.

中的预设成分。完成体一般持续－结果动词通常不含有“如愿以偿”的预设成分（не написал 没写（完）≠не удалось написать 没写成功）。

（4）完成体一方面重复未完成体的意义：主体以某种方式活动，目的是使情景 p 因此而开始存在（过程）；另一方面表示情景 p 因此而开始存在（结果）。[①]对于原型完成体努力尝试动词而言，释文的两个部分交际功能不同：重复未完成体意义的部分属预设，“情景 p 因此而开始存在”则是陈说。не поймал（没捕到）仍包含 ловил（捕了）的意义成分，否定的只是“情景 p 因此而开始存在”[②]。完成体一般持续－结果动词的语义成分虽与完成体努力尝试动词相似，也由两个部分组成，一方面，重复未完成体的意义成分（过程），另一方面，包括“主体在 p 开始全部呈现时终止活动”（结果）。但不同的是，在通常情况下，两部分都是陈说，не написал（没写）不包含 писал（写了）的预设成分。

2 完成体言语行为努力尝试动词的意向言语行为意义用于导出引语的变体

有一些努力尝试动词是言语行为动词，它们不同于一般言语行为动词。后者两体都表示意向言语行为意义（иллокутивное значение，illocutionary meaning），而言语行为努力尝试动词只未完成体表示意向言语行为意义，完成体表示的则是取效言语行为意义（перлокутивное значение，perlocutionary meaning）。试比较 просить／попросить 与 упрашивать／упросить，前者表示“说话以示请求／说出话来以示请求”，其中“说话”成分在未完成体和完成体中都居陈说地位；后者则不然，其完成体还包含“受话人满足了说话人愿望”的意义成分，并且，这个意义成分取代“说话”占据陈说地位。格洛温斯卡娅指出，两体分属不同言语行为类型，言语行为努力尝试动词的这一属性反映在它们能否导出直接引语的句法功能上。能够导出直接引语的只是未完成体意向言语行为努力尝试动词，而不是完成体取效言语行为努力尝试动词[③]：Вам необходимо

---

① Ю. Апресян，Избранные труды. т. Ⅱ. М.，1995，стр. 59－60；М. Гловинская，Семантические типы видовых противопоставлений русского глагола. М.，1982，стр. 89－91.

② М. Гловинская，Многозначность и синонимия в видо-временной системе русского глагола. М.，2001，стр. 105.

③ М. Гловинская，Многозначность и синонимия в видо-временной системе русского глагола. М.，2001，стр. 283.

поехать летом в Крым, — *убеждал*（ * *убедил*）он меня.（"你夏天必须去克里木，"他劝我说。）Давайте воды, — *умоляли*（ * *умолили*）заключенные.（"给点水喝，"囚犯们央求说。）这是因为，能够导出直接引语的谓词不仅应该是言语行为动词，而且"言语"义素在言语行为动词语义结构中应该占据陈说的位置。尽管言语行为努力尝试动词两体都包含"说话"的语义因素，但这个语义因素只在未完成体中居陈说地位。

根据我们的观察，格洛温斯卡娅的上述说法不完全正确。许多被她列为两体分属不同言语行为的完成体言语行为努力尝试动词，如 утешить（安慰）、успокоить（使平静，抚慰）、подбодрить（使振作，鼓励）、уверить（使相信，担保）、настоять（坚持）、внушить（开导）、втолковать（使理解）、урезонить（说服）、подначить（唆使）等，都可用于作者语导出直接引语：

① — Я не собираюсь бросать тебя по-настоящему, — утешил ее муж. *Люся только моргала глазами.*（Д. Донцова）（"我不是真的要抛弃你，"丈夫安慰她说。柳霞只是不住地眨巴眼睛。）

② — Почему? Как? Где я вообще? — У себя дома, — успокоил его Крячко. — Мой дом — моя крепость, как говорится. *Несмотря на объяснение, Гайворонский никак не мог уразуметь, что произошло.*（Н. Леонов, А. Макеев）（"为什么？怎么回事？我这是在哪里？"克里雅奇科安慰他说："在自己家里。常言说得好，我的家——我的堡垒。"听了这番解释，贾伊沃伦斯基仍然搞不清楚，究竟发生了什么事。）

③ — Проходи, не стесняйся, — подбодрил я Мефодия, *однако это ему не помогло.*（Е. Прошкин）（"请进，不要不好意思，"我鼓励米弗基伊说。但这话对他无济于事。）

④ — Ну что вы, конечно, нет! — уверил меня адвокат. — По правилам юриспруденции теперь каждый шаг должен быть официально согласован между обеими сторонами! *Но меня почему-то это заявление не успокоило.*（А. Тарасов）（"你说什么呀，当然不是！"律师解释说："按照法律规定，现在每一步都要双方正式商量。"但不知为什么，这番话并没有让我放下心来。）

例句①—④中斜体文字部分的内容表明：（1）утешил（安慰）、успокоил（使平静，抚慰）、подбодрил（使振作，鼓励）、настояла（坚持）、уверил（使相信，担保）表达的意思只限于 утешающе，успокаивающе，подбадривающе，уверяюще сказал（安慰说、抚慰说、鼓励说、担保说）；（2）说话人的安慰、鼓励、说服等言语行为并未产生预期效果。试与这些动词在下列例句中表达的取效意义比较：

⑤ Этот разговор очень утешил меня：*с того дня у меня возникла надежда，что рано или поздно мне удастся вырваться из моего заточения.*（М. Шишмаревая）（这次谈话使我安下心来。从那天起，我就产生了迟早定能成功越狱的信心。）

⑥ Светка стала бояться самолетов. Пристала ко мне，чтобы я ехал поездом. *Еле — еле* я ее успокоил. *Скорее даже，она сделала вид，что успокоилась.*（А. Адамов）（斯维特卡怕起飞机来，缠着我，让我坐火车。我费了好大力气才使她安静下来。或者，更可能的是，她装作安静了下来。）

⑦ Как только я поднялся на сцену，публика тепло меня поприветствовала，чем *сильно* подбодрила и *появилось желание показать для них хорошую игру.*（proplay. ru）（我一登台，观众就热烈鼓掌。这使我受到极大的鼓舞，我下决心要给他们演好这场戏。）

⑧ Майор ущипнул себя так больно，что сам вскрикнул. Эта боль совершенно уверила его，*что он действует и живет наяву.*（Н. В. Гоголь）（少校使劲揪了自己一把，痛得大叫一声。疼痛使他彻底相信，他确实不是在做梦。）

例句⑤—⑧中斜体文字内容表明，утешил меня（使我安下心来），ее успокоил（使她安静），подбодрила（меня）（使（我）受到鼓舞），уверила его（使他相信）在这里的意义已相当于 удалось утешить меня，ее успокоить，подбодрить（меня），уверить его（得以使我安下心来；使她安静；使（我）受到鼓舞；使他相信）。

造成完成体言语行为努力尝试动词用在例①—④与例⑤—⑧中的意义差别的原因是，动词语义结构中承载主要交际信息的义素不同。以 успокоить（使安静）为例，其义素包括：（1）主体通过言语或行为努力使客体平静下来（过程）；（2）客体因此平静下来（结果）。例⑥中的 успокоил 以（2）为陈说、核心交际信息、前景，以（1）为预设、次要信息、背景。而在例②успокоил 的语义结构中，（1）从背景地位前移向陈说、前景，成为核心交际信息，(2)则隐没。正因为如此，успокоил 在②中的意义已相当于 попытался успокоить（努力使安静下来）：У себя дома，— попытался успокоить его Крячкою.（“在自己家里，”克里雅奇科努力安慰他说。）

我们知道，在语句中，限定语的语义指向，在很多情况下，不是被限定语的义素总和，而是其中占据陈说地位的个别义素。正是由于 успокоить 等用于意向言语行为意义导领直接引语时，义素“说话”取代了义素“取效”的陈说地位，这些动词因而获得了与表达“说话”方式的语词搭配的能力，如表达说话嗓音、语速的语词：тихонько утешил（轻声安慰）、успокоил вполголоса（小声安慰）、придушенным голосом уверила（压低声音劝说）、негромко внушил（平声静气地开导）、уверила торопливо（急促地劝说）、про себя подбодрил（默默地鼓励（自己））；表达说话情感色彩的语词：дружески успокоил（友情安慰）、оптимистично подбодрил（乐观地鼓励）、с издевкой подбодрил（语气中夹杂着嘲弄地鼓励）、бодро и строго уверила（用使人振作的、严厉的语气劝说）、решительно настояла（坚决地坚持）、утешил по-мужски（用男人的方式安慰）、урезонил отечески（用长辈的语气开导）、сдержанно подначил（含蓄地鼓动）；表达说话体态的语词：с улыбкой успокоил（笑着安慰）、хмуро утешил（皱着眉头安慰）、задумчиво уверила（若有所思地安慰）等。

而当这些动词用于取效言语行为意义时，它们语义结构中占据陈说地位的不是“说话”义素，而是“取效”义素，说明动词的句子成分在这种情况下多指向“取效”义素，如表示“取效”程度的语词：очень утешил（使非常宽慰）、успокоила мало-помалу（使略微平静）、совершенно уверила（使完全相信）、сильно подбодрил（极大地鼓励）、несколько урезонил（使有些开窍）、утешил по самое горлышко（使十分宽慰）；表示“取效”结果、代价、目的的语词：в конце концов настояла（终于坚持成功）、наконец уверил（终于使相信）、насилу втолковал（好不容易使懂得道理）、еле успокоил（勉强使平静）、кое-как уверила（勉勉强强使相信）、с трудом утешил（费了好大力气使宽慰）等。

那么例①—④的完成体努力尝试动词与例⑨—⑫的未完成体努力尝试动词区别何在呢？

⑨ — Это, конечно, представить себе трудно, — утешал он. — Пока что это чистая фантастика.（“这当然很难想象，”他安慰说：“目

前这还只是幻想。”）

⑩ — Да не сомневайся, здоров, все в порядке, — успокаивал его Борис.（В. Матлин）（“你不要怀疑，很健康，一切正常，”波利斯安慰说。）

⑪ Майор Шальнев подбадривал меня: — Вы только не бойтесь.（К. Васильева）（沙里涅夫少校鼓励我说：“你不要怕就行了。”）

⑫ Это решительно невозможно описать! — легко, радостно уверял теперь Сологдин.（А. Солженицын）（“这绝对无法描述！”索洛格津用轻松愉快的口气说服大家。）

二者都用于导出直接引语，它们的体的意义对立关系已经不是努力尝试动词体意义的对立关系，而变为对偶体意向言语行为动词的体的对立关系了：утешающе сказать / утешающе говорить（安慰说）、успокаивающе сказать / успокаивающе говорить（抚慰说）等。与 говорить / сказать（说）、просить / попросить（请求）、отвечать / ответить（回答）、спрашивать / спросить（问）、приглашать / пригласить（邀请）等对偶体意向言语行为动词一样，他们的未完成体表示“为使得到慰藉、安静下来……而说话”；完成体表示“为使得到慰藉、安静下来……而开始说话，说一段时间话，结束说话”。两体的意义关系不是“行为过程 / 行为结果”的对立关系，而是“行为过程 / 行为整体”的对立关系。如果 успокаивать / успокоить 用于努力尝试意义时，两体不能随意更换，否则句义会发生改变的话，那么用于意向言语行为意义时，两体的更换不至使句义发生实质的变化。

用于意向言语行为意义的完成体努力尝试动词，与其他导领直接引语的言语行为动词一样，用在直接引语后（例①②③）或之中（例④）时，句法位处于主语前，充当主位。只当用在直接引语前时，方可置主语后，充当述位。当然，完成体言语行为努力尝试动词用于意向言语行为意义时，不仅可导出直接引语，而且可导出间接引语（例⑭）、仿直接引语（例⑭）：

⑬ И я успокоил ее, *что ее плейс меня совершенно не интересует.*（Н. Климонтович）（我安慰她说，我对她的“地方”一点都不感兴趣。）

⑭ Я посмотрел на Оксану. Она не знала, что это значит. Лен засмеялся и успокоил ее. *Ни в одном из английских словарей еще не было этого слова.*（Д. А. Гранин）（我看了看奥克萨娜，她不明白这是什么意

思。莱恩笑了起来,安慰她说,任何一本英语词典都没有这个词。)

依据我们的观察,可对完成体言语行为努力尝试动词表达意向言语行为、导出引语的问题做几点结论:

(1)就能否表达意向言语行为意义、导出引语以及表达频率的高低,完成体言语行为努力尝试动词构成一个连续统(континуум, continuum):

1	2	3	4
убедить	настоять	успокоить	заверить

第1类完成体言语行为努力尝试动词,如 убедить(使信服)、умолить(央求)、упросить(恳求)、выпросить(求得)、уговорить(说服)、отговорить(劝阻)等,确如格洛温斯卡娅所言,不能用于意向言语行为意义导领直接引语;第2类,如 настоять(坚持)、втолковать(使理解)、внушить(开导)、уверить(使相信)等,可用于意向言语行为意义导领直接引语;第3类,如 успокоить(使平静)、утешить(安慰)、подбодрить(使振作)、урезонить(说服)、подначить(唆使)等,经常用于意向言语行为意义导领直接引语;而 заверить(使确信)虽在详解词典中以言语行为努力尝试动词 уверить, убедить 释义,但在话语中与 уверить(使相信)、убедить(使信服)有别,主要用于意向言语行为意义。

(2)从历时角度看,完成体努力尝试动词的意向言语行为用法大量出现在现、当代言语著作中,较少在古典著作中见到。例如,«Национальный корпус русского языка»(《俄语国家语料库》)中共收入 утешить 用例281条。1917年之后的用例计207条,其中用于意向言语行为意义导出直接引语的114条,不用于导领直接引语的93条。1917年之前的用例计74条,其中用于意向言语行为意义导出直接引语的1条,不用于导领直接引语的73条。

(3)现行俄语详解词典不把 утешить, успокоить, подбодрить 等的意向言语行为意义单列义项。笔者认为,既然完成体言语行为努力尝试动词用于意向言语行为意义导领直接引语,这不是完成体努力尝试动词的普遍属性,而是个别动词的个别意义,那么,这种意义理应在词典中,特别是在俄汉词典中,作为独立的义项列出。

3 完成体言语行为努力尝试动词意向言语行为意义的预期行为变体

完成体言语行为努力尝试动词可用在特定的否定句中表达预期行为,这种预期行为意义是完成体言语行为努力尝试动词意向言语行为意义的一个变体。

我们知道,预期行为(ожидаемое действие)指说话人希望发生、事前知道应该发生或者可能发生的行为,这类行为通常要用完成体动词表达。在预期行为否定句中,完成体动词表示行为本来应该实施、可能实施,但事实上没有开始实施,试比较:

① a. Сережа не пришел. 谢辽沙没来。

b. Сережа не приходил. 谢辽沙没来。

两个语句的客观命题意义完全相同,区别只在于,a 句较之 b 句多了一层主观情态意义——说话人认为 Сережа 本来应该来。

我们还知道,поступать / поступить (в институт),сдавать / сдать (экзамен)等努力尝试动词用在否定句中,完成体否定行为结果,未完成体否定行为本身,试比较:

② a. Сережа не сдал английский язык. 谢辽沙没通过英语考试。

b. Сережа не сдавал английский язык. 谢辽沙没考英语。

对于中国学生的一个困惑问题是,如果被否定的是预期的努力尝试行为,如谢辽沙应该考英语却没有考,该考大学了,却没报考,怎么选择动词体? не сдал,не поступил 还是 не сдавал, не поступал?

笔者曾经试图回答这个问题,指出完成体努力尝试动词不仅可以用在通常的情况下,表示已经开始的行为最后没有达到结果,而且可以用来在特定的情况下,表示预期的行为没有开始实施。用于后一意义时,上下文因素常常是必需的。[①]

格洛温斯卡娅把努力尝试动词称做“有目的活动 - 目的实现”类对偶体动词,如上文所述,她将这类动词的未完成体释义为“主体以某种方式活动,目的是使情景 p 因这一活动而开始存在”,完成体释义为“主体以某种方式活动,目的是使情景 p 因这一活动而开始存在;情景 p 因这一

---

① 张家骅:《否定结构中俄语动词体的意义》,《外语学刊》1989 第 6 期,第 12 - 20 页;张家骅:《现代俄语体学》,高等教育出版社 1996 年版,第 280 - 281 页。

活动而开始存在”。[1]完成体的释文把未完成体的释文全部囊括其中。她后来把努力尝试动词区分为 A(уговаривать / уговорить 劝说、умолять / умолить 央求、упрашивать / упросить 请求、убеждать / убедить 说服、уверять / уверить 使信服、отговаривать / отговорить 劝阻、решать / решить(задачу)解题、сдавать / сдать (экзамен)考试、дожидаться / дождаться 等候、поступать / поступить(в институт)考学等),B(заставлять / заставить 致使、настаивать / настоять 坚持、объяснять / объяснить 解释、утешать / утешить 安慰、успокаивать / успокоить 使平静、будить / разбудить 唤醒、узнавать / узнать 打听、защищать / защитить 捍卫等)两类。[2] 对完成体努力尝试动词的释文格洛温斯卡娅进一步加以解释说:对 A 类动词而言,释文分号前与未完成体释义重复的部分属预设,不接受否定,分号后的部分是陈说,接受否定;对 B 类动词而言,释文分号前后两个部分都是接受否定的陈说成分。

努力尝试动词包括言语行为努力尝试动词和其他努力尝试动词两种,我们只分析其中的言语行为努力尝试动词。A,B 两类完成体言语行为努力尝试动词彼此间的意义差别不是截然的。即便是属于 A 类的完成体言语行为努力尝试动词,也大都可用于特定的否定句中,表达预期行为意义,体现说话人希望实施、事前知道应该实施或者可能实施,但事实上并没有开始实施的行为,否定的对象涵盖语义中原本作为预设包含的未完成体意义成分,试比较:

③ a. *Почему я убежал*? Почему не убедил ее, что я не представляю для нее угрозы? (fastbb. ru)(为什么我跑了呢? 为什么不说服她相信,我对她不是威胁?)

b. Наш спор окончился “вничью”: *не* убедили друг друга. (Н. Мельников)(我们的争论结果持平:谁也没说服谁。)

④ a. Он не только не отговорил от нападения , *но и принял активное участие в разработке плана террористической операции.* (страна.

---

① М. Гловинская, Семантические типы видовых противопоставлений русского глагола. М., 1982, стр. 89 – 91.

② М. Гловинская, Многозначность и синонимия в видо-временной системе русского глагола. М.,2001, стр. 106. 属于 A 类的完成体言语行为努力尝试动词大体就是本节第 2 部分以 убедить 为代表的 1 类动词; A 类大体是以 настоять, успокоить 为代表的 2,3 两类动词。

ru)(他不但没有劝阻袭击,反而积极参加制定恐怖袭击计划。)

b. Помню, отец отговаривал ее, не отговорил. (Российская газета)(我记得,父亲劝阻过他,但没有劝阻成功。)

⑤ a. Она стояла у креста сына и *ни словом не обмолвилась, ни криком, ни слезой* не умолила, чтобы его не распинали. (Из телеканала «Сатурн»)(她站在儿子的十字架旁边,一句话不说,一声不喊,一滴眼泪不流,不哀求饶恕他。)

b. Короче говоря, она его просила, просила, пока не умолила. (skazka. com. ru)(一句话,她央求呀,央求呀,一直到答应她为止。)

⑥ a. — Почему не уговорил его оставить меня в покое? — *Потому что Лютый не поверит* . (Ю. Шилова)(——为什么不说服他别干扰我的安宁呢?——因为柳敦伊不会相信的。)

b. Меня он уговаривал заняться режиссурой, но не уговорил. (avvakul. ru)(他劝我当导演,但没有说服我。)

A 类完成体言语行为努力尝试动词 убедил(и)(说服)、отговорил(劝阻)、умолила(央求)、уговорил(说服)在例 b 中用于取效言语行为意义,语义结构中重复未完成体意义的预设成分不被否定:не убедил(и)(没说服) = убеждал(и)(劝说) + цель не реализована(目的未实现);在例 a 中表示预期行为,用于意向言语行为意义,语义结构中重复未完成体意义的“预设”成分被否定:не убедил(и)(没说服) = не убеждал(и)(没劝说) + цель не реализована(目的未实现)。这类完成体言语行为努力尝试动词用在否定句中体现意向言语行为意义预期行为变体的条件是,上下文中应显性或隐性地含有尝试行为未曾实施的语义因素。例 a 中斜体文字恰恰就是这种语义因素的标志。特殊的上下文改变了 убедил(и),отговорил,умолила,уговорил 等取效言语行为动词的义素交际结构:(1)语义结构中重复未完成体的义素由预设变为陈说,像通常情形下完成体一般持续 - 结果动词作为陈说重复的未完成体义素那样,成为否定的对象(参见本节第 1 部分);(2)变为陈说的未完成体义素,在否定句中不是与“结果”义素构成简单的合取关系,而是占据前景位置,“结果”义素则居蕴涵位——没有“过程”,自然没有“结果”,前者蕴涵后者。убедил(и),отговорил,умолила,уговорил 等动词在上述例句中之所以能够体现预期行为,表达意向言语行为意义,原因就在于此:уговорил(说服）≈ стал уговаривать（开始说服）：Почему не стал уговаривать его оставить меня в покое?（为什么没开始说服他别干扰我的安宁呢?）

B类完成体言语行为努力尝试动词 утешил（安慰）、настоял（坚持）、узнал（打听到）、успокоил（使平静）等与A类一样，在否定句中，既可以用于体现预期行为，表达意向言语行为意义（例a），又可用来表示取效言语行为意义（例b），试比较：

⑦ a. Он не обнял меня, не поцеловал, не утешил（не стал утешать）. *Он просто посадил меня в машину и везет домой.*（К. Яхонтова）（他没有拥抱我，没有亲吻我，没有宽慰我。他只是把我往车上一放，就往家里开去。）

b. Утешал он себя, но не утешил.（М. Горький）（他设法宽慰自己，但宽慰不了。）

⑧ a. Гриша предлагал ему уехать, но отец отказался. Его бегство доказало бы его причастность к налету. И Гриша, *вероятно*, *понимал его* и не настоял（не стал настаивать）на отъезде.（А. Рыбаков）（格里沙建议他走，但父亲拒绝了。他逃跑反而证明他参与抢劫。格里沙大概明白他的想法，没有坚持。）

b. Он настаивал, но не настоял.（versii. com）（他坚持了，但未能如愿。）

⑨ a. —*Дядя Жора*, *вы нас ведете и не спросите*, *кто мы*… — Вопрос был неожиданный. Дядя Жора на минуту смутился. В самом деле, почему он не узнал, кто это люди?（А. Ткаченко）（"若拉大叔，你领着我们走，但却不问我们是谁。"问题提得很突然，若拉大叔片刻不知所措。确实呀，他为什么不打听清楚这些人是谁呢?）

b. Заходил в правление, узнавал где что — ничего не узнал.（Ю. Домбровский）（他走进公所里，询问来龙去脉，但什么也没打听清楚。）

⑩ a. Давыдов не только не успокоил（не стал успокаивать）пассажира, но прогнал его.（Ogonek）（达维多夫不仅没有宽慰那个旅客，反而把他赶了出去。）

b. Доклад Курасова его нисколько не успокоил.（В. Богомолов）（库拉索夫的报告一点都没有让他感到宽慰。）

为什么这些动词在例 a 中可以体现预期行为,表达意向言语行为意义?格洛温斯卡娅关于 B 类动词释文的解释可以直接回答这个问题:它们语义结构中重复未完成体的义素不是预设,是陈说,接受否定。[①] 但它们何以在例 b 中转而表示取效言语行为?这个问题难于用格洛温斯卡娅的解释直接回答。笔者认为,B 类完成体言语行为努力尝试动词的义素组成和交际结构与 A 类没有区别,重复未完成体的义素不是陈说,而是预设。它们所以能够用来体现预期行为,表达意向言语行为意义,也是基于与 A 类动词相同的原因——特定的上下文(例 a 中的斜体文字)改变了义素交际结构。两类动词的区别仅在于,B 类动词用来体现预期行为、表达意向言语行为意义的频率比 A 类高。将 B 类动词的义素交际结构与完成体一般持续 - 结果动词的义素交际结构等同起来,把它们重复未完成体的义素成分都视为陈说,可接受否定,这未必恰当。B 类动词体现预期行为的频率较高,是就它们与 A 类完成体言语行为努力尝试动词比较而言。但这些动词较之完成体一般持续 - 结果动词体现预期行为的频率,仍然明显偏低,因为它们毕竟属于完成体努力尝试动词,主要表示"取效"行为,在否定结构中这个意思常常仍然保留。仅以 утешить(安慰)的过去时形式为例,《俄罗斯国家语料库》中共收入其否定用例 40 条,其中表达取效言语行为意义的多达 29 条。完成体一般持续 - 结果动词与 B 类完成体言语行为努力尝试动词不同,它们在否定句中的首要功能是体现预期行为(例⑪),表示"取效"的用例相对较少,需要足够的上下文支撑(例⑫):

⑪ Жалко, он не *прочитал* статью, а попросить у деда было неудобно, потому что сам он про нее ничего не говорил. (А. Чудаков)(可惜他没读那篇文章,跟爷爷要又不好意思,因为他没有提起过那篇文章的事。)

⑫ Попросив книгу на дом, он закрылся у себя в кабинете и больше ни на что не отвлекался, пока не *прочитал* ее. (В. Дегоев)(他把书借回家,关起书房门来,不让任何事情干扰,一直把它读完。)

例⑪ 中的 прочитал(读)和在肯定句里一样,首先,语义结构中的

---

① М. Гловинская, Многозначность и синонимия в видо-временной системе русского глагола. М.,2001, стр.106.

“过程”与“结果”义素都居陈说位，表达的是包括开始、持续、终结在内的整体行为（целостное действие）；其次，两个义素之间是合取关系，同等重要。完成体一般持续－结果动词用在否定句里表达预期行为的语义机制和完成体言语行为努力尝试动词有不同之处。前者的对应未完成体过去时形式如上文所述，可用于结果概括事实意义，语义中既包含行为的“开始、持续”片段，又不排斥“终结”片段。两体都表示事实，指物意义大体相同，差别只体现在具体事实／概括事实上。完成体一般持续－结果动词表示具体事实，体现“预期”行为（прочитал 读了；не прочитал 没读）；未完成体表示概括事实，体现“非预期”行为（читал 读过；не читал 没读过）。未完成体言语行为努力尝试动词如上文所述，不用于结果概括事实意义，уговаривал（劝说过），не уговаривал（没劝说过）都只表示行为（没有）开始、持续，不表示行为（没有）终结。两体的差别因而不仅体现在具体事实／概括事实上。完成体表示具体事实时，在肯定句里，重复未完成体“努力尝试”的义素成分属预设，“如愿以偿”的义素成分居陈说位（уговорил 说服了）。在否定句里，则有两种情况：第一，仍以重复未完成体“努力尝试”的义素成分为预设，不予否定，被否定的只是居陈说位的“如愿以偿”的义素成分（не уговорил 没说服）；第二，使语义结构中重复未完成体的义素由预设随机性地变为陈说，成为否定的对象，占据前景的位置（не уговорил 没劝说）。否定句中的完成体言语行为努力尝试动词只在 a 种情况下，与对应未完成体动词过去时的非结果概括事实意义大体相同，二者因此构成“预期”行为意义／“非预期”行为意义的对立关系。

例⑫中 прочитал 被否定的则只是语义结构中作为陈说的“结果”义素，“过程”义素在特殊的上下文作用下由陈说随机性地变为预设，像通常情况下完成体言语行为努力尝试动词语义结构中作为预设重复的未完成体义素那样，没有被否定。не прочитал（没读完）在这种情况下不与 не читал（没读过）意义类同，两体的对立关系虽是具体事实／概括事实的关系，但不是行为的“预期”／“非预期”关系。就是说，例⑫中的 прочитал 虽用于具体事实意义，但不表示笔者定义的预期行为。[①]

---

① Ю. Маслов，Очерки по аспектологии. Л.，1984，стр. 61.

4 小结

（1）完成体言语行为努力尝试动词可用于意向言语行为意义。它们的意向言语行为意义至少有两个变体：(a)用于导出引语的变体；(b)用于表示预期行为的变体。全部完成体言语行为努力尝试动词都可用于 b 变体；能够用于 a 变体的只限于 B 类动词。

（2）对偶体言语行为动词区分为一般言语行为动词和言语行为努力尝试动词。完成体一般言语行为动词（C 类言语行为动词）只表示意向言语行为，不表示取效言语行为；完成体言语行为努力尝试动词主要表示取效言语行为，借助特殊的上下文也可表示意向言语行为。其中 A 类完成体言语行为努力尝试动词只用于意向言语行为意义的 b 变体，不用于 a 变体；B 类既用于意向言语行为意义的 b 变体，又用于 a 变体。A，B，C 三类完成体言语行为动词可否表达不同言语行为意义的情况图示如下（“＋”表示“可”，“－”表示“否”）：

完成体言语行为动词类型	取效言语行为意义	意向言语行为意义 b	意向言语行为意义 a
A	+	+	-
B	+	+	+
C	-	+	+

（3）能够用在否定句里表达预期行为的不仅是完成体言语行为努力尝试动词，而且是完成体一般努力尝试动词，如 поступить（в институт）（考上（大学）），сдать（экзамен）（通过（考试））等：

⑬ А почему не *поступил*? не захотел или не прошел? (forum. miit. ru)（为什么没上大学？没想考还是没考上？）

⑭ — Почему не *поступил* в институт? — Семью кормить надо было. (chgk1. narod. ru)（——为什么没考大学？——要养家糊口呀。）

⑮ Здесь я учился в двух-трех литературных вузах, но не окончил ни одного из них: не *сдал* выпускных экзаменов из-за болезни легких. (Ogonek:1998, № 09)（在这里我进了几个文学院学习，但一个都没有毕业，因为肺病没参加毕业考试。）

例⑬的 не поступил（没考（上））因为上下文欠充分而产生歧义，既可表示预期的报考行为没有实施（не захотел 没想），又可表示“努力尝试”了，但未“如愿以偿”（не прошел 没通过考试）。例⑭⑮中的 не поступил（没考），не сдал（没参加考试）表示的则只是“应该实施、可能实施，但事实上没有开始实施”的行为，而不是“努力尝试”了，但未“如愿以偿”的行为。

关于完成体动词表达预期行为问题[*1]

预期行为(ожидаемое действие)指说话人希望发生、事前知道应该发生或者可能发生的行为,这类行为要用完成体动词表达。被作为预期行为来解释的通常是疑问句、否定句里的完成体动词过去时形式在充当述位时表达的行为:①

Ты не нашел мою книгу?

你没找到我的书吗?(你答应过找到还我)

Комсорг не пришел на собрание.

团小组长(竟然)没来参加会。

Ты не находил мою книгу?

你没有拣到我的书吗?

Комсорг не приходил ко мне.

团小组长没到我这儿来过。

在完成体过去时充当主位的表述中,语义重心落在行为发生的地点、时间、目的、主体、方式等因素上。动词的前提信息,或者预设(пресуппозиция)不是行为“应该发生”、“可能发生”,而是“已经发生”,通常可以用表达概括事实意义(обще-фактическое значение)的未完成体来替换(Где ты взял / брал эту книгу?),因而指称的不是我们这里所说的“预期行为”。

应该特别提到的是,下列语言事实也可以用“预期行为”的规则来加以说明:

(1) Три дня пес не притрагивался к пище, даже не соблазнился

---

* 本文原名《关于完成体动词表达预料行为问题》,《中国俄语教学》1989 年第 1 期。

① В. Гуревич, Актуальное членение и употребление глагольного вида. — Русский язык за рубежом, 1986, №5.

душистой костью.（И. Шевцов）

我们知道,表达“行为在持续的一段时间里没有发生”时,否定句里的过去时谓语动词要用未完成体形式（Три дня девочка совсем не приходила — В. Короленко）。句中与 три дня 搭配的 притрагивался 因而用了未完成体。但是,не соблазнился 同样被 три дня 修饰,却使用完成体形式。这恰恰是“预期行为”规则作用的结果:狗照理是要朝香气扑鼻的骨头扑过去的,但是居然没有动一动!

类似的例句如:Вскоре ребята ушли. А я весь вечер места себе не находила. Всю ночь глаз не сомкнула.（Н. Кошевая）；Всю дорогу он не проронил ни слова.（А. Андреев）

（2）Что же заставляло Молостова неотступно ухаживать за Варварой Михайловной? Почему он не хотел оставить ее в покое? Тем более что у него была подружка — тоже молодая, красивая.（В. Авдеев）

与 не хотеть 搭配的从属不定式多用未完成体（не хотел вам рассказывать всего этого）[①],但是在指称预期行为时要用完成体形式。句中 оставить 表达的就是这种预期行为:Молостов 应该不去打扰 Варвара 的安宁。请看类似的例句:Андрею вспомнилось, как она, получив первую получку, вдруг ухнула ее всю на модельные туфли. На его замечание: «Нельзя, хорошенькая моя, думать лишь о себе, у нас семья» — Варя обиделась и не хотела признать свою вину.（В. Авдеев）признать 的完成体形式带来的附加意义色彩:Андрей 认为 Варя 应该承认自己的错误。

（3）Не возьму эти книги. / Не буду брать эти книги.

二者的区别在于,前者表达预期行为:想要拿,但是由于某种客观原因（如未随身携带书包）而拿不了。未完成体则表示连拿书的想法都没有,意义相当于 Не хочу брать эти книги.

（4）Когда ты ухаживал за мной, то старался угадать каждое желание, находил, что я и умна, и вкус у неня есть. Сам губную помаду носил. А теперь даже духов не подаришь / даришь.（В. Авдеев）

由于表达预期行为的缘故,这里的 подаришь 较之意义相近的 да-

---

① А. Спагис, Парные и непарные глаголы в русском языке. М., 1969, стр. 308.

ришь 多了一层色彩：你是应该常常送给我香水的。完成体将来时常常用在疑问句中表达这种意义色彩：Что вы не спросите, как я живу? (И. Шевцов) Что же вы не скажете, Забавна, где работаете? (В. Авдеев) — Что ж не выскажешься? Или нельзя? — Почему? Можно. (Он же)

(5)—Уж и пошутить нельзя, — развел руками Жогалев. (В. Авдеев)

нельзя 与完成体不定式搭配表示“不可能”，与未完成体不定式搭配表示“不允许”，这是我们熟知的规则。但是，在表达“不允许”意义时，和 нельзя 搭配的不定式如果指称的是说话人希望进行、认为应该可以进行的行为的话，要用完成体形式。开开玩笑在 Жогалев 看来是可以的，顺乎情理的，但是居然也不允许。再如：О Париже перед тетушкой и заикнуться нельзя. Говорит, блудный город! (К. Паустовский)

(6)依附于 забыл, не успел, (не) удалось, смог, посчастливилось, (кому) осталось 等的从属不定式之所以用完成体形式，也是由于受到这些主导词词义的制约表达预期行为的缘故。

以上列举的预期行为都是说话人希望发生的具有积极意义的行为。有趣的是，与此相反，说话人不希望发生，但是预期到事实上可能发生的消极行为，也同样要用完成体动词来表达。这种情形一般见于下列句子类型中：

(7)Я не хочу, чтобы у вас создалось / создавалось обо мне ложное впечатление.

这里既可以用 создалось，也可以用 создавалось，但是完成体包含“很可能形成错误印象”的意味。可能形成，但是不希望形成，因此产生了“担心”的情态色彩。用未完成体取代完成体后，句子的“担心”色彩将随之消失。试比较：Она явно не торопилась и не хотела, чтобы он спешил. (И. Шевцов)

在 чтобы 引导的否定副句中，谓语动词常常用完成体形式表达预期行为，特别是在主句谓语用 бояться, опасаться, беспокоиться 等词表达的时候：Собаку привязали к столбу, чтобы она не убежала; Пассажиры опасались, чтобы самолет не задержался.

(8)Нет, они не должны узнать об этом. Не должны! Они правда

убьют. (Н. Блаев)

не должен 表达“不应该”意义时,依附其后的从属不定式要用未完成体形式。这里的完成体动词 узнать 表达说话人预期到可能发生的行为。又如:Спешит мальчик по нужным адресам. Приносит радостные сообщения, весточки от близких. А бывает, и тревожные, но они тоже не должны опоздать. (Из газет)

не мочь 用来表达“不应该”意义时,依附在后面的从属不定式也要用未完成体形式,如:Вы солдаты, и мы не можем заставлять вас изменить присяге. (В. Чванов)如果从属不定式使用完成体形式,那么被表达的也是说话人预期到可能发生,但是不希望发生的行为,如:Егор Дремов, глядя в окошечко на мать, понял, что он может ее испугать, не может ей сказать, что он ее сын. (А. Толстой)

(9)Не выбрось эти бумаги!

完成体命令式在否定句中获得警告、担心意味,也是表达预期行为的缘故。Не выбрасывай эти бумаги 就不具有这种情态色彩。Пускай бы мать не приехала 的意义差别和造成这种差别的原因也在于此。

应当引起注意的一个问题是,在指称预期行为时,完成体过去时在否定句里表示的常常不是行为经过努力没有达到结果,而是行为根本没有发生。试对比下列几组例句:

① Стоило ей увидеть мужа, услышать голос, как она словно одеревенела. Объяснила Варвара Михайловна тем, что Андрей не встретил ее. Вечно так, за работу готов семью променять. (В. Авдеев)

② Рано я пошел на вокзал, но, к сожалению, не встретил ее. (А. Андреев)

③ Извините, что я вас не разбудил. (К. Воробьев)

④ Я долго будил его, так и не разбудил.

⑤ Что ж ты ему этого не объяснил? (Б. Горбатов)

⑥ — Объяснял я это. — Объяснял, да не объяснил. (М. Горький)

例句①—⑥中的 не встретил, не разбудил 和 не объяснил 意义差别很大。在②④⑥中,它们表示开始了的行为没有达到目的,可以分别译作“没有接到”,“没能够叫醒”,“没解释清楚”。如果这些行为都分别是展开的线段的话，那么这里指的仅仅是线段的终端界限（предельность）。但是，在①③⑤中，它们表达的却是应该进行而没有进行的，甚至没有开始的行为："（应该接站，但是）没有接"，"（应该叫，但是）没有叫"，"（应该解释，但是）没有解释"。这里指的不是线段的终端，而是包括起点和终端在内的线段整体（целостность）。

完成体过去时在否定句中表达预期行为时，常常有指示这种意义的даже，зря，разве，как же，почему等词做标志：Фу，ты，ерунда какая. Даже не предупредил. Прямо удивляюсь.（В. Авдеев）Да，да，завтра праздник，седьмое ноября，как же я не подумал об этом？（Б. Горбатов）Почему вручая грамоту，никто не сказал，чем отличились наши ребята？（Из газет）Зря я в парикмахерской не дождался очереди.（В. Авдеев）Напрасно ты не пошла танцевать с его товарищем.（Он же）在揭示气恼、责备、惊讶、不满等心理过程产生原因的否定句中，谓语动词表达的也是预料行为，要用完成体形式，如：Он мысленно укорил себя，что не захватил вчера сынишку. Ведь видел：нездоровится.（В. Авдеев）И Камынин был весьма удивлен тем，что Варя не явилась.（Он же）Ольга，очень жаль，что ты не поехала с нами в прошлое воскресенье на Клязьму. Было очень весело.（В. Катаев）

在上下文因素明显表达了行为的预料性质时，偶尔也可以用未完成体形式来取代完成体[①]，如：Помните，я дал вам прочитать свою статью？Вы читали /прочитали ее？（В. Гуревич）Я был уверен，что именно здесь，в этом парке，встретил свою незнакомку. Но она не приходила/пришла.（М. Шелякин）但是，在这种情况下表达概括事实意义的未完成体远没有在充当主位的情况下表达概括事实意义的未完成体使用得普遍。

---

① М. Шелякин，Категория вида и способы действия русского языка（Теоретические основы）. Таллин，1983，стр. 99.

完成体动词的总和一体意义

总和一体意义(суммарно-интегративное значение)或称总和意义(суммарное значение),是完成体动词具体事实意义的一个类型。完成体动词用于总和一体意义时,通常与 дважды, раза три 之类词语搭配,把客观上有限次重复的达到界限的行为加起来,作为一个总和整体表达:

① Она *трижды* молча и серьезно *поцеловала* его в щеки и губы. (М. Горький)

由完成体动词和特定上下文词语参与表达的总和一体意义包含两个要素:完成体动词表达的界限性、整体性和上下文词语表达的有限重复性。

完成体动词的过去时、将来时、副动词、形动词等各种语法形式都可以参与表达总和一体意义:

② Прежде чем вывести первую букву, он *несколько раз* пугливо *оглянулся* на двери и окна, покосился на темный образ... (А. Чехов)

③ — Вы без меня рассказываете, да? — Валя, я еще *сто раз расскажу* с удовольствием. («Русская разговорная речь»)

④ Красные бойцы узнают своих матерей, жен и сестер. Выстрелы стихают, *дважды захлебнувшись*, словно от невыразимого удивления, умолкает пулемет. (Н. Грибачев)

⑤ Нов был и корабль, по частям *многократно перестроенный*, *переконструированный*. (В. Рыбин)

⑥ Я *приглашен был два раза* в тюремные замки. (П. Нилин)

⑦ Пока реки еще не стали, старик успел *несколько раз сходить* на охоту. (Мамин-Сибиряк)

完成体动词参与表达总和一体意义时,常用过去时形式,通常指称在短暂的具体时间段落里连续发生若干次的行为,一般和表达具体事实意义的其他完成体动词过去时形式连用，陈述过去在特定时间里发生的一次具体事件：

⑧ *Вспыхнул* и *раз пять мигнул* ослепительно-едкий свет. *Раздался* новый удар.（А. Чехов）

Раз пять мигнул 表达的多次行为作为一个整体单位与 вспыхнул，раздался 表达的行为构成分连式的时间顺序关系。再如：

⑨ Он *протянул* по направлению ко мне руку и *несколько раз согнул* и *расправил* указательный палец.（К. Воробьев）

⑩ Она *вздохнула* и *перекрестилась трижды*.（М. Горький）

参与表达总和一体意义的完成体动词过去时形式还偶尔用在改变事件进程的情境，即表达从静到动的事件发展进程的情境中：

⑪ Когда проходили мимо одного из сел, через которые тянулась телеграфная линия, по пароходам с берега *несколько раз выстрелили*.（П. Васильев）

表示在短暂时间里行为连续发生若干次的完成体动词通常是带后缀-ну 的一次行为方式动词（кивнуть, скользнуть）、意义与之类似的动词（выстрелить, ударить, поцеловать）以及 постучать, позвонить 等等。

相互时间距离久远的达到界限的有限重复行为也可以加起来，作为一个总和整体，通过完成体形式表达（例③⑤⑥⑦）。这种总和一体意义类型常用来总结、回顾以往达到结果的事件：

⑫ Я и в цирке толкался. И на флоте служил. И в тюрьме *два раза отбыл*.（П. Нилин）

⑬ *Раза три или четыре* она *изменила* профессору ради молодых ассистентов. Но старое чувство брало верх, и она, браня себя за ветреность, возвращалась к нему.（В. Панова）

⑭ Я уже счет потерял, *сколько раз проехал* по этой дороге, — сказал он. — С раннего детства в год. В общем, *раз полтораста* я по ней уже *проехал*, не меньше.（Паустовский）

在需要强调相互时间距离较远的有限重复行为的时间期限时，可以使用“за + 第四格”的结构：

⑮ С тех пор прошло много дней. Писем из Ленинграда не было.

Уже *два раза за эти месяцы* санитарный поезд *получил* почту. Но для доктора Белова в ней не было ничего. (В. Панова)

但是,有限次数词语与"за + 第四格"或"в + 第四格"搭配的结构有时用来表达单位时间内行为重复的次数,在这种情况下只能用未完成体动词:

⑯ Среднестатистический вороженец *за год три-четыре раза посещает* театр и концертный зал. («Советский Союз»)

⑰ Хозяйства Филимонов никакого не вел, живности не держал, в огороде ничего не сеял, *дважды в лето скашивал* там траву, и все. (П. Васильев)

带有限次数状语、用于总和一体意义的完成体动词将来时形式在特定的上下文里可能兼有直观示例意义(наглядно-примерное значение)。

⑱ Старуха пила маленькими, осторожными глотками: *отхлебнет два раза* и отдохнет. (В. Распутин)

句中 отхлебнет 参与表达的总和一体意义和直观示例意义是以 пила 的具体过程意义为背景的。请看类似的例句:

⑲ Выбегали собаки, но они не отличались таким усердием: *тявкнут раз-два* и скроются. (М. Горький)

⑳ В низинах, в сыром лугу, поскрипывал дергач. *Крикнет несколько раз*, прислушается — и опять: «ря, ря!» (П. Васильев)

这种一身兼二任的完成体将来时形式还可以在概括重复语境中见到:

㉑ Прекрасное занятие карты: сидишь за столом и, в течение ночи, *десять раз умрешь* и воскреснешь. (М. Горвкий)

句中 сидишь 的直观示例意义是 умрешь, воскреснешь 的总和一体意义、直观示例意义体现的背景。行为的时间和主体在这里都是概括的、泛指的。

在一般情况下,可以拿未完成体动词取代和有限次数状语搭配的对应完成体动词,句义在取代后基本保持不变:

㉒ За полгода его *неоднократно вызвали* (вызывали) на конференции в район.

㉓ Он *два раза обернулся* (оборачивался).

但是,带后缀-ну 的一次行为方式动词和意义类似的不带-ну 的动词不能用对应未完成体替换:

㉔ Венцель *кивнул* (*кивал) мне *несколько раз* головой и скомандовал роте идти в цепь. (В. Гаршин)

因为 кивать 本身就表示连续多次的行为。Кивал несколько раз головой 的意思不是"点了几下头",而是"几次频频点头"。但是,应该注意的是,当多次行为方式动词用于历史现在时意义时,却可以与有限次数状语搭配,表达与一次行为方式动词相应的意义:

㉕ Антон пробует сшивать сам, но несколько раз колет себе палец, потом теряет иголку... (Н. Дубов)

具有感受、认知意义的动词 видеть / увидеть, слышать / услышать, смотреть / посмотреть 等与有限次数状语搭配时,通常用未完成体形式:

㉖ Гриша *три раза родился* заново, *три раза прошел* сквозь пули, *трижды смотрел* в самые зрачки окаянной смерти. (К. Курбатов)

㉗ По мнению исследователя, он 18 *раз видел* таинственное существо и 6 *раз сфотографировал* его. (А. Кондратов)

在同样的上下文中,родился, прошел, сфотографировал 用于总和一体意义,而 смотрел, видел 用于有限重复意义(ограниченно-кратное значение)。

有人认为,完成体动词参与表达的总和一体意义,不仅包括带 два раза, трижды 之类表示有限次数词语的通常总和意义类型,而且包括不带这类标志、行为多次意义包含在补语中的类型:Он со всеми поцеловался. 这两种类型的实质确实相同。区别仅仅在于,前者的行为对象是一个人,行为多次及于同一客体,因而次数意义要使用状语 много раз 来表达;后者的行为对象是许多人,主体把重复多次的行为每人一次地分配到客体身上。这种多次意义不能用状语 много раз 来表达,只能用补语的复数形式(со всеми)表达。

同样的道理,用于总和一体意义的完成体动词所表达的客观行为的多次性质也可能包含在表达复数地点的状语中,试比较:Виктор два раза побывал на БАМе. | Виктор побывал на всех континентах. 前者的多次行为及于同一地点上,而后者的主体把多次行为分配到不同的地点上。

当完成体动词表达的客观行为的多次性质包含在复数形式的主语中时，句中常用 один за другим：

㉘ Курсанты *один за другим* молча *нырнули* в готовую дыру в западной стенке крайнего справа скирда.（К. Воробьев）

㉙ Лишь когда самолеты *один за другим пошли* в пике，мы узнали нашу тройку «мессеров».（П. Вершигора）

如果说带有限次数状语的完成体总和一体意义与带相应状语的未完成体有限重复意义之间的关系是同义关系的话（Он поцеловался со мной много раз. | Он целовался со мной много раз），那么，客观行为的多次性质包含在补语、地点状语和主语中的完成总和一体意义和相应的未完成体客体分配重复（объектно-дистрибутивная повторяемость）意义、空间分配重复（пространственно-дистрибутивная повторяемость）意义和主体分配重复（субъектно-дистрибутивная повторяемость）意义之间的关系也是同义的关系。试比较：

Он со всеми поцеловался. — Он целовался со всеми.

Виктор побывал на всех континентах. — Я бывал во многих странах.

Постепенно，один за другим умерли все братья. — Танковые бригады одна за другой снимались ночью с занимаемых рубежей и уходили с передовой в тыл.（А. Кулаков）

俄语动词未完成体表达的概括事实意义

一

俄语动词有完成体和未完成体两种形式。完成体表示在特定时间里发生的一次达到界限的具体行为；未完成体与完成体相对立，或者表示在特定时间里发生的一次具体行为过程，或者表示重复发生的行为。但是，在实际交际过程中并不处处都需要把行为的特征辨别得泾渭分明。有时，说话者只要概括地、一般地指出行为事实本身是否曾经发生（Ты звонил）、是否将要发生（Кончай вопросы. Отвечать не буду）、或者是否应当使之发生（Мне нужно еще укладывать вещи）就已经达到了交际的主观目的。至于行为客观具有的时间确定性、一次性或重复性、界限性或过程性、结果是否存在等特征则无关紧要，可以忽略，不必或无法确定地指出。这种概括事实意义（обще-фактическое значение）在俄语中没有专门的“中间体”的形式与之相应，它的表达由未完成体兼而任之。

动词未完成体可以用过去时、将来时、不定式和命令式表达概括事实意义，但是，过去时形式较之其他形式体现的概括事实意义更加鲜明。

1.1 用动词未完成体形式表达概括事实意义时，行为是泛指的、抽象的，脱离开具体环境、具体条件的，因而在时间上具有不确定的性质。

就其搭配特点而言，上下文中常常出现或者可以加进意义十分概括的、不确定的状语成分 вообще，когда-нибудь，когда-то，хоть раз，как-то 等，例如：Вы *рисовали* когда-нибудь рыбу? С братом у меня плохо，очень плохо，доктор，— сказал мужчина. — Вы ведь его как-то *смотрели.* （А. Алексин）而具体的点状时间状语通常只和表具体事实意义的动词完成体形式搭配，不和表概括事实意义的未完成体搭配。格洛温斯卡娅在对比 В три часа я вернулся домой 和 В три часа я возвращался домой 两个例句时指出，第二个例句中的谓语动词由于有点状时间状语，

表达的只能是具体过程意义或重复动作意义，而不可能作为概括事实意义来理解了。①

有些用于概括事实意义表达双向行为的动词未完成体过去时形式，虽然可以和具有点状性质的时间状语搭配，但是它们仍然保留着一定程度的时间不确定性，因为时间状语只属于双向行为的第一个组成部分，例如，在 Он прихолил в 5 часов 这个句子中，приходил 包括 пришел 和 ушел 两个组成部分。В 5 часов 说明的只是 пришел，而 ушел 仍然保留着时间的不确定性质。此外，Он пришел ровно в 5 часов 说起来十分自然，而 Он приходил ровно в 5 часов 听起非常别扭。这也说明，用于概括事实意义表达双向行为的动词谓语，虽然可以带点状时间状语，但是仍然保留着一定程度的时间不确定性。非点状时间状语和未完成体概括事实意义的时间不确定性特点不相矛盾，因此常常搭配使用：Мы знакомы… Лет десять назад я выпускал вашу книгу. Кажется，последнюю，да?（Симонов）Мы встречались в Лениитраде，когда я был учлетом.（Каверин）

但是，在绝大多数情况下，用于表达概括事实意义的动词未完成体形式是不带任何状语修饰成分的。仅仅在由主语、谓语和可有可无的语气词 уже 构成的句子里，概括事实意义就足以体现出来：Он уже отдыхал; Сестра уже приезжала.

在没有任何时间状语修饰的同样状况下，未完成体概括事实意义的不确定性和完成体具体事实意义的确定性也是截然区分开来的，试比较 Ты послал кнç? / Ты посылал книгу? 两个句子。第一句的寄书是和特定事件、特定时间联系着的具体行为，比如，从剧院返回途中，张三去邮局寄书，李四径直回到学校。过后李四用这个句子问张三。句中虽无时间状语，但交谈双方对于“寄书”行为的确定时间是默契的。第二句的“寄书”行为则不具有这种确定的性质。当张三不清楚寄书手续或寄书价格，问李四 Ты（когда-нибудь）посылал книгу? Не подскажешь，как она посылается? 时，他不可能给 посылал 加上任何确定的时间状语成分，因为这里的“寄书”是泛指、而不是特指的行为。译成汉语的话，第一

① М. Я. Гловинская，Семантические типы видовых противопоставлений русского глагола. М.，1982，стр. 120.

句是“你把书寄出去了吗?”第二句则是“你寄过书吗?”助词“过”是汉语中概括事实意义的一个标志。

1.2 未完成体用在概括事实意义的语境中所表达的行为次数是不确定的。

在句子 Я говорил ему об этом 中,谓语动词的语法形式离开特定的上下文,在没有表达次数意义的状语成分修饰的情况下,不能告诉我们,“说”的行为进行了一次还是多次。而用于具体事实意义的动词完成体形式本身无须借助上下文,就可以表达行为具体一次的性质(Я сказал ему об этом)。

有时,特定的上下文可以使行为的次数意义变得确定起来,例如:В Москве жил Столетов, близкий родственник Киры по отцу. Однажды он *звонил* Петру, звонил и обещал позвонить еще раз, если будет необходимость (С. Дангулов);— Ты вчера открывал окно? — Да, *открывал*, даже несколько раз.

但是应当指出,动词的语法形式本身在这里并没有参与次数的表达。次数意义不确定这一特点使表达概括事实意义的动词未完成体形式对于体现一次意义的上下文和体现有限重复意义的上下文都不加以排斥。

动词未完成体与表达有限重复意义的词语 дважды, три раза, много раз 搭配使用的情形往往被区分出来,作为概括事实意义的一个类型。这种类型和我们通常所说的重复意义实际上没有本质的区别。

1.3 存在于语言之外的客观行为,本身有达到界限、未达到界限、没有界限之分。这些不同性质的行为都可以成为动词未完成体形式用于概括事实意义时的指称对象,例如:Ты когда-нибудь приходил? Ты когда-нибудь уговаривал его? Ты когда-нибудь учился?(在汉语表达概括事实意义的典型格式“你……过吗?”里也可以填入行为特征不同的动词:你打过电话吗?/你找过我吗?/你在海里游过泳吗?)但是,不管行为的客观特征如何,表达概括事实意义的动词只着眼于行为事实本身,既不突出行为的界限性,也不强调行为的过程性。“这一意义与完成体一般过去时具体事实意义和未完成体的具体过程意义是对立的。”①

① Ю. С. Маслов, Глагольный вид в современном болгарском литературном языке. // Вопросы грамматики болгарского литературного языка. М., 1959, стр. 267–268.

特定的上下文可能给概括事实意义添加某种程度的过程色彩，例如，当说话者在行为结果存在的情况下，因关心与行为发生有连带的事，问主体是谁时。请看例句：Вы не знаете, кто *открывал* окно? На подоконнике лежали мои бумаги, их куда-то переложили; Таня, это ты *разбирала* книги в шкафу? Тебе не попадался восьмой том Горького? 纸从窗台移向他处是在开窗过程中发生的，书也只有在挑拣的过程中才能被发现。这种特殊的过程色彩使得概括事实意义有所削弱，因此，类似问句中谓语动词的概括意义引起一些人的怀疑。[①]

某些状态动词或有状态意义的动词用来表达概括事实意义时也含着一定程度的过程色彩（Вы спали когда-нибудь в открытом поле?）。这是由于词汇意义本身包含着明显的持续性、非界限性的缘故。实际上，这里的动词未完成体不过是表达具体过程意义的未完成体的同音形式罢了。说话者所关心的只限于行为事实本身是否曾经发生。行为客观具有的持续性特点对于交际目的来说是无关紧要的。[②]

谓语表达概括事实意义的句子受动词词义和上下文的影响，不仅可能带有不同程度的过程色彩，而且可能带有界限意义的色彩，例如：

① … стоит во дворе великолепный деревянный пароход с большими колесами. Его *делали* иркутские ребята — студенты художественного училища. (Литературная газета)

② А вы *слышали* о той травле, которую против меня подняли два месяца назад? (Симонов)

例①的第一个句子指出了“делали”的行为结果，因而使其具有了结果意义的色彩。例②的谓语动词 слышали 词义本身包含着结果性的因素（试与 слушать 比较）。

未完成体用于表示预期的行为（Осенью *бросаю* медицину, к январю *кончаю* с «Сахалином» и тогда весь по уши *отдаюсь* беллетристике. (Чехов)）和言语同步的行为（Я *вызываю* вас на дуэль… (Чехов); А я

---

① О. П. Рассудова, Употребление видов глагола в современном русском языке, М., 1982, стр. 56–57. А. М. Ломов, Аспектуальная характеристика действия и ее типы. // Вопросы русской аспектологии. Воронеж, 1975, стр. 86–87.

② М. А. Шелякин, Категория вида и способы действия русского глагола (Теоретические основы). Таллин, 1983, стр. 70.

вам прямо *запрещаю*, слышите? (А. Куприн))以不定式形式表达行为目的(Его повезли выдавать замуж (Н. Боронов))时,对于界限性和过程性也持有中立的态度。这些意义接近概括事实意义,常被归纳在其中,并且以前两种情形作为概括事实意义可以用现在时形式表达的例证①。邦达尔科认为,这些用法不明显包含概括性(时间、次数等的不确定性)的区分特征,因而称之为“未完成体的中立功能”②。

二

根据借助上下文和动词词汇意义表达的行为结果的有无,未完成体概括事实意义区分结果概括事实意义与非结果概括事实意义两种类型。③

2.1 动词未完成体用在结果概括事实意义的上下文中指称的是在过去某一时刻结束了的、产生了结果的行为,但是行为结果是否存在于说话时刻,没有明确表达出来。Он оставлял мне записку 没有告诉我们纸条在说话时刻是否保留在“我”的手中,Ты открывал окно? 这个句子没有表明窗户现在是关着还是开着的,就不清楚行为结果是否存在说话时刻这一点而言,未完成体表达的结果概括事实意义与完成体表达的结果存在意义是对立的:用完成体取代句中谓语后,行为存在于说话时刻的意思便明确起来:Он оставил мне записку; Ты открыл окно?

能够用于结果概括事实意义上下文中的主要是下列类型的一般持续－结果行为方式动词:(1) включать, выключать, терять, схватывать, брать, находить 等表瞬息动作、无过程意义的动词;(2) строить, писать, рисовать, красить, есть, обедать, читать, высыхать, замерзать 等表结果逐渐积累意义的动词,这类动词表达的行为特点在于,过程的每一瞬间都产生部分的结果;(3) говорить, просить, хвалить, благо-

---

① Нгуен Нам, Выражение обобщенно-фактического значения несовершенного вида в современном русском языке. // Функциональный анализ грамматических категорий. Л., 1973.

② А. В. Бондарко, Об уровнях описания грамматических единиц (На примере анализа функций глагольного вида в русском языке). //Функциональный анализ грамматических единиц. Л., 1980, стр. 24–25.

③ М. Я. Гловинская, Семантические типы видовых противопоставлений русского глагола. М., 1982, стр. 117.

дарить, предупреждать 等言语动词; видеть, слышать, ощущать, чувствовать 等感知动词; смотреть, слушать 等企图获得感知的动词。这些动词表达的行为过程,不管截取多小的片段,都不排除结果意义的因素。

一定的上下文或动词的一定词汇意义可以消除这类概括事实意义结果存在的不确定性质:句子 Ты *открывал* окно, или оно само отворилось?① 中的 отворилось 说明窗户在说话时刻是开着的; Все-таки он многое *видел*, образован? 中的结果存在意义通过具有感受、认知意义因此必须有后果存在的 видел 体现出来。Я *ходил* сегодня в магазин 中不定向运动动词 ходить 的词义告诉我们,"我"此刻不在商店里; — Почему дети так поздно обедают? — Они *оставались* в школе после уроков 中问句的意思表明,孩子说话时刻在家里,不在学校里。

主要借助词汇意义体出现出来,对上下文依赖较小的结果存在意义和结果取消意义,往往被区分出来,作为结果概括事实意义的两个小类。

2.2 能够以未完成体形式参与表达结果存在意义的主要是为数不多的具有感受、认知意义的动词(смотреть, видеть, слышать, знать, читать 等),它们表示通过感受、认知的途径来积累知识、经验,词汇意义本身就包含"结果"的因素。在具有结果存在意义的句子里,这些动词不仅用来一般地表示行为事实本身是否曾经发生,而且用来描述主体说话时刻的特征、状态,例如:Ты литературен, ты *читал*, ты умеешь восхищаться (Достоевский); — Я *слышал*, солдата ранили? (Л. Толстой) читал 和 литературен 的功能相同,都是对 ты 的特征的描述。я слышал 与 я знаю 的意思一样,表明 я 说话时刻所处的状态。

有些动词,如 есть, умываться 等用于否定句中也可以表示结果存在意义;行为事实没有发生,由此产生的后果(饿、脏)在主体身上存在:Тоня глядела на них в оба глаза, пока не вспомнила, что еще не *умывалась*. (В. Белов)

有些人认为,能够参与表达结果存在意义的远非上面指出的数量有限的动词,一般的结果行为方式动词都可用于结果存在意义的语境中。结果存在意义也不仅表现在对主体特征、状态的描述中,而且表现在有结

① 例句引自 Ю. С. Маслов, Очерки по аспектолгогии. Л., 1984, стр. 78.

果存在标志的所有上下文里[1]，例如：Вот прошла мимо какая-то земля, на ней живут люди, а я на этих берегах, может, никогда не побываю, не узнаю живущих в этих избушках людей, которые *строили* их, чтобы жить, у стыка холодных морей; Ехал Кузьма с Воргла, веселый и слегка хмельной. — Тихон Ильич *угощал* его за обедом наливкой, был очень добр в этот день. (И. А. Бунин) 显然，这里指的结果存在意义已经不是主要借助词汇意义，而是主要借助上下文来体现了。

2.3 能够以未完成体形式参与表达结果取消意义的主要是表主体空间位移、状态变化、使客体空间位移意义的动词。这些动词所表示的行为有反方向的行为与之呼应，例如：приходить — уходить, брать — возвращать, открывать — закрывать, поднимать — опускать 等等。在具有结果取消意义的句子里，这些动词用来表达一个行为产生的结果被另一反向的行为所取消，例如：Ко мне *приходил* товарищ 句中 приходил 的意义等于 пришел 加上 ушел.

但是用于结果取消意义的动词并不总是包含反方向的行为，例如：Я *открывал* здесь окно, но оно вскоре само захлопнулось[2]; Деревню Митрофановку и хутор Дальний мы уже *занимали* однажды согласно приказу главкома. И вылетели оттуда пулей. Совершенно то же самое повторится послезавтра; (А. Толстой) — Николай Антоныч. — сказал я, стараясь не волноваться. — Вы действительно *выгоняли* меня, но я снова пришел и буду приходить до тех пор, пока не докажу, что я не виноват в смерти Марьи Васильевны. (В. Каверин)

有时，结果取消意义用在反向行为即将进行的时刻：Пожидаев улыбнулся и снял с плеча курковку: — Пожалуйста, передайте это Мишину, *брал* у него поохотиться. (В. Ларин)

应该注意的是，结果取消意义并不是动词词汇意义本身所固有的，因为这类动词往往也可以用在具有结果存在意义的上下文中：Я тебе все, чего хочешь. Все отдам. Хочешь, у меня есть тетрадка с записями твоего отца? Я у него *брал* почитать, да не отдал. Нарочно не отдал.

---

① Л. Н. Швецова, Трудные случаи функционирования видов русского глагола (К проблеме конкуренции видов). М., 1984, стр. 42 – 43.

② 例句引自 Ю. С. Маслов, Очерки по аспектологии. Л., 1984, стр. 77.

（Д. Гранин）

2.4 动词未完成体用在非结果概括事实意义的上下文中表示的是过去某一时刻结束了的，为达到预期目的而作的尝试、努力或者不包含结果意义的行为。

在俄语的一般持续－结果行为方式动词中有一类努力尝试动词[1]，如 ловить／поймать，умолять／умолить，будить／разбудить，уговаривать／уговорить，сдавать／сдать экзамен，встречать／встретить 等，其未完成体表示为达到预期目的而进行的尝试、努力，不包含“结果”的因素，完成体表示持续过程终止时预期目的以飞跃的方式出现（ловил и поймал；будил，но не разбудил）。这类动词的未完成体形式在概括事实的语境中常常可以用来泛指为达到预期目的而作的尝试、努力，而不着眼于行为客观具有的过程性质，例如：Ты куда-нибудь обращался，кому-нибудь доказывал свою правоту？Зачем（она）подсылала ко мне доктора，зачем сама уговаривала меня？（Тургенев）句中的动词都处于同样的概括事实语境中，但是 доказывал，уговаривала 与 обращался，подсылала 区别十分明显。前者只涉及为达到“证实”、“说服”目的所作的尝试、努力，后者所指称的则是已经有了结果的行为事实。二者的语法形式都是未完成体，区别主要是通过词汇意义体现出来的。

拉苏多娃（О. П. Рассудова）以句子 Я знаю，что Никитин поступал в университет 可以置于有结果和无结果两种意思相反的上下文中（Никитин поступал в университет，но не прошел по конкурсу；Он поступал в университет и，кажется，поступил）为例，来说明概括事实意义不明确表示行为是否达到界限的特点[2]，这是不恰当的。поступать／поступить 恰好是努力尝试动词，未完成体形式“为达到预期目的而作尝试、努力”的意思是很明确的，在例句中表达的显然是非结果概括事实意义。能够被置于上述两种意思相反的上下文中的动词，只限于表达非结果概括事实意义的努力尝试动词，而不包括在结果概括事实意义语境中的一些动词，例如，不能说 * Все-таки он многое видел и，кажется，уви-

---

① М. А. Шелякин，Категория вида и способы действия русского глагола（Теоретические основы）. Таллин，1983，стр. 181.

② О. П. Рассудова，Употребление видов глагола в современном русском языке. М.，1982，стр. 41.

дел; *Деревню Митрофановку и хутор Дальний мы уже занимали однажды, но не заняли; *Я этот фильм смотрел, и посмотрел; *Дети оставались в школе, но не остались 等等。

用在非结果概括事实意义上下文中的还有很多状态动词(стоять, сидеть, спать)、情感过程动词(любить, ненавидеть, уважать)、不定向动词用于无固定方向意义以及 плакать, искать, ухаживать 等。这些词的词汇意义本身不包含结果性的因素:А ты любил, друг?(Арбузов)

2.5 从教学法的角度来看,无结果概括事实意义对于学生并不困难,区分出来不必要,既然这种意义与具体过程意义都以未完成体的形式来表达,而且用于无结果概括事实意义的动词尽管只指称行为事实本身并不着眼于行为的过程性,但是,词汇意义却包含着持续性、过程性的因素,那么就不妨将其与具体过程意义合并在一起,作为过程意义下面的两个小类:具体过程意义、概括过程意义。这样,所谓概括事实意义就仅指结果概括事实意义了。而结果概括事实意义则恰恰是教学的难点,因为同样是达到结果的客观行为,在不同语境里,由于交际目的不同,要用不同的体来表达,笔者认为,这种处理办法似更加便于教学。

三

动词未完成体主要用在下列上下文类型中表达结果概括事实意义:

(1)一般地问行为事实出现过没有,语调重音落在谓语动词上,例如:

① 寻找东西或人:Я потерял книгу. Ты (случайно) не *находил* ее?(我把书弄丢了,你没拣到吗?) Ты не нашел книгу? [你没找到书吗?(我让你找的那本书或你答应借给我的那本书)];Ты *брал* у меня журнал?(你在我这儿拿过杂志吗?);Ты не *видел* Сашу?

② 偶然发现事情结果时问某人干过这件事没有:Ты *клал* книгу в мой ящик?(你往我抽屉里放过书吗?)— Ты *положил* книгу в мой ящик?(你把书放进我的抽屉里了吗?)— Ты *оставлял* дверь открытой? — Нет. — Так почему она открыта?

③ 问事情是不是已经干过,好决定有没有必要干这件事:Пора выгуливать собаку, или ты ее уже *выгуливала*? Надо прополоть грядки, или ты уже *полол*? Ты *кормил* ребенка?

④ 检验是否确实：Ты в самом деле *списывал* контрольную работу у соседки? Это верно, что ты *поднималась* в горы? Вы действительно *принимали* участие в международном фестивале?

⑤ 在行为结果不存在的情况下，怀疑行为进行过没有：Ты *возвращал* мне книгу? Почему ее нет? —Чего лампа не горит? — А ты ее *включал*? Вы *подметали* пол, ребята?

（2）一般指出发生过的行为事实，语调重音不落在谓语动词上，例如：

① 问行为的主体是谁，以便了解和行为有关的事情：— Ты *перекладывала* мои вещи из чемодана в шкаф? — Я, а что? — Ты не видела мои запонки? А кто *снимал* занавеску? На окне стояли цветы, куда их переставили? Кто *печатал* фотографии? Где увеличитель?

② 在对行为进行评价的时候，问行为的主体是谁：Кто *читал* эту книгу? Страницы загнуты, пятна на обложке; Как неровно висит карта. Кто ее *вешал*? Кто *проверял* эту статью? В ней не замечено много ошибок; Красиво украсили елку. Кто *украшал*?

这里需要指出两点：第一，如果对行为的评价不是论其优劣，而是指出结果得当与否，谓语动词要用完成体形式（Кто *открыл* окно? В комнате и без того холодно）；第二，对动作结果进行评价的性质副词 хорошо, плохо, удачно, чисто 等与动词谓语连用时，动词谓语要用完成体形式。但是，如果这类副词和提问主体是谁的疑问句分处两个句子里时，疑问句的谓语仍然用未完成体，表达概括事实意义（Кто так чисто *убрал* комнату? / Комнату убрали чисто. Кто *убирал*?）。

（3）用过去发生的事来证明什么，例如：

① 用过去发生的事做论据肯定或否定什么：— Телевизор работает? — Думаю, что работает, отец его *чинил*; — Садитесь с нами обедать! — Спасибо, я уже *обедал*, еще не проголодался; — Может быть, вам стоит показаться хирургу? — Я уже *показывался*.

② 用过去发生的事为理由来解释什么：— Почему на полу вода? — Окна *мыли*, еще не убрали; — Почему вынули все книги из шкафа? — Мы *отодвигали* шкаф, приходил мастер, осматривал электрические провода; — Почему у вас нет света на лестнице? — *Делали* ремонт и испортили провод. ①

③ 信息来源:— Надо позвонить в магазин и узнать, когда у них обеденный перерыв. — А я знаю, с 13-ти до 14-ти. Я *звонила* и *узнавала*; Да я знаю, об этом он мне *говорил*; Она знает о моем приезде. Я *писал* ей.

指出 список, письмо, записка, статья, телеграмма 等内容:Первый раз я услышал его статью по радио. Он *писал*, что нужно верить в ребенка, воспитывать, веря в ребенка; Лев оставил главному врачу письмо, в котором *сообщал*, что уезжает добровольно на фронт.

④在叙述过程中回过头来提及较早时间发生的事情:Я посмотрел внимательно на его лицо и вспомнил, что уже где-то *встречал* этого человека; Я собирался остановиться у Кораблева, но потом передумал и заехал в гостиницу, ту самую, в которой *останавливался* два года назад. (В. Каверин)②

---

① 表达无意行为的动词一般不用于概括事实意义,如"看见地板上有水或茶杯打破时,不能用未完成体问无意的闯祸人是谁:* Кто проливал воду? * Кто разбивал чашку? 这里只能用完成体(如果不意味着蓄意行为的话):Кто пролил воду? 这里用 испортили 不用 портили,正是这个道理。见 Ю. С. Маслов, Очерки по аспектологии. Л., 1984, стр. 78.

② 例句大部分引自练习集:Виды глагола в русском языке. М., 1971.

俄语未完成体动词现在时的具体过程意义和拟定行为意义

一

未完成体动词现在时形式用来表达和说话时刻相一致的一次具体行为过程时，受动词词义、语境、上下文等因素的影响，可以区分为几种在意义上有细微差别的类型。

（1）行为开始于不久之前，展开在说话时刻，延续到说话时刻之后。这是未完成体动词现在时形式具体过程意义比较普遍的、习以为常的类型，例如：

① Постоим немного, подождем Никиту с Иваном. Вот они *идут*.（А. Андреев）

② Что это вы цветы *перебираете*, Валентина Георгивна?（С. Антонов）

这类具体过程意义与未完成体动词的恒常持续意义没有截然的界线，区别在于动词行为过程的时间跨度。时间跨度愈大，愈接近恒常持续意义。两者之间存在一个过渡区域，这个区域里的很多用例都具有临界的性质，难以确切地划定归属：

③ Да, Марк, я должна тебя предупредить, маленькую комнату я *сдаю*. Так что если ты останешься ночевать, то здесь, у меня.（В. Пановa）

④ *Выписываю* «Пчеловодство», читаю.（А. Тклченко）

（2）行为开始于不久之前，终止在临近说话的时刻，例如：

⑤ Тебя, Толгонай, *вызывает* начальник какой-то из района. Приказал, чтобы ты явилась в контору.（Ч. Айтматов）

⑥ В лагере грянул выстрел и гулким эхом рассыпался по увалу. —

Во! Слышите? Это он сигнал *подает*… Бежим скорее.（Н. Дубов）

例句中的 приказал，грянул 表明 вызывает，подает 传达的行为过程终止在说话时刻前，但是说话人感受行为、作出反应的时间却与说话时刻相一致，动词因而仍用现在时。言语动词常常用来表达这种色彩的具体过程意义：

⑦ Слова устроены из звуков человеческой речи! … — Вот! Теперь *отвечаете* правильно.（А. Дусавицкий）

⑧ Все，что *рассказываете*，чрезвычайно интересно.（А. Шукин）

⑨ — Он как будто и красавец，а у него дурная болезнь была… — Неужели? А зачем ты мне это *говоришь*? Я же за Симакова замуж не собираюсь.（П. Нилин）

在具体的表述里，一些非言语动词常常用在言语动词的位置上，语用功能相当于言语动词。这些动词也可以用来表达这种具体过程意义，例如：

⑩ Полно，любезный，ты уж на него слишком *нападаешь*，— возразил Бондаренский… — ты очень *ошибаешься* насчет нашего амфитриона… он вовсе не так глуп，как думаешь.（Н. Григорьев）

句中的 нападаешь，ошибаешься 的语用功能和体时意义与例⑦⑧⑨中的 отвечаете，рассказываете，говоришь 是相同的。

就时间意义而言，行为发生时刻距离说话时刻愈远，动词未完成体现在时的这种用法愈靠近历史现在时，二者之间同样也没有截然的界限：

⑪ — Это она кричала? — Она… а они ее и потащили… боюсь я! — Чего же она *кричит*?（М. Горький）

⑫ Старик остался на темном дворе распрягать лошадь，а я пошла за женщиной в дом. — Вы откуда *едете*? — спросила она меня，когда мы вошли в комнату.（А. Голубева）

（3）行为紧接在说话时刻后，例如：

⑬ — Алена，мне очень нужно，чтобы ты поехала сейчас ко мне. Понимаешь，очень. — Хорошо，я *одеваюсь*.（О. Михайлов）

⑭ — Слушаю. Нет，это Нечаенко. Здесь. *Передаю*，— он протянул трубку Журавлеву.（Б. Горбатов）

⑮ — Я *оставляю* тебе семь рублей，— Борис вынул из кармана и отсчитал семь рублей，— на десять обедов.（А. Рыбаков）

⑯ Слушаю... Что? Не болтай глупостей! Надо было подальше держать пистолет. Сейчас приду. *Вызываю* врача.（Он же）

Одеваюсь，передаю，оставляю 和 вызываю 表达的行为虽然在说话时刻可能尚未开始,但是主体这时已经在行动上处于积极的准备状态。恰如汽车虽然尚未启动,但是发动机已经点火一样。因而这些动词仍然没有超出未完成体具体过程意义的范围。它们不能用完成体将来时形式取而代之。

行为发生时刻距离说话时刻愈远,动词未完成体现在时的这种意义色彩愈接近拟定行为现在时:

⑰ С Марией Якушевой и с Баздыревой она при прощании расцеловалась — Жалко，что *уезжаете*.（П. Нилин）

⑱ Вошел Данилов. Извинившись，сообщил，что сейчас будут прицеплять паровоз.— Что? — спросил доктор. — Уже? Значит *едем*，Сонечка... Данилов вышел，чтобы не мешать супругам проститься.（В. Панова）

我们知道,未完成体动词的命令式,不定式和假定式形式可以用来祈使对方立即着手进行某一行为,如 Записывайте! Что же вы! Вставать! Передай，*чтобы* немедленно *отправлялись* в райком. 未完成体动词现在时形式也可以用在祈使紧接在说话时刻后立即着手进行某一行为的语境里。首先请看第一人称复数形式表达共同行为的例句:

⑲ Звонок! *Бежим* и класс，а на большой перемене я тебе расскажу，как мы будем учиться по-новому. Согласен?（И. Ликстанов）

⑳ Я сейчас побегу，потому что дождь никогда не перестанет. *Идем* вместе，хорошо?（Он же）

㉑ Стон，ребята! *Разбиваем* лагерь.（Н. Дубов）

例⑲⑳的 бежим，идем 连同相应的祈使语调通常被看做第一人称命令式的一种形式;例㉑的 разбиваем 与 бежим，идем 的作用相同。再来看第三人称命令式的例子:

㉒ Давай，пассажирка，стучать. Пускай хозяева гостей *принимают*.（А. Голубева）

㉓ Он в коридоре ждет. Это Шукин. Мужик в одном доме со

Школьниковым живет. — Пусть *заходит*. (В. Чванов)

㉔ Я бригадир возчиков из колхоза «Новый путь» Курепова, Ольга. Пускай начальник справку *пишет*. Завтра домой едем. (С. Антонов)

一般较少使用未完成体动词现在时第二人称形式直呼谈话对方紧接在说话时刻后立即着手进行某一行为，但是这种祈使意义往往可以通过间接的方式得到表达：

㉕ *Закрываю*! На обед *закрываю*! Давай, давай, выматывайтесь. (А. Саломатов)

㉖ Проводник прошел по вагону, хмуро бормоча: — *Отправляемся*, граждане *отправляемся*. (А. Рыбаков)

例㉕ 中重复使用的 закрываю 形式上为陈述式，通报闭店的行为要立即着手进行，实际上表达祈使，功能与催促行为立即着手进行的未完成体命令式（如句中的 выматывайтесь）相同——闭店了！ = 快出去！例㉖ 的 отправляемся 也是通过宣布列车立即开动间接催促送行的人们马上离开车厢。

除了直接或间接地表达祈使外，未完成体动词现在时用来指称紧接在说话时刻后的行为时，还常常可能具有应该（例㉗）、希望（例㉘㉙）、允诺（例㉚㉛）等情态意义：

㉗ [На уроке] Кто следующий *читает* (должен читать)? Мария? (А. Щукин)

㉘ Один рубль пятьдесят копеек. А хлеб вы *берете* (хотите взять)? (Он же)

㉙ Я — за предложение. Кто еще *возражает* (хочет возразить)? (В. Авдеев)

㉚ Имею такого материала две штуки. *Отдаю* (могу отдать) за полцены. (В. Катаев)

㉛ Забирайте меня, товарищ комиссар, если, конечно, вас устраивают мои условия. — Я вас *забираю* (согласен забрать). (В. Панова)

未完成体动词现在时形式在篇章中表达和说话时刻相一致的具体过程时，主要的使用场合是各种类型的引语，引语转述的可能是道出的言辞，也可能是内心的言辞。篇章引语未完成体动词现在时的时间参照点有两个：转述者的说话时刻和引语发出者的说话时刻，这里的“说话时刻”指后者。

（1）最常见的是直接引语：

㉜ — Сонечка，не плачь！— взмолился доктор. — Ну что ты *плачешь*，словно его уже убили！（В. Панова）

㉝ — Человек *умирает*，— грубо сказал Саша，— какое вам еще предписание？（А. Рыбаков）

（2）间接引语也比较常见：

㉞ Дома，лежа на его руке，она снова спросила，что его *тревожит*. Он ответил，что ничего особенного，просто *осложняется* отзыв его на завод.（Он же）

㉟ Наконец проводница объявила，что поезд *отправляется*，и попросила граждан провожающих покинуть вагон.（Он же）

（3）值得注意的是仿直接引语。仿直接引语可以以无连接词复合句的分句形式出现，以独立句子的形式出现，也可以以主从复合句从句的形式出现，未完成体动词现在时可以用在各种形式的仿直接引语中表达和说话时刻相一致的具体过程意义：

a. 在无连接词复合句的分句里：

㊱ Генерал с неподдельным любопытством заглянул ему в глаза снизу вверх：уж не *смеется* ли над ним этот цыган.（А. Калинин）

㊲ Мама，с Леной на руках，подошла к Сереже，одной рукой обняла его голову и прижала к себе；он отстранился：зачем его *обнимает*，когда она хочет уехать без него.（В. Панова）

b. 在独立的句子里：

㊳ Небо и поля плыли назад. *Спит* ли начальник？Данилов отодвинул бесшумную дверь купе，взглянул：начальник спал полураздетый.（В. Панова）

㊴ Варя начала переодеваться. И это тоже раздражало Нину，ведь на ней хорошее платье，может пойти в нем. И как *надевает* чулок！*Вытягивает* ногу，*замирает*，*любуется* собой.（А. Рыбаков）

c. 在主从复合句的从句里：

㊵ Груня Алексея по руке утешала, от боли освобождала, а думала про сына своего, который вот также, может, *валяется*, зубами от боли *скрипит*. (А. Лиханов)

例㊵ 中,валяется, скрипит 充当谓语的从句,一方面,从句法角度来看,是以 который 引导的定语从句;另一方面,从引语的角度来看,是仿直接引言,转述 Груня 的内心言语。仿直接引语的内容多是人物的内心活动,转述道出言辞的仿直接引语没有转述内心言辞的仿直接引语用得广泛:

㊶ На следующее утро ее разбудил телефонный звонок архитектора. Сегодня закрытый просмотр, пусть не приезжает, а *ждет* его звонка. (А. Рыбаков)

未完成体动词现在时形式也用在篇章作者语的主从复合句副句、无连接词复合句分句以及独立的句子里表达具体过程意义。动词现在时在这种情况下的时间参照点不是说话时刻,而是另一个行为时刻。

(1)在主从复合句的副句里,表达具体过程意义的未完成体现在时用得比较普遍:

㊷ «Смотри, пожалуйста, как молодой», — думал Данилов, глядя, как доктор *подсаживает* жену в вагон. (В. Панова)

㊸ Ивану стало не по себе от того, что смена *работает*, а он *находится* здесь, на крыльце своего дома. (Э. Казакевич)

(2)再来看未完成体现在时具体过程意义用在无连接词复合句分句中的例子:

㊹ Дядька закинул голову, открыл рот и мигом вылил туда все, что было в стаканчике. Сережа посмотрел — стаканчик *стоит* на столе пустой. (В. Панова)

㊺ Было не понятно: то ли *собирается* заплакать, то ли *думает* о чем-то своем. (Э. Казакевич)

(3)使用未完成体动词过去时形式表达具体过程意义的独立句子往往紧接在主从复合句的副句之后,在内容上是主从复合句副句的延伸:

㊻ И тут он увидел, как сквозь толпу к нему пробирается тетя груня. В одной руке у нее *белеет* бумажка, другой она *машет* Алексею. (А. Лиханов)

㊼ Он стал смотреть на свои сандалии, засыпанные песком, а видел, как Галя причесывается. В левой руке она *держит* зеркальце, в правой — гребенку, заколки — во рту. (В. Аксенов)

例㊻㊼从形式上看各由两个独立的语法句构成,两个句子在结构上仿佛是平等的。但是就意义而言,后一个句子连同前面的副句构成一个内容整体从属于第一个句子的主句。因而,第二个句子的谓语动词 белеет, машет, держит 也可以和前面从句里的 пробирается, причесывается 一样用未完成体动词的现在时形式而不是过去时形式表达具体过程意义。它们的时间参照是共同的,都是前面的主句谓语动词 увидел, видел 表达的行为发生的时刻。

二

未完成体动词现在时形式可以用来表达主体计划在将来时刻一定进行或确信在将来时刻必然发生的行为,这种用法的现在时通常叫做拟定行为现在时(настоящее время намеченного действия),例如:

① Послезавтра мы *уезжаем* на шахты. (Б. Горбатов)

② Зашел разговор о том, что на следующий день в городском театре *открывается* съезд автономистов, на который со всей Сибири уже съехались в Томск делегаты. (Ю. Стрехин)

拟定行为现在时表达的动作发生在将来,因而可以用将来时形式取代。替换之后,句义基本不变,但是"决计"、"确信"的主观情态色彩因此而丧失。

拟定行为现在时表达的动作虽然发生在将来,但是实施行为的主观意图、决心或对于动作必然发生的主观信念却存在于现在。将来的行为与现实的这种联系淡化了语法形式的现在时意义与情境、上下文的将来时意义构成的反差,因此,拟定行为现在时不具有历史现在时那样鲜明的修辞色彩。

未完成体动词用于拟定行为现在时,表达的主要是计划在说话时刻之后不久将要发生的行为(例①②),但是有时也用来表达很久之后的拟定行为,例如:

③ Ведь нас через шесть месяцев *выпускают*. Слыхали? (А. Рыбаков)

④ Стало быть, решено и подписано! *Беру* летом отпуск, и мы *отправляемся* в Одессу. (В. Катаев)

拟定行为现在时的上述意义不是通常认为的现在时的时间范畴意义,而是未完成体的体范畴意义,因为表达拟定行为的语法形式不局限于未完成体动词的现在时形式,而且包括未完成体动词的过去时形式,请看几个例句:

⑤ Это была последняя узенькая темная улица в городе. Жители ее уже знали, что через месяц их домишки будут снесены и здесь начнется строительство большого завода, но они не жалели свою улицу, потому что *получали* квартиры в новых благоустроенных домах. (Н. Наволочкин)

⑥ Алесь спешил: через час в Союзе писателей *встречались* поэты, и ему, как члену ССП, надлежало быть там. (Из газет)

句中的 получали, встречались 的意思分别是 должны были получить, должны были встречаться.

偶尔甚至可以遇到未完成体动词假定式形式表达拟定行为的用法:

⑦ — Андрюша, а ты меня не обманул, что твой папа уезжает? — Конечно уезжает. И я с ним! — А, теперь уже неинтересно. Вот если *бы* ты не *уезжал*, тогда другое дело. Тогда бы мы сказали Димке, что ты уезжаешь. Он бы поверил, а ты *бы* вовсе не *уезжал*. (Н. Наволочкин)

句中的假定式形式(не)уезжал бы 和陈述式形式 уезжает 都表达同样的拟定行为意义——(不)要走:你爸爸是要走吗? 若是你不真地要走……

既然"拟定行为"意义为现在时、过去时和假定式几种语法形式共有,那么作为语法意义,它只能属于例①—⑦中的 уезжаем, открывается, выпускают, получали, уезжал бы 等动词所共有的未完成体这一语法形式。

拟定行为现在时指称的客观行为通常是一次达到结果的行为(例①②③④),常用的是表达空间位移意义的动词和其他结果动词如 идти, уходить, отправляться, ехать, уезжать, приезжать, лететь, вылетать;

встречать, вызывать, начинать, брать 等;也可以是一次具体行为过程(例⑧⑨⑩),或者重复发生的行为(例⑪):

⑧ — Осталась одна история, вот ее-то я и *сдаю* завтра. — Ладно, сдавайте вашу историю. А в театр мы пойдем в другой раз. (А. Андреев)

⑨ — Аленька, совсем ты меня забыл... А ведь сегодня по телевизору «Спартак» *показывают*. Я к тебе приду, ладно? — Приезжай, папа! (О. Михайлов)

⑩ Могу предложить два билета на «Лебединое озеро» на завтра. *Танцует* Плисецкая. (А. Щукин)

⑪ Честное пионерское, с завтрашего дня *встаю* рано. (В. Панова)

未完成体动词现在时形式表示将来重复行为的用例在报刊的广告话语中经常见到:

⑫ На постоянную работу требуются водители 1—3 класса. Принимаются мужчины ... Заработная плата 450—650 рублей в месяц. Ежегодно *предоставляется* отпуск продолжительностью 45 суток. (Из газет)

⑬ Строительно-монтажный кооператив «Россия» приглашает на постоянную работу плотинков-столяров. Им *оплачивается* проезд к месту работы и обратно. (Из газет)

拟定行为现在时指称的行为在客观上具有不同性质这种情况,在用将来时取代现在时后显示得尤其清楚。例①—④的 уезжаем, открывается, выпускают, беру 和 отправляемся 要换成对应的完成体动词 уедем, откроется, выпустят, возьму 和 отправимся;而例⑧以后的 сдаю, показывают, танцует, встаю 等则应保留未完成体的形式: буду сдавать, будут показывать, будет танцевать, буду вставать 等。

对于例①—④的 уезжаем, открывается 等动词而言,未完成体的形式确实如很多文献认为的那样用于中立意义,只指称行为本身,不表示行为过程以及任何其他体性意义。但是,例⑧⑨⑩⑪中的 сдаю, показывают, танцует, встаю 除了拟定行为意义外,却分明地带有过程意义或重复意义的特点。因此,不加区别地把拟定行为现在时的未完成体意义概括地说成中立意义未必是恰当的。

还有一种未完成体动词现在时形式表达将来行为的用法值得注意。我们知道,依据“经济性”原则,在包含“行为达到结果”的语用预设的表述中,可以略去表达行为结果的、语义较为复杂的完成体形式,用表达概括事实意义的、语义较为单纯的未完成体动词形式取而代之。未完成动词的过去时和不定式形式常常这样使用,例如:

⑭ — Ну, что там у тебя произошло? — С чего ты взяла? — Мне рассказали. — Кто и что тебе *рассказывал*? — Кто рассказывал, не имеет значения. (А. Рыбаков)

⑮ И еще ему хотелось, чтобы эта девочка немного попереживала и раскаялась. Хотя в чем должна Рая *раскаиваться*, Ваня тоже толком не знал. (Н. Наволочкин)

未完成体动词的现在时形式和过去时、不定式形式一样,也可以用在同样的情况下:

⑯ — Нет. Я поеду. Прости меня, пожалуйста! Так надо, честное слово! — Я ведь знаю, зачем ты *едешь*. Шальная голова! (А. Андреев)

⑰ Ты уйдешь. Ничего не поделаешь, уйдешь, конечно. Ну что ж, я не в обиде. Не по воле своей и не по прихоти *уходишь*, судьба такая. (Ч. Айтматов)

⑱ — Сопротивление бесполезно. Дадут ему работать — хорошо. Опять посадят — пусть *сажают*. Будет сидеть. (А. Рыбаков)

⑲ — Не подпишу вашу бумагу. — Не *подписываете*, и отлчно! Очень даже!.. Кто говорит, что таких прав не имеете? (В. Тендряков)

因为上文的 поеду, уйдешь, посадят, подпишу 已经表达了行为达到结果的意义,因而在不是表义重心的主位位置上可以略去完成体将来时形式,使用表达中立意义的未完成体现在时形式。尽管 едешь, уходишь, сажают, подписываете 在这里指称的也是将来时刻发生的行为,但是它们显然与拟定行为现在时不完全是一回事儿。这里使用未完成体现在时的主要制约因素是实际切分。

俄语动词体用例分析

语法规则的运用包括编码和释译两个方面,释译遇到的困难常常不小于编码。本文试图以动词体的使用规则解释阅读原著遇到的疑难,选择的问题有一定的普遍性,期望对于理解言语作品有所裨益。

一

Он [уполномоченный НКВД района Богучаны] вскрыл пакет, надулся, прочитал и каждому [из ссыльных] назначил место жительства. Ивашкин *оставался* в Богучанах, Володя Квачадзе *отправлялся* вниз по Ангаре, остальные вверх. (А. Рыбаков. Дети Арбата)

俄语未完成体动词过去时形式参与表达的基本语法意义不外乎具体过程(конкретно-процессное)、无限次数(неограниченно-кратное)和概括事实(обобщенно-фактическое)三种,但是句中的 оставался, отправлялся 显然与通常理解的任何一种都不相干。

我们知道,未完成体动词现在时形式可以用来表达拟议在将来时刻确定无疑要进行的行为:Завтра я еду в командировку; Через год уезжаю на север. 这类用法的特点是:(1)动词未完成体在这里用中立意义,除了指称行为本身外,不表明它在时间中的任何运动特点和分布特点;(2)句中有将来时的词语标志(завтра, через год);(3)"拟议行为"本身大多是有界限限制的整体行为(еду — поеду, уезжаю — уеду)。

未完成体动词过去时形式也有同样的用法,例如:

① Алесь спешил: через час в Союзе писателей *встречались* поэты, и ему, как члену ССН, надлежало быть там. (Литературная газета)[①]

② Сейчас из приезжих осталось только семья одесского учителя по фамилии Бочей — отец и два мальчика… Но и они сегодня *покидали* дачу. (В. Катаев)[②]

句中的未完成体过去时 оставался, отправлялся 体现在正是这种"拟议行为"。就作者行文时刻而言,它们的时间意义与过去时语法形式的意义是一致的。但是对于 назначил 来说,表达的却是拟议在将来时刻确定无疑要进行的行为,意义相当于 Ивашкин должен был остаться в Богучанах, Володя Квачадзе — отправиться вниз по Ангаре.

再来看另一制约 оставался, отправлялся 体时用法的因素。以这两个动词作谓语的句子揭示 назначил 的具体内容,类似界于直接引语和作者语之间的仿直接引语。一方面保留了原直接引语的动词用体,另一方面采用了作者语应有的动词过去时形式。请看类似的例句:

③ Приказ Глинской вывесили на следующий день после заседания бюро. Саша, как «организатор антипартийных выступлений», *исключался* из института, Рувочкину, Полужан и Поздняковой *объявляли* выговоры, Ковалеву *ставилось* на вид. (А. Рыбаков)

如果用直接引语改写,句中标出的动词都应用现在时形式。

二

Хлебовозчицы держались за ручки, тихо катили некрашеный гроб [хлебовозчицы, погибшей под грузовиком Алексея], и, пересекая черту ворот, каждая смотрела на Алексея. Они *узнавали* его, это было ясно без слов. (А. Лиханов. Повести)

句中 узнавали 给人的第一印象似乎表达具体过程(катили и узнавали),但是这与下文显示的结果意义(это было ясно без слов)却明显地不符。

---

① 例句引自 К. Соколовская, Дифференцирование и единство семантики несовершенного вида (при передаче повторяющихся действий. — Болгарская русистика, 1985, №4, стр. 44.

② 例句引自 М. Шелякин, Категория вида и способы действия русского глагола (Теоретические основы). Таллин, 1983, стр. 80。

原来,这是一个体现分配重复意义的语境。未完成体动词表达主体分配重复的特点是:(1)指称施事的体词用复数,或用单数,但是表达复数意义(каждый, любой),动词的重复行为每次属于不同的施事个体;(2)未完成体动词用于分配重复意义时,所表达的多次行为在时间上是先后发生而不是同时发生的;[①](3)由同类达到结果的行为组成的次第系列,常常给人以特殊的变化过程感觉。请看体现主体分配重复的例句:

① А гости между тем все *прибывали*. (Н. Сизов)

② Но родные *старились*, друзья детства *разлетались* из Чибирака по белому свету, знакомые девчата *выходили* замуж, и только Псел, как всегда, неслышно катил свои волны. (В. Горбатов)

узнавали 连同前面的 смотрели 参与表达的正是这种主体分配重复意义:在 катили 表达的具体时间过程中,送殡的女面包搬运工一个个地走出大门,看了看他,认出他来。如截取其中的一次,要用 посмотрела и узнала 来表示。完全可以用表达总和一体意义的完成体过去时来取代句中的 узнавали,但是"先后认出"的意义随之丧失。

将句中的 узнавали 理解为重复达到结果意义的另外一个根据是,在"认出"这一义项下,它属于表达无意行为的单纯结果动词,诸如 встречать на улице, попадаться, разбивать чашку 之类。[②] 单纯结果动词的未完成体形式,主要用来表示重复达到结果的行为,由于词义方面的原因,一般不能用于具体过程意义。这一特征是判断例③中 узнавали 的重复意义、排除具体过程意义的主要根据:

③ Плавная речь Ирины начинала постепенно раздражать — я *узнавала* этот столичный примитив: рассказывая о других, выпячивать свою значимость, свои связи. (А. Лиханов)

在否定句里,单纯结果动词的未完成体形式可以用来表达行为在持续的时间过程中一直没有发生,这是一种特殊的过程意义,试比较下面两个例句:

④ Вику не *встречал* лет десять. (В. Чванов)

---

① Г. Панова, Выражение повторяемости действия в современном русском языке. Автореферат дисс. на соиск. уч. ст. канд. филол, наук. Л., 1979.

② Ю. Апресян, Глаголы моментального действия и перформативы в русском языке. // Русистика сегодня (Язык: система и ее функционирование). М., 1988.

⑤ Он *стоял* и как-то радостно, удивленно смотрел, будто *не узнавал меня*. (*Ч. Айтматов*)

例④有明确表达持续时间的状语成分;例⑤的 узнавал 与 стоял 并列,表达同时关系:"认出"这一行为在 стоял 的状态持续过程中一直没有发生。

三

Он встретился с похоронной процессией в воротах уже знакомого дома и отступил, прижался к забору. /С тележек *сняли* фанерные будки, в которых эти женщины перевозили хлеб, и две тележки *соединили* между собой. Деревянные ручки с перекладинами торчали в разные стороны, посредине был гроб. (А. Лиханов. Повести)

俄语完成体动词过去时形式因上下文不同,表达两种不同的变体意义:一般过去时意义和结果存在意义,或称完成时意义(перфектное значение)。二者的差别在于:(1)前者表达从一种情状向另一种情状转换的动态的具体事实,后者的表意重点不是情状转换的动态事实本身,而是变化之后出现的结果,或者作为结果呈现的静止状态;(2)就时间意义而言,前者表达从一种情状向另一种情状转变的行为发生时刻,后者的表意重心是结果或结果状态呈现的后来时刻。句中的 встретился, отступил 和 прижался 体现的是一般过去时意义;而 сняли, соединили 体现的则是结果存在意义,表达在后来时刻呈现的作为行为结果的静止状态。

сняли 和 соеднили 的结果存在意义是通过上下文的特征显示出来的。动词表达静止状态的一个典型上下文类型是由前面的叙述和随后的描写两个部分组成的结构,叙述部分包括 видеть, смотреть, заметить, наблюдать 之类动词,描写部分表示呈现在人们眼前的状态。描写部分的谓语动词:(1)通常用未完成体形式(例①②),(2)或句法位置平等的未完成体和完成体的组合形式(例③),(3)有时仅用完成体形式(例④):

① И редактор, и бухалтер почти одновременно посмотрели в угол. / Там, у окна, за столом, *сидела* молоденькая женщина. (В. Авдеев)

② Никита оглянулся. / На огороде *стоял* старый пень. (А. Илатонов)

③ Антон выпрямился, обвел всех взглядом: / Гришаня *навалился* грудью на стол и косо *следил* за Антоном; / Илья Сарафанов *сидел* у окна и *попыхивал* дымком папиросы. (А. Андреев)

④ Она оглянулась на Ваську. / Васька *нагнулась* к топке, кончик льняной косички *упал* в ящик с углем. (В. Панова)

描写部分的完成体动词过去时形式(навалился, нагнулся, упал)用于结果存在意义。

сняли, соединили 恰恰处在这类典型上下文的(2)情形中。“/”前的句子是叙述部分,其中虽无 видеть, смотреть 之类词语,随后的描写部分表示的仍然是呈现在 он 眼前的状态。сняли, соединили 与 торчали, был 句法位置平等,表意功能近似。它们传达的不是与 встретился, отступил, прижался 处于同一时间平面的动态行为,而是在这个时间平面上呈现的结果状态。造成结果状态的行为本身发生在以前的某个时刻。

сняли, соединили 在这里与被动形动词短尾这一表达结果状态的典型形式几乎完全吻合:...С тележек были сняты фанерные будки... и две тележки (были) соединены между собой...

四

Теперь отпали и последние ограничения, живущие в лагере отныне могли не только свободно выходить из него, но даже *переселиться* на частные квартиры. (Ю. Стрехнин)

переселиться 与 выходить 一样,置于 могли 后,处在同等的句法位置上,而且也表达客观世界重复发生的行为,何以用完成体形式?

在俄语中,表达有规律的、经常的重复发生行为时,用体往往不同。前者多用未完成体形式,体现无限次数意义;后者常用完成体形式,表达直观示例意义(наглядно-примерное значение)。完成体动词用直观示例意义传达无规律的或偶尔的重复行为时,常常以将来时和不定式形式出现:

① На асфальтированных, хорошо освещенных улицах нет обычной для города сутолоки. Лишь изредка *пронесется* автомобиль, промчится группа велосипедов и опять тишина. (Т. Семенов)

② А кашу варить вы умеете? — Приходилось. *Сварить, и съесть*. Не велика хитрость. (Ю. Таурин)

句中的 переселиться 与 выходить 表达的行为在重复的程度上有所区别:后者频繁发生,前者不过偶然而已。переселиться 在这里显示的正是直观示例意义。

完成体动词不定式常常依附于 мочь,表达偶尔重复行为,мочь 带有无规律重复意义的限定词语,例如:

③ Знание второй специальности *всегда может пригодиться*. (Из газет)

④ Бумага *иной раз* и солнце *заслонить может*. (Б. Горбатов)

有时,мочь 可能没有表达无规律重复意义的词语限定,这种意义通过上下文的情境显示出来,例如:

⑤ Если кто его не слушался, *мог* запросто *дать* затрещину. (В. Авдеев)

⑥ Каждый мальчишка в клубе *может разжечь* в дождь костер, ориентируется в лесу, каждый хорошо плавает, быстро бегает, метко стреляет. (Из газет)

例⑤的条件从句,例⑥处于并列地位、传达主体性质的未完成体动词谓语,都表明句中不定式的潜在重复性质。

完成体动词不定式与 можно 搭配表达潜在的偶尔重复行为时,句中也可能有重复意义词语(例⑦⑧),或通过情境将重复意义显示出来(例⑨⑩):

⑦ В поликлинике *всегда можно достать* справку о болезни. (В. Авдеев)

⑧ По этой же причине очень *редко можно было услышать* на пленумах и конференциях откровенное, принципиальное выступленис. (Из газет)

⑨ В 6-м классе "А", например, возник кружок "Родники твоего детства". Пионеры сами отыскали и очистили родники. Там теперь *можно отдохнуть*. (Из газет)

⑩ Коляска была для нее предметом одушевленности — с ней *можно и поговорить* в случае чего.（А. Лиханов）

此外,完成体动词不定式还经常与 любить, уметь, привычка, иногда надо, всегда интересно, всегда готов, всегда рад 等搭配起来,参与表达偶尔重复意义。

在例⑪中,若干完成体动词不定式形式,在不依附主导词的情况下,以句法同等成分的方式列举偶尔重复进行的行为:

⑪ Ему поручали в школе все практические дела. Он вел протоколы, принимал членские взносы, подшивал инструкции райкома, составлял отчеты. *Сходить*, *оповестить*, *написать* объявление, *расклеить* плакаты, *достать* красную материю к празднику, *купить* билеты на коллективную вылазку в театр... — вся эта работа ложилась на Максима.（А. Рыбаков）

句中 сходить, оповестить, написать 等传达的无规律的、偶尔的重复行为与 вел, принимал, подшивал, составлял 表示的比较而言有规律的经常重复行为形成鲜明的对照。

五

По вине главного инженера вот уже несколько лет никак *не построят* в специальном железнодорожном тупике пункт слива смолы и лака.（Из газет）

完成体动词的将来时形式和不定式形式,用在否定句、疑问句或有时在肯定句中,表达一次具体行为或多次重复行为时,常常带有附加的“可能性”(在否定句中体现为“不可能性”)情态色彩。[①] 这种变体意义的用例俯拾皆是,句中的可能行为意义并不是我们的兴趣所在。值得注意的是与此相关的另外几个问题:

(1) не построят 在句中与 уже несколько лет 相配合,表达行为在持续的时间过程中不能实现,类似的例句如:

① Столько лет не виделись и, может быть, еще *столько* же *не*

① Русская грамматика. Т. I. М. 1980, стр. 605.

увидятся. (А. Рыбаков)

② Теперь *долго не услышишь* здесь птичьих голосов. И зверь будет сторонкой огибать это место. (А. Авдеев)

(2) построить 不同于 увидеться, услышать, 表达的行为在达到结果前有一个结果因素逐渐积累起来的持续过程,这个过程用对应未完成体动词形式 строить 表达。可以说 долго строили, наконец построили, 但是不能说* долго виделись, наконец увиделись; *долго слышали, наконец услышали. 因此,句中的 не построят 与例①②的 не увидятся, не усышишь,总的来说相同,都参与表达行为在持续的时间过程中不能实现;具体来说不同,后者表示行为在持续的时间过程中不能出现,而前者表示行为在持续的时间过程中可能早已开始,但是不能达到结果。请看类似的例句:

③ *В наше время* — космической электроники, полетов на луну, атомной энергии — мы никак *не изучим* пчелы, чтобы иметь много хорошего меда. (А. Ткаченко)

④ А там, глядишь, пассажирский пароход, а еще хуже — караван! Тяжелый-то, как засядет на перекате, *неделю не снимаешь*. (А. Андреев)

(3) 完成体将来时表达现在经常可能或不可能实现的行为,这种用法我们比较熟悉(Я тебе сколько раз говорил — не буди меня посередине ночи. Я второй раз ни за что *не усну*. — И. Нилин)。但是表达现在一次可能或不可能实现的行为,这种用法往往被忽视。句中的 не построят 显示的正是现在(包括过去一段时间在内)不能实现的一次行为,例③的 не изучим 也是如此。再举两个例子:

⑤ — Что это нынче на тебя нашло? — будила его Маруся. — Никак *не подыму*. (В. Авдеев)

⑥ Просто *не пойму* / понимаю, зачем тревожили старика. (Н. Сизов)

顺便指出,完成体动词表示可能行为意义并不局限于将来时和不定式形式,过去时(例⑦)和假定式(例⑧⑨)也偶尔具有这种意义:

⑦ Плохо мы тебя военному делу учили. Плохо! Целый год учили, *не выучили* / не смогли выучить! (Б. Горбатов)

⑧ Если б ты сделал такое — *простил* / смог простить *бы* себе? (В. Тендряков)

⑨ Унеси в любой дом, пакрой сеном — кто *б* тогда ее [жалкую кучу сорного зерна] *нашел* / смог найти. (Он же)

俄汉体貌范畴对比

汉语棱镜下的俄语未完成体动词概括事实意义[*1]

体是俄语动词的核心语法范畴，它从界限性/非界限性、整体性/非整体性的角度来反映“行为在时间中的运动特点和分配特点”①。体的语法意义通过完成体和未完成体两类相互对立的动词形式来表达。参与表达行为在时间中的运动特点，特别是各种具体体性意义的不仅限于动词体，还有词汇、构词、句法等各种语言层次的手段。以体范畴为中心，包括所有这些语言手段以及它们参与表达的各种体性意义，构成了俄语的体性功能语义场。②

现代汉语有无体的语法范畴？如果回答是肯定的，那么这个范畴的语法意义较之俄语有什么特点？它从什么角度来反映行为在时间中的运动特点和分配特点？体现在二元对立还是多元对立的动词形态（广义形态）系列中？对于这些问题尽管至今尚无学术界公认的意见，但是，行为在时间中的运动特点和分配特点这种客观现实在现代汉语里总是要通过这样或那样的语言手段，从这样或那样的角度得到表达的。因此，和俄语一样，在现代汉语里也必然地客观存在着一个由体性意义与相应语言表达手段构成的体性功能语义场。

本文拟沿着“俄语—汉语”的方向，以俄汉语体性功能语义场作为对比对象。因篇幅所限，对比的范围仅限于体性功能语义场的一个侧

---

* 本文原名《汉语棱镜下的概括事实意义》，曾提交“俄汉语言对比研讨会”（杭州，1991年4月），基本内容笔者曾在拙文《关于俄语动词体教学的几个问题》中作过介绍，见《现代外语》1989年第1期。

① А. М. Пешковский, Русский синтаксис в научном освещении. 7-е изд. М., 1956, стр. 105.

② А. В. Бондарко, Принципы функциональной грамматики и вопросы аспектологии. Л., 1983, стр. 76.

面——概括事实领域。对比的目的以揭示俄语概括事实领域的特征为主，寻求对中国学生进行俄语动词体教学的有效途径。

在实际交际过程中，行为在时间中的运动特点和分配特点并不处处都需要辨别得泾渭分明。有时说话者只须概括地、一般地指出行为本身是否发生就已经达到了交际的目的。至于行为客观具有的时间确定性、一次性或重复性、界限性或过程性、结果是否存在等特征则无关紧要，可以忽略，不必或无法确定地指出。这种概括事实意义在俄语中没有专门的"中间体"的形式与之相应，它的表达由未完成体加上其他手段兼而任之。俄语未完成体过去时参与表达的概括事实意义通常区分为非结果概括事实意义、结果概括事实意义、有限次数意义、结果存在意义、结果取消意义等类型。

我们发现，这些类型的表述，如果按照它们汉语译文的词语标志打乱重分，可以组合为迥然不同的另外一些类型。这些类型在意义色彩上各自具有与汉语标志词语意义相应的性质；分属这些类型的表述在形式上也因而具有彼此不同的特征。

1 与汉语动词+助词"过"所表达的意义对应的类型

汉语助词"过"用在动词后，表示过去曾经有这样的事情，具有一般性，也就是说"V+过"中的动词表示过去所有同类的动作、行为或状态，其次数为 C≥1。用"过"的句子可以指遥远的过去，"动+过"所表示的动作不延续到现在。①

请看相应的俄语例句：

① Вы *говорили* когда-нибудь со своей дочерью об алкоголе? (Из газет) (你曾经和女儿谈过饮酒的事吗?)

② — Вы *влюблялись*? — Я? Да… давно уже, когда был юношей… (М. Горький) (——你爱过谁吗? ——我? 是的……那还是在少年时代，很久以前的事了……)

③ — Ведь ты катаешься? — *Катался* когда-то. (А. Рыбаков)

---

① 孔令达:《关于动态助词"过$_1$"和"过$_2$"》，《中国语文》1986 年第 4 期。关于"动词+'过'"是汉语表达概括事实意义典型格式及对应俄语概括事实意义典型上下文类型参见拙文《俄语动词未完成体表达的概括事实意义》(《外语学刊》1986 年第 4 期)和《动词体的用法》(《俄语教学与研究论丛》第六辑，1988)。

(——你会滑冰吗？——过去滑过。)

④ — Скажите, можно послать Зинаиде Петровне поздравительную телеграмму? Ведь она где-то далеко в экспедиции. — Да, можно. Я *отправлял* ей телеграмму. (——你说可以给吉娜依达·彼得罗夫娜拍个贺电吗？她可是在一个很远的地方搞勘察呀。——是的，可以。我给她拍过电报。)

⑤ Они никогда не *видели*, с кем она пришла, с кем уходит. (А. Рыбаков)(他们从来也没有看见过她同谁一起来，和谁一起去。)

⑥ Таких щей, наверно и американский президент не *едал*. (В. Авдеев)(这样的汤恐怕连美国总统也没有喝过。)

⑦ Я *умолял* ее вернуться. (Е. Падучева)(我恳求过她回来。)

这类句子的概括事实意义最典型，其语义特点几乎与带“过”的汉语表述完全相同：

(1)表达的行为是概括的，非确指的，脱离开具体环境、具体条件的，因而在时间上具有不确定的性质，常常用在带 когда-нибудь(例①)，когда-то(例③)，никогда 等词或在意义上可以加上这类词(例②④⑥⑦)的疑问句、陈述句或否定句中。

(2)行为常常发生在比较久远的过去(例②③等)。

(3)行为的次数是不确定的。在句子“Я *останавливался* в этой гостинице / 我曾经在这家旅馆里住过”中，谓语动词体的语法意义离开特定的上下文，在没有表达次数意义词语修饰的情况下，不能告诉我们，行为进行了一次还是多次。正是这种在行为次数意义上的中立特征，使得 останавливался 对于表达重复意义和一次意义的上下文因素都不加以排斥：Я *останавливался* в этой гостинице много раз / один раз. (我曾经在这家旅馆里住过许多次/一次。)

(4)达到界限(例②④)、未达到界限(例⑦)、没有界限(例③)的客观行为都可以成为用于这类概括事实意义表述的对象。

(5)行为的观察点是说话时刻，不与行为同步。

用于这类概括事实意义的表述在形式上的特征是，其中参与表达概括事实意义的未完成体动词不能用完成体形式取代，一般带语调重音，在句中充当述位。

《80 年语法》把未完成体过去时与 дважды, три раза 之类词语组合表达的有限持续意义全部归入概括事实意义的一个次类。[①] 我们发现，并非所有用于有限次数意义的未完成体过去时都能够译作“动词 + ‘过’”的汉语结构。请对比同样被邦达尔科当做概括事实意义有限次数类型来举例的两个表述：

⑧ Маленькая бутылочка хранилась в глубоком кармане скитского кафтана, и он *прикладывался* к ней еще *раза два*, а потом широко вздохнул, перекрестился, икнул и начал сонно зевать.（Д. Мамин-Сибиряк）[②]（在修士长衫的深口袋里藏着个小瓶子，他用手按了它两下，然后长长地喘一口气，画一下十字，打个饱嗝，接着就懒洋洋地打起哈欠来。）

⑨ За время болезни старосты Артамонов дважды *приходил* к нему.（М. Горький）[③]（在村长生病期间，阿尔塔莫诺夫到他那儿去过两次。）

二者在译文上的不同反映了它们在意义上的差别。例⑨中 приходил 的行为观察点是说话时刻，着眼点集中在行为曾经发生过的事实本身上，参与表达的是概括事实意义。而例⑧的 прикладывался 着眼点与行为同步，不是说话时刻，指称的是在特定时间、特定条件下重复发生的具体行为，参与表达的不是概括事实意义，而是具体重复意义。这可以用简单的试验来加以证明：试将句中表达有限次数的状语 дважды, раза 去掉，例⑨被 дважды 说明的 приходил 仍然要保留未完成体形式不变：за время болезни старосты Артамонов приходил к нему. 但是例⑧的 прикладывался 必须相应地改为完成体形式，与 вздохнул, перекрестился, икнул 和 начал 几个完成体动词排列在一起，表达一连串依次发生的具体行为：…и он приложился к ней еще раз, а потом широко вздохнул, перекрестился, икнул и начал сонно зевать.

《80 年语法》阐述具体过程意义竭力尝试变体（конативная разновидность）部分也有类似的问题。该节例句“— Я объяснял это. — Объя-

---

① Русская грамматика. Т. I. М., 1980, стр. 611.

② А. В. Бондарко, Принципы функциональной грамматики и вопросы аспектологии, Л., 1983, стр. 166.

③ Русская грамматика. Т. I. М., 1980, стр. 612.

снял, да не объяснил. (М. Горький)"[1](——这我解释过。——解释过,可没有解释清楚)中的两个 объяснял 表达的都是概括事实意义,行为的观察点是说话时刻,不是行为发生时刻。帕杜切娃将此例作非结果概括事实意义解释。[2] 试比较:

⑩ Потом все вместе вспоминали, кто же он такой этот жених… Вспоминали, вспоминали, так и не вспомнили. (В. Семини) (然后大家一起回忆,这个未婚夫究竟是什么人……大家想了又想,怎么也没想起来。)

这里的 вспоминали 表达在特定时间、条件下发生的具体行为过程,观察点与行为同步,因而不能译作汉语的"动词 + '过'"。显然,属于具体过程意义竭力尝试变体的只是后者,而不是前者。

当未完成体过去时表达的恒常持续行为的观察点不与行为同步,而与说话时刻或另一行为时刻相一致时,表述中体现的也是概括事实意义,试比较下列例句:

⑪ Бойцы сидели и лежали на молодой траве, разглядывали внушительное здание чека, в котором когда-то *помещался* губернский суд. (Ю. Стрехнин) (战士们在嫩绿的草地上坐着,有的索性躺下,他们仔细地端详着肃反委员会那座庞然的建筑,这里曾经作过省法院的办公楼。)

⑫ Столярная мастерская помещалась рядом с новым, еще не отстроенным цехом. Вокруг нее были навалены бревна, брусья, доски. (А. Андреев) (木工作坊和还没有竣工的新车间紧挨着,作坊的周围堆满了圆木、方子和木板。)

动词 помещаться 虽然在两例中都用过去时形式,但是意义有所不同。例⑪中,помещался 的观察点与 сидели, лежали, разглядывали 共时,表达的是距此比较久远的过去的持续状态,在意义上与汉语带"过"的结构相当。而例⑫的 помещалась 却不然,其观察点与该状态的呈现时间(= были навалены 表达的时间)同步,不能译作带助词"过"的汉语结构。

---

① Русская грамматика. Т. I. М., 1980, стр. 606.

② Е. В. Падучева, Семантика вида и точка отсчета. М., 1986, №5. стр. 45.

2 与汉语动词＋助词组合“过了”所表达的意义对应的类型

汉语的助词组合“过了”表示某一具体的动作完毕。用于这种意义的“过”与表示行为达到界限[①]的动态助词“了”在语法意义上有共同之处，因此有时可以用后者代替前者。吃过饭了/吃了饭了。表示“完毕”的“过”和表示“曾经”的“过”相像而不相同，后者的否定形式可以用“过”：吃过小米/没吃过小米；前者的否定形式不能用“过”：吃过饭了/还没吃呢。[②]

意义相似的俄语句子如：

⑬ Спасибо, чай попью, а есть не хочу, *завтракал*. (А. Рыбаков)（谢谢，喝点儿茶吧，饭不想吃了。我吃过早饭了。）

⑭ — Советую вам попросить его остаться. — Да, я уже *просил*. (М. Шелякин)（——我建议你请求他留下来。——是的，我已经请求过了。）

⑮ — Рыб *кормил*? — *Давал*. Не жрут, подлые. (И. Штемлес)（——喂过鱼了吗？——给过食了。都不吃，可恶得很。）

⑯ Надо полить цветы, или ты их уже *поливал*?（应该浇一下花儿，或者你已经浇过了？）

⑰ Помните, я дал вам прочитать свою статью? Вы *читали* ее?（还记得吗？我把我的文章给了你，请你读一读，你读过了吗？）

参与表达概括事实意义的未完成体动词过去时形式在这类句子里表达的不是概括的、非确指的行为，而是在特定情境里照例应该进行的行为（例⑮⑯），预期的行为（例⑰）；不是次数不确定的行为，而大多是一次的行为，常常在需要询问事情是否已经干过，以便决定有没有必要干这件事（⑮⑯），或指出事情已经干过，说明没有必要再干这件事（⑬⑭）的情况下使用这类句子，试比较：我已早吃过了，不必让（老舍）。[③] 这类句子不能用来表达发生在遥远过去的行为，只表示不久前发生的行为，而且多是客观上达到结果的行为。如果表述脱离开具体上下文，难以判断行为的

---

① 我们认为汉语词尾“了”的语法意义是表明行为、特征受到了质的或量的界限限制，详见另文阐述。

② 吕叔湘主编：《现代汉语八百词》，商务印书馆 1981 年版，第 217 页。

③ 孔令达：《关于动态助词“过$_1$”和“过$_2$”》，《中国语文》1986 年第 4 期。

时间远近时，就会因此而产生歧义：

⑱ Да я знаю, об этом он мне *говорил.* (a. 是的，我知道，他告诉过我；b. 是的，我知道，他告诉过我了。)

用于这类概括事实意义的表述在形式上的特征是：(1)带语气词 уже (⑭⑯)，或可以加上 уже(⑬⑮⑰)；(2)语调重音落在参与表达概括事实意义的谓语动词上；(3)这个谓语动词常常可以用完成体替换。例⑱用于 a 义时，行为发生时间的不确定性强，较久远，不宜用 сказал 替换 говорил，用于 b 义时，替换是允许的。

3 与汉语动词 + 助词"的"所表达的意义大体相应的类型

汉语助词"的"加在某些句子的动词和宾语之间，强调已发生的动作的主语、宾语、时间、地点、方式等，如：老马发的言，我没发言/你在哪儿念的中学/我们按规定作的处理。[1]

⑲ Во второй раз он (аист) тоже вернулся с двумя палками. В болоте *брал.* (К. Воробьев) (第二次它还是衔回了两根树棍儿，在沼泽地里拾到的。)

⑳ Какой ты председатель комитета, ежели не знаешь, что казаки хотят! ... Для этого мы тебя *выбирали*? (М. Шолохов) (连哥萨克想要什么都不知道，你还算什么委员长！……我们难道就是为了这个选的你吗？)

㉑ — А вы художник настоящий. Вы что *кончали*? — Среднюю школу. (И. Шевцов) (——你是一个真正的画家，什么学校毕业的？——中学。)

㉒ Матюшонок работает секретарем парткома завода всего на один день больше, чем Боссерт — директором. Можно сказать, *начинали* вместе. (Из газет) (马久索诺克担任厂党委书记比波谢尔特任厂长只多出一天。可以说是一起开始的。)

用于这类概括事实意义的表述特点与汉语相似；行为结果存在；强调的不是行为本身，而是行为的地点(⑲)、目的(⑳)、客体(㉑)、方式(㉒)、时间等等。在这种情境下可以使用未完成体的原因在于，类似的

---

① 吕叔湘主编：《现代汉语八百词》，商务印书馆 1981 年版，第 139 页。

表述都包含着“行为达到结果”的语用预设。以（Аист）в болоте брал（палки）为例，这里包含两个判断：a.（Аист）взяли（палки）；b.（Палки）брали в болоте. 判断 a 为 b 的预设。说话人（作者）明确“鹳”拾到了“树棍儿”（行为达到了结果）是受话人（读者）的背景信息，这为他依据“经济性”原则，在句中略去表达结果存在意义的、语义较为复杂的完成体过去时形式，而用参与表达概括事实意义的、语义较为单纯的未完成体过去时提供了可能性。这种“经济性”现象常常出现在链式结构句组的接续句中，例如：

㉓ В этой портерной я написал первое любовное письмо Вере. *Писал* карандашом.（А. Чехов）（在这个啤酒馆里我给薇拉写了第一封情书，是用铅笔写的。）

接续句的复指动词（писал 复指 написал）由于：（1）在句中充当主位，不是表义的重心，（2）指称的行为达到结果的意义在起始句里已经表达（написал），在接续句中转为语用预设，因而可以用未完成体形式。писал 在这里不表示行为过程，用于概括事实意义，与被复指的对应完成体动词的功能是等值的。它的作用类似链式结构句组中接续句的复指代词：Потом вышла Тамара. *Она*, должно быть, подкрасила губы и попудрилась（П. Нилин），在静态的词汇体系里，она 的词义外延大于专用名词 Тамара，但是在例句的具体言语条件下，二者的语用功能却是相同的。

在原始句中，表达接续句主位动词行为结果意义的常常不是完成体动词形式，而是显示行为结果的相关名词：

㉔ Алеша открыл рот, чтобы рассказать, что плывет он по делу на ту сторону залива — посмотреть на яблони. Яблони они с отцом *сажали* прошлой осенью.（С. Романовский）（阿辽沙张开嘴巴，他想说他去海湾对岸是有正事的，要看一看苹果树。那些苹果树是他和父亲在去年秋天栽的。）

㉕ Да вы и сами найдете: новая железная крыша. Перед самой войной *крыли*.（В. Катаев）（你自己就能找得到，新铁瓦房盖。是临近战争爆发时上的房盖。）

句中 яблони, крыша 的存在表明 сажали, крыли 指称的是客观上达到结果的行为。

顺便指出，在包含“行为达到结果”的语用预设的表述中略去表达行为结果的语言手段（在俄语中用未完成体取代完成体；在汉语中用助词“的”取代“了”），这种现象在英语里也可以观察到：— He has gone to town. — *Did* he *go* by himself? /——他进城去了——他自己去的吗？；Have you had your lunch? — Yes, I have, thank you. — Where did you have it? — I had it at a restaurant/——你吃了饭了吗？——吃了，谢谢。——在什么地方吃的？——在饭店吃的。[1]这里的一般过去时与现在完成时相呼应，用法酷似俄语表达概括事实意义的未完成体过去时和汉语的助词“的”。

与汉语“动词＋‘的’”意义相应，功能在于强调行为地点、目的、客体、方式、时间等因素的俄语概括事实意义表述在形式上的特点是：（1）参与表达概括事实意义的未完成体动词属于主位部分，表达已知的信息，都可以用完成体取代；（2）语调重音落在充当述位的强调的词上。

以强调主体为特点的俄语表述，只有在下列三种情况下，谓语动词可以用未完成体形式表达概括事实意义：

（1）询问或指出建筑物、电影、戏剧、美术作品的设计师、导演、作者是谁。例如：

㉖ — Кто все это *рисовал*? — Ярослав Андреевич. （И. Шевцов）（——这都是谁画的呀？——雅罗斯拉夫·安得烈耶维奇。）

㉗ Зимний дворец *строил* Растрелли. （М. Шелякин）（冬宫是拉斯特列利建造的。）

（2）询问或指出行为的主体是谁，以便向他了解和行为有关的事情（㉙㉛），提出与行为有关的要求（㉘㉚），或采取与行为有关的行动（㉜）。例如：

㉘ Кто *открывал* дверь? Дай ключ. （是谁开的门？把钥匙给我。）

㉙ Таня, это ты *разбирала* книги в шкафу? Тебе не попадался восьмой том Горького? （О. Рассудова）（达妮亚，柜子里的书是你整理的吗？你看没看见高尔基第八卷？）

㉚ — Закрой окно! — Ну нет, ты *открывал*, ты и закрывай! （В. Гуревич）（——关上窗户！——不，是你开的，你关吧！）

---

① 例句引自张道真：《实用英语语法》，商务印书馆1964年版，第127页。

㉛ — Сколько стоит эта книга? — Не знаю, ее брат *покупал*, спроси у него. (Он же)(——这本书多少钱?——不知道。是哥哥买的,问他吧。)

㉜ Мне кажется, нам надо самим сделать шаг навстречу ребятам, — ведь это они нас *выбирали* в штаб. (Из газет)(我觉得,我们应该主动去满足同学们的要求,因为是他们把我们选进总部的。)

(3)在对行为结果的优劣进行评价时,询问或指出行为的主体是谁。如:

㉝ Кто *проверял* эту статью? В ней замечено много ошибок. (是谁检查的这篇文章?里面有许多错误没有发现。)

㉞ Стол *накрывала* мужская рука — это было ясно видно. (К. Федин)(餐桌是男人摆放的,这很明显看得出来。)

㉟ Что вы на меня рычите, молодцы? Приказ не я *давал*. (А. Андреев)(你们这些英雄好汉朝着我喊什么?命令又不是我下的。)

例㉝用一个句子询问主体是谁,用另一个句子评价行为结果的优劣。例㉞在同一句子里既指出行为主体,又表达了对于行为的评价。例㉟是这类典型上下文的否定形式,指出行为主体不是某人,不必向他评说行为结果的优劣。

(2)(3)两种情况下的未完成体过去时形式不宜用完成体取代。

汉语带助词“的”的结构使用范围比对应的俄语结构广,强调行为主体的俄语表述在某些情境中要求谓语动词必须使用完成体形式,不能用表达概括事实意义的未完成体过去时取而代之,但是这些俄语表述既然是强调行为主体的句式,因而仍然可以译作汉语带“的”的结构。比较典型的情境如“在对行为结果不是论其优劣,而是责其不当时,询问或指出行为主体是谁”,请看例句:

㊱ Кто *открыл* окно? В комнате и без того холодно. (谁打开的窗户?房间里本来就够冷的了。)

尽管如此,例㊱与例㉘㉝等的汉语译文在意义上仍然是有差别的。例㊱可以改写成“谁把窗户打开了”,但是㉘㉝不允许这样改写。一旦这样改写,意义就会向“责行为结果不当”的方向偏移:谁把门打开了?关上!谁把这篇文章检查了?多此一举!

4 与汉语动词＋助词“来着”所表达的意义大体相应的类型

汉语“来着”用在句末，表示曾经发生过什么事情，只用于已经发生的事情，因此没有否定句。用“来着”的句子，谓语动词不能用动结式、动趋式：* 我拿走来着，* 我拿出去来着。句中如无时间状语，用“来着”的句子一般指不久前发生的事。①

请看对应的俄语例句：

㊲ — Вчера у вас было сочинение? — Да, мы *описывали* осенний пейзаж.（——你们昨天是作文课吗？——是的，我们描写秋天的景色来着。）

㊳ Я была у Софьи Александровной. *Помогала* перенести вещи.（А. Рыбаков）（我在索菲娅·阿列克山得罗夫娜那里，帮她搬东西来着。）

㊴ Сегодня утром［накидка］*висела* в шкафу, а сейчас ее нет.（Он же）（今天早晨（披肩）还挂在衣柜里来着，现在却不见了。）

这类过程意义的色彩已经十分明显。有人认为这是处于概括事实意义和过程意义之间的过渡类型。我们认为，既然这类句子中谓语动词的行为观察时刻是说话时刻而不是行为发生时刻，因而表达的仍然是概括事实意义。

通过以上对比，似可作出如下结论：

（1）透过汉语棱镜来观察俄语的概括事实意义，将其小类借助汉语里的语言标志重新加以划分，这有助于我国学生深入理解和掌握俄语概括事实意义的语义特征和用法特征，为俄语动词体在中国学生课堂的教学提供了具有教学法意义的启示。

（2）马斯洛夫在谈及体性语言现象对比研究的发展方向时指出，在进行体范畴的语义分析时，将重心从常体意义向变体意义、变体意义的使用类型乃至更深的层次转移的做法是十分有前途的一种方法②。我们的实践验证了这一论点。

（3）行为观察时不与行为发生时刻同步，而和说话时刻或另一行为

---

① 吕叔湘主编：《现代汉语八百词》，商务印书馆 1981 年版，第 311－312 页。

② Ю. С. Маслов, К основаниям сопоставительной аспектологии. // Вопросы сопоставительной аспектологии. Л., 1978, стр. 39－40.

时刻相一致,这是俄语概括事实意义的一个重要特征。据此应将具有这种特点的用未完成体过去时表达恒常持续行为、竭力尝试行为和有限次数行为的现象与不具有这种特点的用未完成体过去时表达这些类型行为的现象区分开来,并且应该只能将前者划归概括事实意义类型。

(4)汉语的“过”和“来着”的语法意义只相当于行为观察时刻与说话时刻(或另一行为时刻)相一致的俄语未完成体过去时,而不相当于行为观察时刻与行为发生时刻同步的未完成体过去时。换言之,汉语的“过”和“来着”不是通常意义的“过去时”的标志,而是过去时概括事实意义的标志。

(5)在汉语体性功能语义场中存在着一个概括事实领域,参与表达概括事实意义的至少有助词“过”、“的”和“来着”。“过了”表示具体动作完毕,有明确的界限意义,应该从表达概括事实意义的语言手段中排除。

俄汉动词体貌语义类别对比述要*[1]

1 对比的理论框架

动词可以从不同角度划分为性质不同的语义类别，如从与态范畴相关的角度把俄语动词划分为及物动词和不及物动词，以运动的单向／非单向对立为语义参照划分出俄语运动动词，从与题元组合着眼划分出一价、二价、三价等动词。本节的对比研究内容是俄汉两种语言的动词在体范畴方面的词汇意义分类。这是俄汉对比体学的一个重要方面。我们以俄语体学的动词传统语义分类，即马斯洛夫的分类为基础，参考万德勒的英语动词四分法（states 状态动词、activities 活动动词、accomplishments 持续－结果动词、achievements 单纯结果动词），构建俄汉语动词词汇意义的分类对比框架。

体范畴以行为在时间中的延伸特征或分布特征为语义内容，在表达手段上有广义和狭义两种解释。广义体范畴指体貌功能语义范畴（аспектуальность），范畴语义表达在有语法体的语言里，以体的语法形式为主，包括词汇、构词、句法等各种语言层次的手段。狭义体范畴指体的语法范畴（грамматическая категория вида），即由表达体的不同语法意义的语法形式列构成的对立系统。本节的"体范畴"（包括"时范畴"和"序范畴"）用于广义；在需要的地方，以"语义体范畴"和"语法体范畴"来区别广义和狭义。

体范畴俄汉语际对比的预设是划分体与时、序的界线，以便准确地把握研究对象。体、时、序三个范畴都与时间意义相关，它们的区别参数是语言意义，而不是形式手段。因为，首先，俄汉语是属于不同语系的非亲属语言，没有系统的对应形式可言；其次，即使在同一语言中，体、时、序的意义与表达手段也往往不是各自对应，而是犬牙交错的。

---

* 本文原名《俄汉动词语义类别对比述要》，《外语学刊》2000 年第 2 期。

体范畴从说话人的角度反映行为（动作、状态、关系等）在时间中的延伸特征或分布特征。任何行为都有一定的时间跨度，这里的“时间”局限在行为自身内部，与行为在外部时轴上的定位无关。因而体范畴不是指示范畴（дейксис），没有以说话时刻为参照表达行为发生时段（过去、现在或将来）的功能。

说话人根据交际需要选取的表述视角可能是行为的延伸性或非延伸性（即整体性）。在表达行为的延伸特征时，行为的主体伴随着行为在内部时间中的延伸过程；将行为作为整体事实表述时，主体被置于行为的延伸时间之外。具有延伸特征的动词行为可能是无内在界限的静止状态或动态过程，也可能是朝向内在界限发展的动态过程。行为作为整体事实在时间中的分布特征包括一次／多次、有限次／无限次、开始／终止等。延伸行为在内部时间中也有无限延伸／有限延伸、开始／终止等分布方式的区别①（Санкции ООН *доживают* последние дни）。有限延伸的行为一般被看做具有整体性特征的行为。

时范畴（темпоральность）表示行为或情景相对于言语时刻或另外一个时刻的时间定位。这里的“时间”和体范畴的内部时间不同，指的是行为或情景在外部时轴上的相对位置，因而时范畴属于指示范畴。俄语时范畴意义的核心表达手段是时的语法形式，词汇（вчера，теперь）、构词（говаривал）、句法（Ночь тиха）等因素也参与表达时意义。汉语没有语法时范畴，时的语言意义主要借助时间词语（昨天、现在、下个月）表示。有些动词词语在自身语义中包含时间意义，如句子“我以为你不来；我不知道你来了”中的“以为、不知道”包含过去时意义，试比较俄语译文：Я *думал*, что ты не придешь；Я *не знал*, что ты приехал.

在俄语中，体的语法范畴不仅显示在有时间形式的陈述式中，而且体现在没有时间标记的不定式、假定式、命令式中，语法体和语法时因而是各自独立的范畴。汉语的情况则不同，体的语法意义大多和时间意义纠缠在一起，无法将它们分割开。例如，“动词＋了”、“动词＋过”的语法形式，不仅一方面表达整体行为和概括事实意义，而且另一方面表达过去时意义。

俄语未完成体过去时有两种不同的时间意义：叙述过去时意义和概

---

① А. Пешковский, Русский синтаксис в научном освещении. М., 1935, стр. 95.

括事实过去时意义。叙述过去时的行为观察时刻先于说话时刻,与行为发生时间同步,行为观察者身临其境,例如:Маленький будильник *показывал* первый час ночи. 概括事实过去时的行为观察时刻与说话时间吻合,观察者置身事外:Пшеницу то нашу весеннюю углядели. Помнишь ли,*показывал* тебе. 汉语"动词 + 过"的时间意义只相当于俄语的概括事实过去时意义,叙述过去时意义在汉语里借助广义上下文体现,没有专门的语法、词汇表达手段。

序范畴(таксис)表示处在同一时间领域的行为与行为之间的先后、次第、同时等各种时间关系,这种时间关系不以说话时刻为参照。[①] 所谓同一时间领域,指若干行为都同时发生在相对于共同参照时刻的过去、现在或将来。如果一个行为发生在参照时刻前,另一行为发生在这个参照行为后,那么,它们之间的先后关系不是序范畴关系。序概念与相对时间概念不完全等同,因为:(1)序范畴涉及若干行为,反映它们之间的相互关系;而相对时间只针对一个行为而言。例如,在句子 Он чувствовал, что краснеет 中,краснеет 以 чувствовал 为参照,属相对现在时;чувствовал 与 краснеет 的时间形式虽然不同,但却处在同一时间领域中,二者间的序范畴关系是同时关系。(2)若干用动词过去时表达的行为,就说话时刻而言,没有相对时的问题,但是,因为它们处在同一时间领域,彼此间却有同时性的序范畴关系:Мы сидели лицом к лицу, колени наши соприкасались. (Ч. Айтматов)

在没有语法序范畴的语言里,动词体形式的各种组合是表达序意义的主要手段。俄语动词体的重要作用不仅显示在表达独立序(независимый таксис)意义时,而且显示在表达依附序(зависимый таксис)意义中,试比较:*Войдя* в кабинет, Рябинин оглянулся (走进办公室后,列阿比宁回头看了一眼) | *Входя* в кабинет, Рябинин оглянулся(在进办公室的时候,列阿比宁回头看了一眼)。

汉语"动词 + 了(+ 着、+ 过)"的形式可用于表示次要行为,与另外一个主要行为动词连缀起来体现依附序意义,功能相当于俄语副动词,例如:他点着头说;我下了课打电话;你吃过饭再去。"了、过"在这种情况下失去相对于说话时刻的独立时间意义(过去时),与"着"在表达序范

① А. Бондарко, Функциональная грамматика. Л., 1984, стр. 70 – 75.

畴意义上形成对立关系:"动词+了、过+动词"表示行为先后发生;"动词+着+动词"表示行为同时共现。与俄语不同的是,汉语参与表达序范畴意义的,不仅是带"了、着、过"的动词体形式,而且包括不带"了、着、过"的动词的词汇意义:我到莫斯科给你……动词的词汇意义、行为方式和语法体范畴是构成语义体范畴的三个重要方面。本节对比俄汉语动词词汇意义分类的目的在于用具体语言材料说明,不同语言的动词词汇意义在参与表达体范畴意义方面的共性与个性。因而,语法意义不应被作为分类的依据。对于汉语而言,这不会构成困难,因为汉语的语法体范畴是词变范畴,完整体(读了)、持续体(读着)、概括事实体(读过)、短时体(读读)等用同一动词的不同语法形式表示,分类时去掉体标志就可以了。俄语的语法体范畴属于构词范畴,对应的完成体与未完成体不是同一动词的两种语法形式,而是构词上相互区别的两个动词,无法像汉语那样将体的形式标志剥离而得到赤裸动词。因此,对俄语动词进行词汇意义分类的首要问题是,如何处理体的对应词偶。将它们作为整体单位纳入共同的类别中,还是分别把完成体和未完成体纳入不同的类别?我们不赞同帕杜切娃将体的语法意义作为二级标准来划分动词语义次类别的方法,如将 найти 划入单纯结果动词类,находить 划归重复动词类。[①] 既然对偶体动词被一致认为是词汇意义相同、语法意义不同的动词,那么在以词汇意义为标准分类时,就不应将二者分割开来。

2 无界限动词

无界限动词表达不受内在界限限制的行为。行为的内在界限(行为结果)指客观行为自身固有的界限,通常被理解为一个极限点,行为在不可避免地达到这个极限点后穷尽自己,停止下来。无界限动词表达的客观行为没有这种极限点,就其本身的客观性质而言,在理论上是可以无限延长的。延伸行为的不同时间片段具有同质的特征。无界限动词包括状态动词和活动动词。

2.1 状态动词

即静态无界限动词,由恒常属性和恒常关系动词、常时状态和当下状态动词组成。

---

① Е. Падучева, Семантические исследования. М., 1996, стр. 105 – 110.

2.1.1 恒常属性和恒常关系动词

表示事物或现象超越时间度量和具体情景的恒常属性以及它们之间的领属、包容、等同、类似、称名等恒常逻辑关系，俄语动词如：весить（重……），стоить（值……），содержать（包括），отличаться от（区别于），состоять из（由……组成），характеризоваться（以……为特点）；汉语如“符合、等于、好像、具有、缺乏、属、姓”等。

语义的抽象性质决定这类动词不能与表达持续时段、具体时刻、重复次数、地点方位等意义的词语连用，不能说：*Кожа много лет состоит из двух слоев *皮肤多年由两层构成 | *Человек в эту минуту относится к классу млекопитающих *人此刻属于哺乳动物 | 他姓五年王 | 他好几次属龙。俄语恒常属性和恒常关系动词大都是单体未完成体动词，汉语这类动词一般不能加“了、着、过”或通过重叠手段构成体的语法形式，不能与“在”连用表达具体过程意义。

该类俄语动词用过去时表达概括事实意义时，动词的过去时形式和通常情况（Иван спал 伊万睡觉来着）不同，不意味着情景整体的时间定位于过去，而表示行为主体不存在于说话时刻：Пакет содержал ценные документы 的意思不是卷宗里曾经有过一些珍贵的文件，而是遗失的卷宗里有一些珍贵的文件。试比较韦日比茨卡（A. Wierzbicka）的例句 Джон был канадец（约翰是加拿大人），其中的过去时只意味约翰说话时刻已不在人世，不表示约翰此刻不再是加拿大人了。①

有一类表达静止事物恒常空间状态的动词，其抽象的程度较小，因为状态的呈现既是恒常的，又是说话时刻可以具体感知的，它们因而可以用在具体语境中，带表达地点方位的词语：Вдали *поднимается* высокая гора（远方高耸一座大山）。俄语恒常空间状态动词有很多是对偶体动词，未完成体表示状态持续，完成体表示状态出现：По хребту *проходит* граница с польской Силезией | Через десять дней вы услышите, что здесь *пройдет* железная дорога. 我们将这类对偶体动词称之为状态结果动词。在词典中被作为单体状态动词处理的未完成体动词，很多事实上有用于状态出现意义的完成体对应，并与之构成“状态 / 状态出现”对立的体的对应词偶（подниматься / подняться，спускаться / спуститься，уходить /

---

① Е. Падучева, Семантические исследования. М., 1996, стр. 136.

уйти 等)。[1] 有些一般持续－结果动词,在以静止事物名词作主语时,可用未完成体表达恒常空间状态,完成体表达状态出现,试比较:Вход в пещеру *заваливали* камни ｜ Вход в пещеру *завалили* камни. 这些动词兼属状态结果动词。

状态结果动词的完成体除用于具体事实意义,表示状态出现外,还可用于结果存在意义,表示由过去行为结果造成的现实状态。这种结果存在意义涉及恒常空间状态时,实际上是比喻义:给予非生命体以虚拟的行为,把主体的空间形态描写成这一行为造成的结果,从而给表述着上一层形象、生动的修辞色彩。两体都主要用来表示静止事物恒常空间状态的状态结果动词,已经词汇语义化的不仅是未完成体的恒常持续意义,而且包括完成体的结果存在意义。后者不仅在一些词典中被列为独立的义项,而且将其与未完成体的意义等同起来,如:Залечь — быть расположенным;то же что залегать ｜ Пройти — то же что проходить:Туннель прошел(проходит,идет)через главный хребет. [2]

表示静止事物恒常空间状态的汉语动词,如耸立、分布、延伸、埋藏、绵延、悬垂、环绕等,区别于其他恒常属性和恒常关系动词的语法特征是,能够加"着"构成持续体形式:天安门广场上,耸立着一座人民英雄纪念碑。值得注意的是,在汉语的文学语体中,有些本来表示达到内在的动态单纯结果动词(大多为述补式),如:穿过、插入、露出、垂下、堵死等,常常被用来形象地描写静止事物的恒常空间状态,以赋予非生命体假想的动作(国境线穿过村庄｜山峰插入云霄｜别墅从绿树丛中露出｜峡谷被一堆乱石堵死｜一枝红杏出墙来),其语义特征和修辞效果酷似俄语状态结果动词用结果存在意义表达恒常空间状态。试比较:迎面垂下一座悬崖｜ Перед нами нависла скала. 这些动词的语法特征也类似俄语完成体状态结果动词,虽然用来表示恒常静止状态,但却仍然保留着汉语单纯结果动词的语法特征:不能加"着"构成持续体表示行为过程,但是可以加"了"构成完成体表达行为结果。与静止事物名词搭配时,"穿过"等动词与俄语完成体状态结果动词一样,不仅可以用来表达非生命体的空间状

---

① 张家骅:《词汇意义还是语法意义?》,《外语研究》1991 年第 1 期。

② Д. Ушаков, Толковый словарь русского языка. М., стр. 1935 – 1939.

态，而且可以表示运动着的人对于静态客观事物的动态感受。① 试比较：Впереди вдруг поднялись зубчатые стены замка. | 远处突然耸起一座垛口起伏的城堡高墙。

2.1.2 常时状态动词和当下状态动词

前者表示时间跨度较大的状态，多用于恒常持续意义，如描述心理态度与状态的俄语动词：любить，обожать，презирать，уважать，сочувствовать，страдать，знать，помнить，полагать；相应的汉语动词：尊敬、敬重、快乐、同情、崇拜、自豪、蔑视、仇恨等。这些动词，一方面不同于恒常属性和恒常关系动词，可以和持续时段词语连用：Пять лет я любил эту девушку | 几年来我一直崇拜你；另一方面有别于当下状态动词，不与具体时刻词语搭配，可以说 В эту минуту она его ненавидела，但不说 В эту минуту она его любила，因为 ненавидеть 既表达常时状态意义，又表达当下状态意义，而 любить 只用于常时状态意义。句子“他现在很快乐”与“他现在很高兴”不同，前句的“现在”相对于“过去”而言，是持续时段，可指时间长久的近几年，近几个月；后句的“现在”则是“此刻””的意思，指具体的说话时刻。这种意义差别是句子谓语动词语义类别不同造成的，“快乐”属常时状态动词，而“高兴”是当下状态动词。

俄语常时状态动词多是单体未完成体动词。汉语的这类动词通常不能加“着 ”构成持续体，但可以加“了”和持续时段词语表示状态的有限时间持续：“我尊敬你尊敬了半辈子。”

当下状态动词表达呈现在特定具体时段中的状态，常用于具体过程意义。俄语这类动词包括描述空间状态与处所的单体未完成体动词（сидеть，стоять，лежать，висеть，торчать，виться，пребывать，держать）和用于状态结果意义的对偶体一般持续 - 结果动词（поддерживать / поддержать，протягивать / протянуть，опираться / опереться，высовываться / высунуться，наклоняться / наклониться）、表达心理状态的对偶体状态结果动词（обижаться / обидеться，возмущаться / возмутиться，смущаться / смутиться，раскаиваться / раскаяться，радоваться / обрадоваться）；许多施为动词也属于状态结果动词，它们的未完成体现在时第三人

① Чжан Цзяхуа，Об одной трудности употребления видов русских глаголов. — Русский язык за рубежом，1986，№5，стр. 69 – 73.

称可用来构成类施为句(квазиперформативы),由言语主体在受话人不知道言语行为内容的情况下,代替言语行为主体向受话人转致谢意、邀请、建议等,表示持续心理状态。用于这种情景的未完成体动词常常可以用完成体过去时取代,试比较:Директор просит / попросил вас срочно оформить документ(经理请你立刻办理好文件)。

汉语及时状态动词包括:

(1)描述心理状态的动词,如:高兴、惊讶、生气、害怕、满意、失望、放心、不安等。这些动词可以加"了",但由于词汇语义不包含内在的因素,表示的不是行为达到结果,而是状态开始出现,与相应的俄语状态结果动词类似,试比较:Она возмущается / 她在生气 | Она возмутилась / 她生气了。这些汉语动词通常不加"着"构成持续体,但可用在"动词+了+时段短语"的结构中描述状态持续意义:高兴了半天。

(2)施事空间状态动词,如:坐、站、躺、蹲、跪、靠、支、扶等,对应的俄语动词多是单体未完成体状态动词。这些动词可以加"着"或用在"动词+了+时段短语"的结构中表示无限或有限状态持续:站着 / 站了整整一个小时。

(3)受事空间状态动词,如:关、开、停、挂、钉、插、盖、堆等,对应的俄语动词是对偶体一般持续-结果动词。这些动词常加"着"构成持续体作谓语,主语用受事名词充当,表示的是由行为造成的结果状态,试比较:关了门 / 门关着,相当于俄语短尾被动形动词谓语句:门关着 | Дверь (была) закрыта. 用在"动词+了+时段短语"中体现状态有限持续:图书馆开了三天(Библиотека три дня была открыта)。"图书馆开了三天了"与"图书馆开了三天"不同,既可理解为"开馆的状态已经持续三天了"(Библиотека открыта уже три дня),又可以理解为"开馆一事发生在三天之前"(Уже три дня как библиотеку открыли)。存在句"墙上挂着一幅画" / "墙上挂了一幅画"意义基本相同,因为句中的持续体挂着和完整体挂了都用于结果存在意义。

(4)施受事空间状态动词,如:关、开、举、拿、伸、仰、围、指、低、弯等,这些词通常都要与"着"共现,表示的也是由动态行为造成的静止结果状态,试比较:关上门/关着门,举起手/举着手,低下头/低着头。用在"动词+了+时段短语"的结构中可以有两种解释:静止结果状态或动态行为过程,试比较:他关了半天门,不知在房间里做什么 | 他关了半天门,就

是关不上。歧义产生的原因是，谓语动词“关”兼属状态动词与一般持续－结果动词两类。汉语施受事空间状态动词的类别特点与俄语对偶体一般持续－结果动词状态结果用法相似：山岩堵着峡谷的入口｜Скала закрывает вход в долину. 区别在于主体的表达方法，汉语多用活物名词，俄语则以非动物名词较常见。

2.2 活动动词

即动态无界限动词，反映自主或非自主的动态行为过程，区分为：

（1）受语言外部因素制约的活动动词，表示的活动过程在客观世界中原本就没有内在，如：гулять，разговаривать，следить，наблюдать，действовать，плясать，ходить，бегать；плакать，смеяться，дуть，дрожать，дымиться，моросить；散步、聊天、跳舞、跑步；哭、笑、颤抖、冒烟、刮风、下雨等。受语言外部因素制约的活动动词有自主动词，也有非自主动词。

（2）受语言内部因素制约的活动动词，表示的活动过程在客观世界中原本有内在，但是达到界限的意义因素不包含在动词的语义结构中，如：искать，ждать，бороться，гадать；等待、猜测、劝说、追赶、寻找等 。试比较 искать 与 разыскивать，它们的意义尽管都是“寻找”，但是 разыскивать 可用于表示“寻找”的活动达到内在（找到）（Собака разыскивает трость，подходит с ней к хозяину и его калоши нюхает），而 искать 却不能用来替代句中的 разыскивать（Собака ищет трость，подходит с ней к хозяину и его калоши нюхает）；等待、劝说等汉语活动动词的情况类似，它们不同于脱、关、贴等一般持续－结果动词，后者的语义结构中包含达到内在的意义因素，因而既可以加“着”构成持续体表示活动过程，又可以加“了”构成完整体表示达到内在：脱着衣服／脱了衣服。但是，“我劝说了他”却不等于“我说服了他”。受语言内部因素制约的活动动词都是自主活动动词。

根据所指行为过程时间跨度的大小，活动动词像状态动词一样，也可以区分为当下和常时两种：

（1）当下活动动词描述定位于具体时段的特定动态过程，常用于具体过程意义，可以和表达持续时段、当下时刻、重复次数的词语连用。上文列举的活动动词都是当下活动动词。

（2）常时活动动词反映时间跨度较大、脱离具体情景的动态行为过程，多用于恒常持续意义，可以和表达持续时段的词语连用，但不与当下时刻、重复次数词语搭配。属于这类动词的有表示职业活动、社会活动的词：преподавать，воевать，учиться，жить，воровать，питаться；教书、当兵、狩猎、务农、经商、流浪、学习；包含对主体否定评价的习性动词：эксплуатировать，безобразничать，волочиться，бесчинствовать，важничать；剥削、钻营、搜刮、受贿、拖沓、酗酒等。

俄语活动动词大多是单体未完成体动词，当下活动动词一般可以加前缀 по-，за-构成有限持续行为方式和开始行为方式动词：поморосить，заплакать 有完成体动词与其构成语法对应关系的活动动词为数很少，如：заниматься / заняться，двигаться / двинуться，возглавлять/возглавить，обнимать / обнять，прислушиваться / прислушаться 等，它们的未完成体 / 完成体的语法意义关系是行为 / 行为出现关系，试比较：Санька некоторое время прислушивался к шуму дождя，потом спрыгнул с крыльца．（А. Андреев）（萨尼卡先听了一会儿雨声，然后从台阶上跳下来）/Он с неудовольствием приподнялся на локоть и прислушался（стал прислушиваться）．（В. Короленко）（他不愉快地用胳膊肘支起身体，听了起来）。

汉语的自主当下活动动词加“了”表示预期行为兑现了，预期行为指说话人希望发生、事前知道应该发生，或者可能发生的行为：我跑步了。非自主当下活动动词和职业活动动词加“了”表示活动开始：哭了；当兵了。这些动词用在“动词＋了＋时段短语”的结构中，都表示活动有限持续（聊天聊了一小时；哭了半天；流浪了十年）或重复（聊天聊了一学期；哭了一辈子）。当下活动动词可以加“着”构成持续体；常时活动动词与常时状态动词一样，一般不与“着”同现。自主活动动词，尤其是当下自主活动动词，可以通过重叠方式构成短时体，表达受时间界限限制的有意图的活动：学习学习、散散步、等一等。个别非自主活动动词可以重叠并因此获得目的意义：你哭哭吧！

3 界限动词

界限动词表示有内在界限的自主活动和非自主活动，区分为持续－结果动词和单纯结果动词两类。外在界限（时间界限）动词，如 посидеть，простоять，кивнуть；辩论起来，点一下头，读下去等，不包括在我们的语义分类范围之内 。这类动词应该在“行为方式动词”部分研究。

3.1 持续－结果动词

该类动词反映由延伸的过程和达到极限点两个部分构成的行为。自主持续－结果动词包含的这两个意义部分分别是“主体有目的的活动”和“达到目的”。

俄语这类动词组成为数众多、意义关系典型的体的对偶，其中的未完成体动词表示持续过程，完成体表示达到自主的或非自主的结果。持续－结果动词由一般持续－结果动词和尝试动词组成。

3.1.1 一般持续－结果动词

表达的行为在达到结果之前，包含逐渐积累起来的部分结果因素，行为客体经历与主体共时的运动过程，持续行为的不同时间片段具有异质的特征，如俄语动词 построить / строить（建），написать / писать（写），сшить / шить（缝），переписать / переписывать（誊写），проверять / проверить（检查）；汉语动词“关、开、吃、脱、写、读、盖、摘、贴、挂”等。

这类动词在否定句中充当谓语时，如无特殊的上下文，被否定的不是行为结果，而是行为本身，试比较：Письмо я уже написал（信我已经写完了）| Простите，письмо я не написал（请原谅，信我没有写）；你的书我读了 | 你的书我没有读。

俄语未完成体一般持续－结果动词主要用来表达行为过程：Смотри，он устанавливает антенну（你看，他在安天线呢）。用于概括事实意义时，所指行为客观上通常是曾经达到结果的：Окно я открывал（这扇窗户我打开过）。汉语一般持续－结果动词也相应地可以通过加“着”构成持续体或与“在”、“呢”搭配等方式表达过程意义：吃着饭、在脱衣服；加“过”构成概括事实体：这篇文章我看过（“看”在这里也是客观上曾经达到结果的行为）。有些自主一般持续－结果动词由于包含“目的”义素，因而与自主活动动词一样，可以通过重叠方式构成短时体（读读、帮帮、参观参观）表达整体行为，功能类似俄语完成体动词，试比较：我想看看这个电影 / Я хочу посмотреть（*смотреть）этот фильм | 我不想看（*看看）这个电影 / Я не хочу смотреть（*посмотреть）этот фильм. | 你为什么不想看看这个电影呢？/ Почему ты не хочешь посмотреть（*смотреть）этот фильм？

俄语未完成体一般持续－结果动词通常不能加前缀“по-”构成有限持续行为方式动词。

汉语一般持续－结果动词的数量少于俄语，因为很多汉语动词，达到结果的意义不通过加“了”构成完整体表示，而要通过构成动趋式、动结式结果短语动词的方式表示，如拾起来、拔出来、爬进去、跳过去、坐下来、解释明白等等。可以用来构成这种短语动词的补足语素的数量如此之多，仅其中的趋向语素就有 20 多组，[①]以至很难把它们和“了”等同起来，看做完整体的语法标志。我们倾向于把这些语素看做单纯结果行为方式动词的构词标志。

3.1.2 努力尝试动词（conatives）

表达的行为与自主一般持续－结果动词一方面相同，包括“主体有目的活动”（未完成体）和“达到目的”（完成体）两个部分；另一方面，行为在达到结果之前，不包含逐渐积累起来的部分结果因素，行为受事不经历与主体共时的运动过程，持续行为过程的不同时间片段没有明显的异质特征，行为结果是以飞跃的方式呈现的，如：уговорить（说服）/ уговаривать（劝说），дождаться（等到）/ дожидаться（等待），добиться（取得）/ добиваться（争取），настоять（坚持成功）/ настаивать（坚持）。

俄语未完成体努力尝试动词用在一次行为语境中有“为达到目的而竭力”的意义因素（уговаривал ≌ пытался уговорить），未完成体自主一般持续－结果动词不包含这种因素（читал ≠ пытался прочитать）；完成体较之一般持续－结果动词则相应地增加了一层“如愿以偿”的色彩，试比较：（не）уговорил ее ＝（не）удалось уговорить ее /（не）написал письмо ≠（не）удалось написать письмо.

完成体努力尝试动词的语义结构不仅包含“达到目的”的成分 a，而且包含“主体有目的活动”的成分 b，二者的区别表现在交际地位上；b 是预设，a 为陈说，动词加 не 后，被否定的只是 a，不包括 b，уговорил 与 не уговорил 都包含 уговаривал 的意义成分。一般持续－结果动词不具有这一特征，在通常的情况下，не написал 不意味着 писал.

未完成体尝试动词用于概括事实意义时，一般不指客观上达到结果的行为，试比较：Ты сдавал английский язык? / Ты писал маме? 尝试动词 сдавал 在这里用于非结果概括事实意义；一般持续－结果动词 писал 用于结果概括事实意义。

---

① 吕叔湘：《现代汉语八百词》，商务印书馆 1981 年版，第 10 页。

汉语里有与俄语在语法特点上对应的一般持续－结果动词，但不存在对应的努力尝试动词。因为，可以说"关、脱、吃"等动词是通过同一词的不同语法形式来显示过程/结果对立意义的，但是很难说表达过程的劝说、争取等与表达结果的说服、取得等也是同一词的不同语法形式。事实上，后者是在体范畴语义上有对立关系的各自独立的动词。恐怕正是由于上述原因，词典中的俄语一般持续－结果动词常常可以不区分完成体和未完成体，采用同一汉语动词释义，而完成体和未完成体努力尝试动词则往往必须分别用不同的汉语动词诠释，笼而统之会造成误解，试比较《俄汉详解大词典》的两个词条：подытожить ／ подытоживать（及物）总计，结算：～расходы 结算支出；Доярка видимо подытоживала, сколько литров дала вечерняя дойка 女挤奶员显然在结算晚上的挤奶量｜подыскать ／ подыскивать（及物）寻找（适当的，合适的人或物）：～работу 寻找合适的工作；～ квартиру 寻找合适的住房。[①] подытожить ／ подытоживать 属一般持续－结果动词，用"总计，结算"释义可以（在结算，结算着／结算了），但是 подыскать ／ подыскивать 是努力尝试动词，其意义分别是"寻得，找到（适当的）"/"寻找（适当的）"，笼统地释义为"寻找"不妥当。

不应认为上述体范畴语义上有过程/结果对立关系的不同汉语动词和俄语一样，也是语法对偶动词，因而可以一并纳入努力尝试动词类。因为，仅仅在意义上具有过程/结果关系的俄语未完成体动词和完成体动词还不足以构成对偶体动词。判断对偶体俄语动词的标准是：（1）词汇释义相同，因而行为方式动词与生产词（закричать ／ кричать）不构成体对偶；（2）未完成体历史现在时与完成体一般过去时构成同义关系（Он пишет записку и выходит на улицу ＝ Он написал записку и вышел на улицу）；（3）完成体构成法对偶体动词可以用未完成体构成法对偶体释义（благодарить ／ поблагодарить — выражать благодарность ／ выразить благодарность）；（4）未完成体无限次数用法表达与完成体具体事实用法相同的达到结果或状态出现的意义。[②] 汉语的"劝说／说服、争取／取得"等没有上述特点，过程/结果意义因而是它们各自的词汇意

① 黑龙江大学辞书研究所：《俄汉详解大词典》，黑龙江人民出版社 1998 年版。

② Ю. Караулов, Русский язык. Энциклопедия. М., 1997, стр. 65.

义，而不是语法意义，语义分类时应分别对待，将前者纳入活动类，后者划归单纯结果类。

3.2 **单纯结果动词**

选取的体范畴特征仅限于行为达到结果，所指的语言外行为包括：(1)非自主行为，这类行为不是线状的，而是点状的，达到行为结果前不存在主体有目的活动的线状持续过程。意外结果不是逐渐达到的，而是偶然发生的，因而无过程可言；(2)自主行为，结果达到之前客观上存在主体有目的活动的线状持续过程，如 найти 之前的 искать，прийти 之前的 идти，但是，这种过程意义被排除在单纯结果动词的语义结构之外，要用另外的动词符号表达。与此相应，单纯结果动词区分为：(1)非自主单纯结果动词，如俄语动词 разбить/разбивать(случайно)(偶然打破)，получить/получать от кого(收到)，встретить / встречать на улице(在街上遇到)；汉语动词如：牺牲、爆炸、醒、丢、跌跤；(2)自主结果动词，俄语动词如 прийти / приходить(来)，найти / находить(找到)；汉语动词如：完成、抛弃、实现、穿上、捕获、猜中、说服。

俄语单纯结果动词除少量单体完成体动词，如 рухнуть(倒塌)，хлынуть(涌出)，очнуться(恢复知觉)，скончаться(逝世)等外，大多是对偶体动词，但是它们的未完成体与一般持续－结果动词、努力尝试动词不同，不用来描述具体过程，主要表达无限次数意义。Как ты поздно приходишь, Люся(А. Андреев)的意思不是今天一次回来晚，而是经常这样晚。汉语单纯结果动词不能加“着”构成持续体表示具体行为过程，但是可以用“了”进一步加强结果意义的表达。有些汉语单纯结果动词可以加“着”构成持续体或与“在”连用，但表示的也不是一次行为的具体过程，而是同类事件重复发生：手榴弹一颗接一颗地爆炸着；战士们在流血、牺牲，而你却无动于衷！试比较英语单纯结果动词构成进行时形式表达重复行为的现象：I am finding more and more mistakes in your paper(我在你的论文里发现了越来越多的错误)。

非自主单纯结果动词的形成原因来自语言外部，因而这类汉语动词与俄语动词在数量与概念内容上大体相应，区别只表现在个别词的类别归属上，如汉语的“死”不加“着”构成持续体“死着”，一般不与“在”搭配表示具体过程，属于单纯结果动词；但是俄语 умереть 却有对应未完成体 умирать 表示消极过程，不属于单纯结果动词。自主单纯结果动词的情况则不同，形成原因来自语言内部，汉俄语在这方面的差别因而很大。汉语自主单纯结果动词的数量远远超过俄语，原因在于，汉语体的语法形式“动词＋了”的功能与俄语完成体动词的功能不尽相同，虽然也可以用来表示行为达到结果，但覆盖面较小。很多俄语完成体动词表达的行为结果意义不能用汉语“动词＋了”的语法形式表达，而要借助动趋式、动结式短语动词的词汇手段，这些短语动词都具有单纯结果动词的性质。如上文所述，几乎全部俄语努力尝试动词对偶体的语义对立关系都不是汉语“动词＋着”（“在＋动词”）/“动词＋了”的对立关系。俄语一般持续－结果动词对偶体之间的语法关系尽管总体而言类似汉语“动词＋着”（“在＋动词”）/“动词＋了”的对立关系，如：закрывал / закрыл 在关 / 关了，снимал / снял 脱着 / 脱了，但是其中很多完成体的语法意义在汉语里也要使用述补式短语动词的词汇手段表示，如：поднять / 举起来，лечь / 躺下，выйти / 走出去等，或者除了“动词＋了”的语法表达手段外，还有同义的述补式短语动词的词汇表达手段：приготовил / 做了，做好；написал / 写了，写完；запер / 锁了，锁上。

“捕获、猜中、取得、说服”等动结式汉语自主单纯结果动词不同于“站起来、躺下、走出去、穿上”等动趋式单纯结果动词，前者和俄语完成体努力尝试动词的语义结构相同，包含生产词表达的“主体有目的活动”a 和构词标志表达的“达到目的”b 两个部分。a 是预设，从属的交际成分；b 是陈说，主要的交际成分。词重音落在充当构词标志的补足语素上。“捕获/没有捕获”都包含“捕”的意义因素。后者的语义结构类似俄语完成体一般持续－结果动词，没站起来在通常的上下文中不表示“站了，但是没有起来”。词重音落在生产词上。

4 几点结论

通过俄汉语动词词汇语义的分类对比可以发现，在参与表达体范畴意义的途径方面，两种非亲属语言动词词汇意义的类别属性有以下的共同之处：

（1）是构成体的语法形式的先决条件。例如，在俄语中，界限性是动词构成对偶体的关键因素；汉语的恒常属性和恒常关系动词一般不能加“了、着、过”或通过重叠方式构成体的语法形式，受事与施受事空间状态动词不加“过”构成概括事实体，单纯结果动词一般不能加“着”构成持续体。

(2)是制约体的变体意义类型的重要因素。如俄语对偶恒常空间状态动词的完成体常用于结果存在意义,未完成体尝试动词的概括事实用法只表达非结果意义,未完成体单纯结果动词主要用于无限次数意义,不用来体现具体过程。汉语完整体标志"了"与心理状态动词、非自主当下活动动词和很多职业活动动词结合用于状态开始出现意义,和自主当下活动动词共现表示预期行为兑现。持续体标志"着"与施事空间状态动词结合用于一般持续状态意义,和受事、施受事空间状态动词结合描述持续–结果状态,与一般持续–结果动词结合表示具体动态过程等。

(3)左右着行为方式动词的构成。如俄语有限行为方式动词主要以活动动词为生产词,побеспокоиться,посидеть 等的生产词虽然是状态动词,但有目的活动的派生意义十分明显。带前缀"за-"表达"开始 + 持续"的行为方式动词也多以活动动词为生产词(зазвонил телефон = начал звонить и звонит)。汉语带语素"起来"的开始行为方式动词(短语)的生产词既可以是活动动词,也可以是一般持续–结果动词:趴到桌上哭起来;大家动手搬起来。述补式单纯结果行为方式短语动词的生产词以受语言内部因素制约的活动动词和一般持续–结果动词为主(追赶上、洗干净)。

俄汉语动词词汇语义在表达体范畴意义方面的显著区别是,俄语体范畴意义不可或缺的表达手段是体的语法形式,动词词汇意义的类别属性仅限于通过语法体或动词行为方式间接参与;汉语的情况则不同,动词词汇语义在很多情况下是体范畴语义的唯一表达手段。下列俄语例句中完成体动词命令式、不定式、将来时形式表达的体的语法意义在汉语译文中要使用单纯结果行为方式短语动词,而不是动词体的语法形式表达:Встаньте / 请站起来;Прошу выяснить причину / 请你把原因了解清楚;Сейчас сниму его со стены / 我现在就从墙上把它摘下来。

俄汉语动词完成体语法意义的对比研究

1 引言

体的范畴意义从说话人的角度反映行为在时间中的延伸特征或分布特征，区分为质的意义和量的意义两个方面。质的体范畴意义包括：动态/静态、有界限/无界限、结果/过程等意义。量的体范畴意义包括：一次/多次、有限次/无限次、规律性重复/偶尔性重复；有限持续/恒常持续等意义。①

体范畴意义按表达手段有广义和狭义两种解释。广义体范畴指体的功能语义范畴，范畴语义的表达在有语法体的语言里，以体的语法形式为主，包括词汇、构词、句法等各种语言层次的手段。狭义体范畴指体的语法范畴。下文使用“体范畴”时，指体的语法范畴。

只有当上述的某些体的意义，在语言的大多数、甚至是全部动词词汇的范围之内，通过呈对立关系的、同一动词的不同语法形式强制表达时，才宜称之为体的语法范畴。②

俄语动词体是一种“原型”(prototype)体范畴，这个范畴从界限性/非界限性、整体性/非整体性的角度反映行为在时间中的延伸特征或分布特征。③ 其语法意义通过二元对立的动词完成体和未完成体表达。体的语法范畴囊括全部俄语动词，但并非所有动词都构成体的对偶关系。俄语动词完成体和未完成体大都有综合性的形式标志，不存在剥离体形式的赤裸动词，因而选用动词体在俄语中是强制性的。即或是在无需任何体

---

① Ю. Маслов, К основаниям сопоставительной аспектологии. // Вопросы сопоставительной аспектологии. Л., 1978, стр. 10 – 21.

② Ю. Маслов, К основаниям сопоставительной аспектологии. // Вопросы сопоставительной аспектологии. Л., 1978, стр. 24.

③ А. Пешковский, Русский синтаксис в научном освещении. М., 1935, стр. 95.

范畴语义的上下文中,也不得不作出体的抉择。

对汉语中是否存在体的语法范畴,目前倾向于肯定的意见居多。本文采纳较普遍被接受的观点,认为汉语中存在多元对立的体的语法范畴,包括以"$了_1$"[①]为标记的完成体、以"着"为标记的持续体、以"过"为标记的经验体、以动词重叠为标记的短时体和以在动补式短语中嵌入"得、不"为标记的可能体。如上所示,汉语的体形式是分析形式,剥离体形式的光杆儿动词,在适合的上下文里常常可以代行特定体形式的表意功能。体形式的选用在汉语中往往不都是强制的,因而汉语的体可以看做非原型的体范畴。

以"$了_1$"为标记的汉语完成体,不仅主要表示体的语法意义,而且还具有序和时的范畴意义。它们可以用来表示次要行为,与另外一个主要行为动词连缀起来,表示行为先后发生,体现依附序(зависимый таксис)的意义:把衣服穿好了再走。除了这种用法,"动词 + $了_1$"多兼有以说话时刻为参照的过去时意义。

本文以对比俄汉语完成体的语法意义为任务,鉴于汉语动词完成体形式的体、时意义无法分割开来,我们只选取俄语动词的完成体过去时,作为与之对比的形式单位。

2 完成体的常体意义

语法意义可以从语言体系的角度作静止的、概括的描写,也可以从语用的角度作动态的、具体的描写。前者是聚合平面上的常体意义(инвариант),后者是组合系列中语法单位的言语功能,变体意义(варианты)。常体意义是变体意义的抽象,是语言单位在孤立情况下就可以观察到的语法意义;变体意义则是常体意义在生动丰富的使用过程中,在特定的言语上下文类型里有规律的体现。语法结构不仅包括语言单位、语法类别、语法范畴等静止的体系的方面,而且包括语法单位在言语中的运用规律这个动态方面。

本节对比俄汉两种语言各种语义类别动词完成体的语法意义,试图借此寻求汉语完成体常体意义的表述方案。

---

① "了"有两个。"$了_1$"用在动词后,是完成体的标记。"$了_2$"用在句末,表示"当前相关状态"。

俄语动词完成体的常体意义究竟是什么？对这个问题曾经有过各种不同的观点，比较有代表性的是界限说和整体说。这两种观点长期争论不休，目前倾向于把两种观点结合起来：完成体表示受界限限制的整体行为。[①] 关于汉语完成体的常体意义，也存在两种比较有代表性的对立意见："完成"与"实现"。有人把两者结合起来："了$_1$"用在结束性动词后表示完成，用在持续性动词后表示实现。[②] 俄汉两种语言完成体常体意义这种相像的研究历史与现状不是表面现象的偶然巧合，里面包含许多共同的理论问题。

2.1 俄语动词完成体表达的行为受界限限制的意义包括行为达到内在的质的界限意义和行为受外在的量的时间界限限制意义两个方面。

2.1.1 所谓内在界限，指行为内在的终端界限，即某个终端极限点，行为在达到这个极限点后穷尽自己，停止下来。显然，这里的极限点指的就是自主的和非自主的行为结果。表达这种界限意义的俄语动词完成体，都有对偶的未完成体存在。未完成体表示达到结果之前的自主或非自主的行为过程。王力先生图解的完成貌"了$_1$"（与进行貌"着"对立），[③]和吕叔湘、朱德熙说的"了$_1$"表示行为结束，[④]似都指行为达到这个终端极限点。

以这种观点来看，汉语的持续－结果动词（accomplishments）加"了$_1$"表达的就是行为达到内在界限的意义，试比较：

表1

结果	过程
读了/прочитал	（在）读（看）/читать
建了/построил	（在）建（着）/строить
写了/написал	（在）写（着）/писать
洗了/выстирал	（在）洗（着）/стирать
烧了/сжег	（在）烧（着）/сжигать
消融了/растаял	（在）消融（着）/таять

① Русская грамматика. Т. Ⅰ. М., 1980, стр. 583.

② 房玉清：《实用汉语语法》，北京语言学院出版社1992年版，第453－454页。

③ 王　力：《王力文集》第一卷，山东教育出版社1984年版。

④ 吕叔湘、朱德熙：《语法修辞讲话》，中国青年出版社1979年版。

“读了”、“建了”等的语法意义（表1）与词义对应的俄语动词完成体相当。同一个动词在后边加上“着”或在前面加上“在”，表达的就是达到结果之前的行为过程，与对应俄语动词未完成体的语法意义相当。

但是并非所有与俄语持续－结果动词完成体词义对应的汉语动词都既可以附着“了$_1$”表达结果，又可以加上“着”或“在”等表示达到结果之前的行为过程。请看表2：

表2

结果	过程
取得了/добился	（在）争取（着）/добиваться
说服了/уговорил	（在）劝说（着）/уговаривать
议定了/договорились	（在）议（着）/договариваться
赶上了/догнал	（在）追赶（着）/догонять
考取了/поступил	（在）考/поступать

表2结果栏的汉语动词都是述补结构动词，词义本身就表示行为达到结果，在特定句法位置上可以不附着“了”独立使用：考取（了）大学后，他就离开了家乡；很高兴你取得（了）这么大的成绩。在类似的位置上，附着“了$_1$”不是这些动词表达结果意义的必需手段，只是一个补充手段。它们词义对应的俄语完成体动词多是用前缀法构成的广义的结果行为方式动词，前缀的构词意义类似汉语动词中的补语语素。与汉语不同的是，这些完成体结果行为方式动词大多可以借助构体后缀-ива-，-ва-，-а-进而派生词汇意义相同的对偶未完成体，用以表达结果达到之前的行为过程或重复的达到结果的行为。汉语虽然可以用补语语素构成表示行为达到结果的动词或动词短语，但是却不能通过增加语素或其他手段进而派生表达相应过程的动词或动词形式。与述补式结果动词相应的表达过程的是它们的生产词：（在）议（着）/（→议定）、（在）考（着）/（→考取）或其他词：（在）争取（着）/取得、（在）劝说（着）/说服。取得/（在）争取（着）、说服/（在）劝说（着）、议定/（在）议（着）等词偶之间的对立关系与“读了”/“读着”的对立关系不同，后者是同一词的不同语法形式的对立，而前者是不同词的对立。基于上述原因，我们可以说“读了”的语法意义

（相对于"读着"的语法意义而言）是行为达到终端极限点意义，可以说 уговорил 的语法意义（相对于 уговаривать 的语法意义而言）也是行为达到终端极限点的意义，但是不能说"取得了"的语法意义（对于"争取着"的语法意义而言）仍然是行为达到终端极限点的意义。虽然"争取着"与"取得了"就反映的客观行为特征来说确实是向终端极限点的发展过程/终端极限点的关系，但是就语言意义本身而言，"取得"属单纯结果动词（achievement），只与"了$_1$"搭配表示行为结果，不与"着"搭配表示达到结果之前的行为过程。"取得 + 了$_1$"的语法意义只是行为的点状结果意义，而不是相对于"争取 + 着"的行为在经历一段过程后，达到内在界限的意义。

汉语中还有一类表示行为点状结果的动词完成体形式，如"丢了"（手表）、"打了"（杯子）等。它们在意义上与俄语的部分单纯结果动词的完成体对应，后者虽然大都有对偶的未完成体，但未完成体只表达重复发生的单纯结果。试对比：

表 3

结果	重复结果
丢了/потерял	（常）丢/терять
忘了/забыл	（常）忘/забывать
打了（杯子）/разбил（чашку）	（常）打/разбивать
遇见了/встретил	（常）遇见/встречать

这类动词反映的客观行为多是非自主的无意行为，本身不可能有结果之前的持续过程阶段。汉、俄语动词完成体表达的因而都不是达到内在界限的行为，而是点状结果行为。

点状结果行为的终点与起点合并在一起，这是质的内在界限的一种特殊形式。"取得了"、"丢了"等完成体形式的语法意义可以表述为行为局限于点状内在界限的意义。

2.1.2 行为的"外在界限"指动词完成体表达的对无内在界限的持续行为在时间量上加以限制的界限。例如未完成体单体动词 болеть 表示的"疼痛"在理论上是可以无限延长的持续过程，不存在终端极限点。加词缀构成的完成体行为方式动词 за-болеть（开始疼痛）、про-болеть（疼痛若干时间)、от-болеть(停止疼痛)等获得了"开始、有限持续、终止"等时间界限意义,但是这些界限意义反映的不是客观行为自身固有的内在界限特征,而是由于行为外部因素而形成的界限特征。对于这部分完成体动词(大多是单体动词),用"行为达到内在界限"的表述予以概括显然不合适,应代之以比较宽泛的表述方式:完成体表示行为受界限限制。受界限限制的行为在这里不仅指终端界限限制,而且包括局限于起点、终点或者同时受两端界限限制的行为。

在现代汉语里,以"起来"为补语的行为方式动词短语可以表示行为开始,以"完"为补语的行为方式动词短语表示行为终止,用动词重叠(短时体)表示短时持续。"了$_1$"附着在这些结构上参与表达的界限也是起点(喝了起来)、终点(看完了)、包括起止两端在内(坐了坐)的外在界限。以"下去"为补语的行为方式动词短语加上"了$_1$",可以用来表达恢复(重新开始)中断了的行为(他于是又讲了下去),其界限是后继行为的起点。"了$_1$"在"动词+了$_1$+时量宾语"的句式中(开了一天会)也常常参与表达两端同时受外在界限限制的行为(详见下文)。

俄语用完成体表达行为受起点界限限制不局限于单体行为方式动词。有些对偶完成体动词也具有行为的起点界限意义,表示状态开始。它们的对应未完成体表示结果状态持续。汉语"了$_1$"加在特定语义类别的动词或形容词后,也体现开始界限意义:

表4

状态开始	状态持续
明白了/понял	明白/понимать
承认了/признал	承认/признавать
同意了/согласился	同意/соглашаться
高兴了/обрадовался	高兴/радоваться
相信了/поверил	相信/верить
后悔了/раскаялся	后悔/раскаиваться

表4状态持续栏的动词都属于无内在界限的状态动词,这些动词的完成体表达的界限因而都只是外在的状态起点。当然,具有这种语法对立关系的汉语动词并不都相当于俄语的对偶体动词,试比较:

表 5

状态开始	状态持续
知道了/узнал	知道/знать
哭了/заплакал	哭/плакать
当了(领导)/стал(начальником)	当(领导)/быть(начальником)
认识了/познакомились	认识/быть знакомы

"知道"、"哭"、"当"、"认识"可以加"了$_1$"构成完成体形式，但是 узнал 并不是 знать 的对应完成体，而与未完成体 узнавать 构成单纯结果动词的体的对应词偶。Заплакать 是单体开始行为方式动词。стать，познакомиться 只与未完成体 становиться，знакомиться 构成持续－结果动词的体的对应词偶。

2.2 对动词完成体常体意义持"整体说"的人认为，"行为受界限限制"、尤其是"行为达到内在界限"的说法，不足以概括动词完成体的各种用法，对于完成体语法意义的正确表述应该是：完成体表示包括开始、中间、结尾各阶段在内的不可分割的整体行为。正是由于表示整体行为，完成体不能用在表示阶段的助动词 начать（开始）、продолжать（继续）、кончить（结束）的后边：* начать，продолжать，кончить написать эту книгу（*开始、继续、结束写了这本书）。完成体表达的局限于点状结果、起点或终点的行为自然也是不可分割的整体行为。

整体性特征鲜明地体现在汉、俄语持续－结果动词的完成体上。仅仅用"行为达到内在界限"来解释它们的语法意义确实欠妥当。"我上个月读了《安娜·卡列尼娜》"可以说，"*我 8 点 30 分读了《安娜·卡列尼娜》"不能说，为什么？原因就是，"读了"表达的是包括"读"的开始、中间、结尾各阶段在内的整体行为，而不仅仅是"行为达到内在界限"，即达到终端极限点。持续－结果动词因而通常不与点状时间词语连用。"上个月"不是点状时间词语，时间长度足以覆盖"读了"所表达的整体行为，因而句子是可以接受的。"8 点 30 分"是点状时间词语，时间长度不足以覆盖"读了"所表达的整体行为，句子因而是不能接受的。* Я прочитала «Анну Коренину» в восемь тридцать 因为同样的原因是不正确的。若保留点状时间词语，必须用"读完了"更换"读了"：我 8 点 30 分读完了《安娜·卡列尼娜》。"读完"不同于"读了"，属终止行为方式动词短语，附着“了$_1$”表示行为终止。点状时间词语在这里指明行为终止的时刻。

刘勋宁在说明句子“吃了才觉着有点儿香味” 中的“吃了”不表示动作完成而表示动作实现时正确地指出，虽然实现“吃”这件事情会有一个动作的结束点，但该句的着眼点显然不在此。“吃了”在句中表达的恰恰是包括开始、中间、结尾在内的行为整体。[①]

汉语持续－结果动词完成体形式的“整体性”特征比语义对应的俄语动词完成体尤其明显。在特定的上下文条件下，俄语持续－结果动词完成体的表义重心可以从行为整体移到终端极限点上来，但是在同样的条件下，汉语却不可能。试比较：

— Вы все еще *читаете* «Анну Каренину»? — Я уже *прочитал* ее.（——你还在读《安娜·卡列尼娜》吗？——我已经读完了。）

俄语例句的 прочитал 在这里表达的主要不是行为的整体性特征，而是行为达到终端界限（完成）的特征。Прочитал 与 читаете 的对立关系在这里是完成/持续的关系。但是汉语译文的“读完了”显然不宜用“读了”替换。表示行为整体特征的“读了”不能与“在读”构成完成/持续的对立关系。

下列汉语动词加“了$_1$”都表示行为整体，而相应的俄语动词完成体却主要表示行为达到终端界限：

表 6

过程	整体	结果
请求/упрашивать упрашивать/请求	请求了/упрашивал	упросил/求得同意了
了解[②] выяснять выяснять/了解	了解了/выяснял	выяснил/了解清楚
考/сдавать сдавать/考	考了/сдавал	сдал/考过去了
打听/узнавать узнавать/打听	打听了/узнавал	узнал/打听到了
坚持/настаивать настаивать/坚持	坚持了/настаивал	настоял/坚持成功了

① 刘勋宁：《现代汉语词尾“了”的语法意义》，《中国语文》1988 第 5 期。

② “了解”有“知道得清楚”和“调查”两个义项，这里取“调查” 义项。

“请求了”与“（在）请求（着）”、“了解了”与“（在）了解（着）”等的对立关系和 выяснил（了解清楚了）与 выяснять（（在）了解（着））、упросил（求得同意了）与 упрашивать（（在）请求（着））等的对立关系显然不同，前者是整体/持续的对立关系，而后者是结果/持续的对立关系。表2“过程”栏的汉语动词加“$了_1$”表示的也是行为的整体特征。

类似表6的俄语动词，其未完成体由于语言体系方面的原因，缺少表示行为整体意义的对偶完成体手段。表义的空白只能用未完成体填补：了解了（выяснял）。这类汉语动词加“$了_1$”与加“过”（经验体）的意义相近：这个问题我了解了≌这个问题我了解过。区别恐怕只在于前者的预期性和后者的非预期性。

俄语中也有一些对偶体动词，它们的完成体主要用于表达行为的整体特征，而不是达到终端极限点的结果特征，与汉语“动词 + $了_1$”的整体意义因而是一致的：

表7

整　体	过　程
попросил/请求了	просить/（在）请求（着）
посоветовались/商议了	советоваться/（在）商议（着）
объяснил/解释了	объяснять/（在）解释（着）
подумал/想了	думать/（在）想（着）
поздоровался/打了招呼	здороваться/（在）打（着）招呼
проанализировал/分析了	анализировать/（在）分析（着）

попросил 不同于 упросил，只表示“开始说请求的事，说若干时间请求的事，结束了说请求的事”。而后者不仅表示 a.“开始说请求的事，说若干时间请求的事，结束了说请求的事”，而且还表示 b.“受话人满足了说话人的请求”；a 只是 упросил 的预设，b 才是其陈说（ассерция）。否定 попросил（не попросил = 没请求）时，被否定的是包括开始、中间、结尾在内的行为整体；而否定 упросил（не упросил = 没求动）时，被否定的却只是 b，而不包括 a。就像“没求动”只否定“动”，不否定“求”一样。

2.3.1 可以将以上各种汉语动词完成体归纳为两类四种：

(1)表示两端受界限限制的整体行为。

(a)表示包括开始、中间、结尾在内的整体行为,如:读了(表1)、了解了(表6)、请求了(表7)。

(b)表示或参与表示有限持续行为,如:坐了坐、跑了一天。

(2)表示行为局限于点状界限的整体行为。

(c)表示点状结果行为,如:取得了(表2)、丢了(表3)。

(d)表示行为开始,如:唱了起来、讲了下去、明白了(表4)、知道了(表5)。

排除这些种类的个别特征,保留其中的共同特征,可以得出汉语完成体常体意义的表述方案:完成体表示受界限限制的整体行为。这个方案与俄语完成体常体意义的定义貌似重合,实际有所区别。二者的区别至少表现在两个方面:

(1)很多汉语持续-结果动词的完成体形式都只表示整体行为,不表示达到内在界限的行为。而俄语持续-结果动词的完成体既可以在一些上下文中主要体现行为的整体意义,又可以在另外一些上下文中主要体现行为达到内在界限的意义。

(2)汉语由表示行为局限于点状界限的单纯结果动词或短语加“了$_1$”构成的完成体,在数量和使用频率上远远超过俄语单纯结果动词的完成体。因为如上所述,在需要把表义重心从行为的整体性移向终端极限点时,汉语大都要用专门的述补式的单纯结果动词或短语的完成体形式来取代持续-结果动词的完成体形式,而俄语仍然保留持续-结果动词的完成体形式。

把“了$_1$”的语法意义概括为“完成”的欠妥之处是,“读了”、“打听了”等的行为整体意义和“唱了起来”、“讲了下去”等的开始意义难于用“完成”解释。把“坐了坐”、“跑了一天”说成“完成”也很牵强,因为“完成”理应是行为的终端点,而“坐了坐”、“跑了一天”表达的明明是有两个端点的线段。

刘勋宁说,词尾“了”附在动词、形容词以及其他谓词的形式之后,表明该词词义所指处于事实的状态下。我们可以把“了”的语法意义概括为“实现”(《现代汉语词典》:实现,使成为事实),把“了”叫做“实现体”

的标记。[1] 这里的"实现"与"整体行为"意思吻合。《80 年语法》就是用 совершить действие(使行为实现)(科学院词典:совершить — осуществить(实现) — воплотить в действительность(使成为事实))的表述方式来概括表 7 类俄语动词完成体(поздороваться(打招呼)、поблагодарить(感谢)等)的语法意义的,而对为数众多的持续－结果动词完成体的语法意义采用的表述方式则是"使行为达到结果"(довести действие до результата)。

把"了$_1$"的语法意义概括为"实现"较之"结果"更加符合汉语的实际。

俄语动词完成体的常体意义不能依据术语名称望文生义。"完成体"译自俄语术语 совершенный вид,其中的 совершенный 与 совершить(实现)是同根词,совершенный вид 更加确切的中文译名应该是"实现体" 。上文已经显示,"完成"只是俄语动词完成体诸多意义之一,绝非所有意义都可以概括在"完成"之下。

3 完成体的变体意义

俄语动词完成体表达具体事实。因上下文类型不同,完成体的具体事实意义体现为结果存在 、一般过去时、有限持续、可能行为、总和一体、直观示例等各种变体意义。对于完成体的过去时形式而言,基本的体的变体意义有两种:一般过去时意义(аористическое значение)和结果存在意义(перфектное значение)。完成体过去时形式的这两种基本意义和古俄语中动词一般过去时形式、结果存在形式表达的语法意义是一致的。[2]

吕叔湘先生主编的《现代汉语八百词》列举了"动 + 了$_1$ + 宾"的若干具体意义:一般表示动作完成;表示前一动作完成后再发生后一情况,或前一情况是后一情况的假设条件;表示动作从开始到完成的时间长短或次数多少;有些动词后面的"了$_1$"表示动作有了结果等。

本文拟从一般过去时意义、结果存在意义和有限持续意义三个方面对比俄汉语完成体变体意义的异同关系。

---

① 刘勋宁:《现代汉语词尾"了"的语法意义》,《中国语文》1988 第 5 期。

② Русская грамматика. Т. I. М.,стр. 632.

3.1 一般过去时意义

动词完成体一般都包含"开始"的语义因素,其意义可以归纳为"某种状态开始"或"某种活动开始"。例如:заснуть(睡着)= спать(睡觉)的状态开始;одеться(穿上衣服)= быть одет(-а;-о;-ы)(穿着衣服)的状态开始;задуматься = думать(思考)的活动开始;"开了(门)"="开着(门)"的状态开始;"欠了(债)"="欠着(债)"的状态开始;"哭了"="哭着"的活动开始。在具体语句的组合系列里,动词完成体受上下文因素的制约,被凸显出来、扮演主要交际角色的,可能是其语义结构中的"开始"成分,如:他穿了件皮夹克,提起箱子,走了;也可能是随后呈现的"状态"或"活动"成分,如:人家都穿着大衣,他穿了件皮夹克。把动词完成体语义结构中的"开始"成分作为表达重点的变体意义属一般过去时意义;将着眼点从"开始"成分移向随后呈现的"状态"或"活动"成分时的变体意义属结果存在意义。

动词完成体用于一般过去时意义时,表达一种情景向另一种情景转变的一次具体的动态事实。就时间意义而言,着眼的是状态或活动开始出现的时刻,这个时刻对于说话时刻(作者行文时刻)的语法参照点属于过去时。动态事实的观察点与动态事实的发生时刻同步。俄语动词完成体表达一般过去时意义的主要形式是过去时形式(例①),完成体的短尾被动形动词(例②)和副动词形式(例③)也可以用来表达这种意义:

①Федя *повернулся*, *сделал* несколько медленных, нерешительных шагов вниз по улице и *остановился*. (И. Ликстанов)(费佳转过身来,缓慢地,迟疑地沿街往下走了几步,然后停了下来。)

②На третий день кое-как и кое-кем пополненные полки *были брошены* в атаку и снова отхлынули к исходным позициям. (А. Толстой)(第三天,用一些人员勉强补充起来的几个团投入了进攻,但又潮水般地退回到阵地上来。)

③Он бросил папироску на землю, *растоптав* ее двумя слишком сильными ударами ноги. (М. Горький)(他把香烟扔在地上,狠狠地踏了两脚。)

一般过去时表示的过去发生的动态事实与后来的时间(说话时刻或另外的某个时刻)没有联系,常常出现在叙述话语中。霍珀(Hopper)指出,一次体(punctual)或完成体(perfective)和持续体(durative)或未完成体(imperfective)之间的区别具有普遍性,其解释可以从不同的话语功能来考虑。在叙述话语中,前景(foreground)或主要故事情节的编码形式与辅助的或并存的各种背景(background)事件的编码形式是不一样的。完成体小句传递主要故事情节的进展,它们按照行为发生的次序一个个先后相承地出现。而未完成体用于为事件发展的主线索或前景提供背景事件。[①] 请看动词完成体用于一般过去时意义时在叙述话语中表达一连串次第行为的例句:

④〈Саша〉запер комнату,положил ключ на стол,пожевал,стоя,колбасу,разделся и снова улегся в постель.(А. Рыбаков)(萨沙锁上了房间,把钥匙放在桌子上,站着吃了点儿香肠,脱了衣服,躺回被窝里。)

⑤ 陈兵叹口气,穿上衣服和鞋子,去厨房洗了把脸,用一把烂牙刷随便漱了漱口,然后就出了门。(何顿)

在描写一连串次第行为的表述中,汉语动态助词“了$_1$”的使用是非强制的,这与强制使用的俄语动词完成体有显著区别。例①的俄语动词完成体都不能用对应的未完成体更换,但汉语译文除“脱了”外,其他的“了$_1$”都可以略去,没用“了$_1$”的小句,可以加上动态助词“了$_1$”:萨沙锁上房间,把钥匙放在了桌子上,站着吃点儿香肠,脱了衣服,躺回了被窝里。我们知道,有表示连续动作的后续(相邻)小句是促成“了$_1$”自由隐现的一个因素[②],但这里的更加深层的原因是,汉语中存在数量庞大的各种结果行为方式动词或动词短语,它们在特定的上下文条件下,可以不依赖动态助词“了”,独立地表达“完成” 意义句中的“锁上”、“放在”、“吃点儿”、“躺回”就属于这种结果行为方式动词或短语。它们在有表示连续动作的相邻小句的上下文条件下,可以离开“了”,独自表达一次具体的动态事实。“脱”不是结果行为方式动词,在这种上下文中,只能借助动态助词“了”来表达动态事实。

有人正确地指出,汉语“动词 + 了$_1$ + 简单宾语(或数量词语)”的结构语气未完 ,不能独立成句:* 妈妈洗了衣服;* 他等了十分钟。使它们独立成句的一个主要条件是在句末加上表示终结语气的语气助词

---

① 李纳,Sandra A. Thompson,R. McMillan Thompson,《已然体的话语理据:汉语助词“了”》,《功能主义与汉语语法》,北京语言大学出版社 1994 年版,第 117 - 119 页。

② 李兴亚:《试说动态助词“了”的自由隐现》,《中国语文》1989 年第 5 期。

"了$_2$":妈妈洗了衣服了;他等了十分钟了。[①] 为什么"妈妈洗了衣服"不能独立成句,而"妈妈洗了衣服了"却可以独立成句呢?我们认为这是由于"洗了"在两类句子里参与表达的是不同的变体意义的缘故。参与表达一般过去时意义时,句尾不加语气助词"了$_2$",用在叙述一连串次第行为的话语中;参与表达一般持续-结果存在意义时,句尾要加语气助词"了$_2$",经常用在以单个语句就可以完成交际任务的对话中。"了$_2$"与汉语中其他句末助词一样,基本上是一种"会话的"助词。[②] 和例③汉语译文中的小句"〈萨沙〉脱了衣服"一样,"妈妈洗了衣服"之类语句表达的是一般过去时意义,人们通常习惯于在一连串的叙述小句中见到它们,因而有语气未完的感觉:妈妈洗了衣服,穿上外套,锁了门,匆匆往市场走去。而"妈妈洗了衣服了"表达的是一般持续-结果存在意义,人们通常习惯于在对话中单个地见到它们,因而有独立成句的感觉。以俄语完成体动词过去时作谓语的句子既可以用来表达一般过去时意义,又可以表达一般持续-结果存在意义,不需要在语法形式上重新调整,因而没有不单独成句的问题。

3.2 结果存在意义

俄语动词完成体过去时[③]用于结果存在意义时,表意的焦点不是情景转换的动态事实本身,而是情景变化之后产生的结果,或者作为行为结果呈现的静止状态。就时间意义而言,包含两个不同的时间平面:情景转变发生的以往时刻;由这种变化造成的结果或结果状态呈现的后来时刻。表意的重心集中在后来时刻上,过去时刻较之后来时刻处于无足轻重的、陪衬的地位。[④]

表达结果存在意义的完成体过去时的这种特殊时间意义常常借助теперь(而今)、сейчас(现在)等词语更加明确起来,试比较:

① Мама теперь умерла вместе с отцом, а я один живу. (А. Платонов)(如今妈妈和爸爸都去世了,我一个人过活。)

② Она умерла вечером, и после этого всю ночь никто в квартире

---

① 吕文华:《"了"与句子语气的完整及其它》,《语言教学与研究》1983年第3期;

② 李纳,Sandra A. Thompson, R. McMillan Thompson,《已然体的话语理据:汉语助词"了"》,《功能主义与汉语语法》,北京语言大学出版社1994年版,第125页。

③ 俄语动词完成体用于表达结果存在意义的语法形式不局限于过去时,还包括副动词、形动词等形式。这里只涉及过去时形式。

④ Ю. Маслов, Очерки по аспектологии. Л., 1984, стр. 32.

не спал. (А. Саломатов)(她晚上死了,这以后宅里的人一夜都没睡。)

例①的 теперь 表明,句中的 умерла (去世)用于结果存在意义,指示的不是"去世"的状态开始的当初时刻,而是与 живу (过活) 相一致的结果呈现时刻。这个时刻以说话时刻为参照,与说话时刻一致,因而 умерла 的完成体形式在这里有指示语(дейксис)的功能。例②则不然,句中的 вечером (晚上)指的是"死"的状态开始出现的时刻,而不是状态呈现的后来时刻。Умерла 在句中因而用于一般过去时意义,其完成体的语法形式没有指示语的功能。

俄语动词完成体结果存在意义的时间着眼点可能与说话时刻一致(例①),也可能在说话时刻之前(例③),或以后(例④):

③Левый глаз у него вздрагивал и прищуривался, нижняя губа смешно отвисла. (М. Горький) (他左眼微微眯缝着,不住地颤抖着,下唇滑稽地垂了下来。)

④ Завтра он придет домой, и его опять побьют за то, что ушел, не ночевал дома. (Н. Дубов)(明天他回家时又要挨打,因为他出去了,没在家过夜。)

例③отвисла (垂了下来)的结果状态呈现时间就是动词未完成体过去时 вздрагивал, прищуривался (颤抖着,眯缝着)表达的状态、活动时间,例④ушел (出去了)的参照时间是 побьют (打)表达的将来时。

本文将完成体结果存在意义分为两类:一般持续－结果存在意义和事物姿态意义。前者主要用在对话中,后者常见于叙述话语里。

3.2.1 汉语中一般持续－结果存在意义的语法标志通常认为是句尾的语气助词"了$_2$"。"了$_2$"的基本交际功能是表示一种"当前相关状态",也就是说,"了$_2$"表明一个事态跟某个特定的"参照时间"在当前具有特定的联系,因此,汉语"了$_2$" 很容易看做表示已然体的一种成分。[①] 例如:

⑤他去买东西了。

连动式"去买"表达的是一种动态行为,但是在句尾加上"了$_2$"后,谈论的已不是他出去买东西的行为本身,而是他已去买东西这一状态。这

① 李纳, Sandra A. Thompson, R. McMillan Thompson,《已然体的话语理据:汉语助词"了"》,《功能主义与汉语语法》,北京语言大学出版社 1994 年版,第 121 页。

个状态与言语行为参加者的当前相关意义就是“他不在”，受话人如果是打电话找“他”的话，就知道无法与“他”通话。所谓“当前”，其时间参照点可能是现在（例⑤），也可能是过去（例⑥）或将来（例⑦）：

⑥（那天）他去买东西了。

⑦（下个月）他去买东西了。[1]

俄语动词完成体结果存在意义与汉语以句尾语气助词“了$_2$”为标记的“当前相关状态”意义并不完全吻合。相互吻合的部分只限于与当前相关的状态是过去完成行为造成的时候，例如：

⑧ Вы *прочли* роман?（Н. Островский）（你读了那本小说了吗？）

⑨ — Это что у тебя с рукой? — Кислотой *облил*.（А. Голубева）（——你的手怎么啦？——洒上盐酸（了）。）

⑩ Извините, я, кажется, вам *помешала*?（Н. Островский）（请原谅，我大概妨碍你了？）

⑪ — Никого нет... А где же все? — *Ушли* домой.（А. Чехов）（——谁都不在……人呢？——都回家了。）

句⑧询问预期行为是否兑现，⑨指出现在手伤的原因，例⑩说明道歉的理由，例⑪表示人们此刻都在家里。句中的完成体过去时表达的由过去完成的行为造成的结果状态因而都与当前相关。

但是俄语动词完成体过去时结果存在意义只表示过去完成的行为状态与当前相关，而汉语“了$_2$”表示的与当前相关的状态不仅限于由过去结束的事态形成（如例⑧⑨⑩⑪汉语译文），而且包括由将有变化的事态（例⑫）、持续了一段时间但并未结束的事态（例⑬）形成。[2] 用于后两种情况的“了$_2$”与俄语动词完成体过去时的结果存在意义不相吻合：

⑫ 明天代表大会一闭幕我就要走了。（因此我现在要跟你拍一张相片作纪念。）（Завтра после закрытия съезда я сейчас же уезжаю.）

⑬ 我在北京已经住了两年多了。（地址怎么会错呢？）（В Пекине я *живу* уже третий год.）

句⑫⑬的状态与当前的相关性质通过括号中的文字内容体现出来。例句的俄语译文没有表达这种相关性的专门语法标志。

---

① 李纳，Sandra A. Thompson，R. McMillan Thompson，《已然体的话语理据：汉语助词“了”》，《功能主义与汉语语法》，北京语言大学出版社 1994 年版，第 122 – 123 页。

② 吕淑湘主编：《现代汉语八百词（增订本）》，商务印书馆 1999 年版，第 353 页。

“了$_2$”用于表达“现实相关状态”在语法上也不是强制使用的。在交际允许表意有一定的模糊性时，可以与表示动作完成的“了$_1$”替换[①]：

⑭ 破风筝　孩子们比你强，你的那点体已大概穿在肋条上了！

方太太　我是有，是穿在了肋条上！（老舍）

⑮“你昨天下水着凉了”白慧说。

“不是。我夜里没关窗户着了凉。”（冯骥才）

“穿在了肋条上”、“着了凉”与“穿在肋条上了”、“着凉了”表达的意义大体相当。

3.2.2 俄语中有一些称谓事物姿态、形态、位置变化的动词完成体，可以用过去时形式，在静态的描写语境中，表达由过去的行为结果造成的事物空间位置、姿态、形态在后来的时间范围里依然存在。这种结果存在意义类型叫做事物姿态意义。用于事物姿态意义的动词完成体的一个显著特征是，它们大都可以用对偶的未完成体动词替换，与之构成同义关系，例如：

⑯ Непроходимые леса окружили（试比较 окружали）с трех сторон таборы этих людей.（无法通过的森林从三面包围了（着）这些人的营地。）

⑰ Они сидели за столом друг против друга. Артомонов облокотясь，запустив пальцы обеих рук в густую шерсть бороды，женщина，нахмурив брови，опасливо выпрямилась（试比较：выпрямлялась）.（М. Горький）（他们在桌子旁边面对面地坐着，阿尔多莫诺夫用胳臂肘支撑着身体，两手手指插在浓密的胡子里面。女人皱着眉头，提心吊胆地挺直了（着）腰。）

汉语中存在类似的语言现象。有一类动词兼具持续、完成（整体）、状态三种语义特征。[②] 以“穿”为例，这个动词在例⑱中表示持续，例⑲中表示完成（整体），例⑳中表示状态：

⑱ 他一边穿着风衣，一边想着讲演的内容。

⑲ 他放下笔，又穿了一件毛衣。但是依然冷。

⑳ 校长站在台上，穿着一身簇新的西装。

---

① 李兴亚：《试说动态助词“了”的自由隐现》，《中国语文》1989 年第 5 期，第 334 页。

② 马庆株：《时量宾语和动词的类》，《中国语文》1981 年第 2 期。

这类动词加动态助词“了$_1$”不仅可以表示完成(整体),用于一般过去时意义(例⑲),而且可以表示由过去完成的行为造成的事物空间姿态在后来的时间范围里依然存在,用于结果存在意义:

㉑ 校长站在台上,穿了一身簇新的西装。

例⑳与㉑的句义基本相同,其中的“穿了”和“穿着”构成同义的关系。例⑯⑰译文中的“包围了”、“挺直了”也表达事物姿态意义,可以用“包围着”、“挺直着”替换。

应该指出的是,这种在表达事物姿态上两体同义的现象虽然俄、汉语里都存在,但是远非所有这类动词在对方语言里都有等价物对应。一方面,很多汉语动词虽然在表达事物姿态上两体同义,但是对应的俄语动词两体并不同义,例如:草地上躺了几个人 = 草地上躺着几个人,但是 На траве улеглось несколько человек ≠ На траве укладывалось несколько человек. 她身上穿了一件大衣 = 她身上穿着一件大衣,但是 Она оделась в пальто ≠ Она одевается в пальто. 另一方面,很多俄语动词,虽然在表达事物姿态方面两体同义,但是对应的汉语动词两体也并不同义,例如:Ножки беспомощно согнулись = Ножки беспомощно сгибались,但是两条小腿无可奈何地蜷曲着 ≠ * 两条小腿无可奈何地蜷曲了。句中的“蜷曲了”应改为“蜷曲起来”或“蜷曲了起来”。Слева нависла стена горы = Слева нависала стена горы,但是,左侧悬垂着一座峭壁 ≠ * 左侧悬垂了一座峭壁。“悬垂了”宜作“悬垂下来”。与一般持续－结果存在意义不同,动词完成体用于事物空间姿态意义时,主要不是出现在对话中,而是出现在作为事件发展背景的描写话语中:

㉒ Ленька вылез из окопчика. // В двух шагах от него Сучков лежит, ноги раскинул. (В. Некрасов)(连卡从战壕里爬了出来。苏奇科夫在离他两步远的地方躺着,叉开了双腿。)

㉓ Дома музыкант вынул птичку из кармана на свет. // Седой воробей лежал у него в руке: глаза его были закрыты, ножи беспомощно *согнулись*. (А. Платонов)(回到了家,乐师把小鸟从衣袋里掏出来,凑到光亮处。灰色的麻雀躺在他的手上,闭着眼睛,两条小腿无可奈何地蜷曲着。)

㉔ 刘莹放下了电话,来到外面,看见//公司门前挤了好几百号人,都在吵着、骂着。(阿宁)

㉕ 我从我们的写字楼出来，拐进了一条两头通的大弄堂。//这条弄堂贯通了两条大马路。它有着姜黄色沙拉的墙面……（王安忆）

例句符号“//”前的部分都用于传达故事情节的动态发展前景，其中的动词完成体表示一般过去时意义。符号“//”后边的部分展现的则是动态情节发展的静态背景。当然，这里所谓的“静态”是相对于情节在时间纵轴上的动态发展而言，指的是在时轴的某个片段上横向展开的场景，包括状态、活动和过程几种情况。背景与前景的关系如同舞台上的布景与演员的出入场关系。弗里德里希（Friendrich）提出，体（aspect）的系统可以从三类“基本体”进行分析。除了持续体或未完成体、一次体或完成体之外，还有已然体（perfect）。[1] 从话语功能的角度来看，除了在对话中表达当前相关状态之外，已然体还经常用在描写话语中，参与构成动态故事情节的静态背景场面。与未完成体或持续体的不同之处仅在于，它们一方面表达静态场景，另一方面把当前的静态场景与以往的动态事件联系了起来，或者说，把以往的动态事件移入到当前的时间平面，与未完成体或持续体表达的状态、活动与过程并列，构成背景场面。例㉒的раскинул，㉓的согнулись，㉔和㉕中的“挤了”、“贯通了”一方面与句中的лежит，лежал，吵着、骂着、有着共同表达背景场面，另一方面又联系着过去的相关动态事件。

动词完成体表达结果存在意义需要特定的上下文，比较典型的上下文类型是由处所词语 + 动词 + 名词构成的存在句。例如：

㉖（Все так，как было месяц назад.）В шпагатных качалках *свернулись* бесчисленные графики，схемы.（И. Штемлер）（（什么都跟一个月前一样）细绳摇椅上卷放着多得不计其数的图纸、表格。）

㉗（Справа поднимается лесистая Рукова гора，）слева *нависла* почти отвесная стена горы Студничной.（Ю. Демидович）（右侧高耸着森林覆盖的卢柯夫山；左边悬垂着斯图得尼奇内依山近九十度的峭壁。）

㉘ 牌子上画了个支票，（上面写着人民币五十万元整。）（阿宁）

㉙（左边放着一个白底蓝花仿明瓷的大口瓷缸，）里面斜着插了十几轴画。（曹禺）

---

① 李纳，Sandra A. Thompson，R. McMillan Thompson，《已然体的话语理据：汉语助词“了”》，《功能主义与汉语语法》，北京语言大学出版社 1994 年版，第 117 页。

存在句的处所词语充当话题，动词与名词共同承载语句的交际信息，其中的名词是无定的。①

存在句的表达功能主要是描写客观环境、人物的穿着打扮和姿态等，即存在句是说明、描写性的，不是叙述性的。②

因而典型的存在句谓语要用未完成体或持续体存在动词充当，如：Возле кровати больного *сидела* сестра（病人床边坐着一个护士）；桌子上放着一本书。用在这种性质的句子框架里充当谓语的动词完成体于是也获得了表达存在状态的言语功能。关于存在句中的"了$_1$"与"着"的意义相当、可以互换，有很多文献涉及。③

使用动词完成体描写一个新引进的行为客体在特定的空间范围存在时，因交际的要求，有时需指出这个动词的行为主体，例如：

㉚（Над колокольнею церквушки// развевался японский флаг.）А при въезде в деревню// лейтенант *укрепил* столб，поверх которого приколотил доску с надписью…（В. Пикуль）（（小教堂的钟楼顶上飘扬着一面日本国旗。）在村庄的入口处，上士竖了一根杆子，杆子上边钉了一块木板……）

例㉚在形式结构上虽然不属存在句，但交际结构和话语功能与括号内的存在句类似。符号"//"左侧的地点词语充当话题（主位），右侧的主谓结构作为一个整体承载新的交际信息，功能与并列的存在句"//"号右侧的部分相同，是描写，而不是叙述。其中的动词完成体 укрепил 因此用于结果存在意义，表示行为客体 столб（杆子）的空间位置和姿态。整个句义相当于存在句：А при въезде в деревню стоял укрепленный лейтенантом столб с приколоченной поверх него доской с надписью...

类似结构与功能的俄语例句再如：

㉛（В столовой появилась Юлия Константиновна. На ней было черное платье с высоким воротником.）На грудь Юлия Константиновна *приколола* маленькие золотые часики.（А. Голубоева）（（尤莉娅·康斯坦丁诺夫娜来到餐厅。她穿着一件高领的黑色连衣裙，）尤莉娅·康斯

---

① Н. Арутюнова，Предложение и его смысл. М.，1976，стр. 211.

② 刘月华等，《实用现代汉语语法》，外语教学与研究出版社1983年版，第457页。

③ 王 还：《再谈现代汉语词尾"了"的语法意义》，《中国语文》1990年第3期；徐 丹：《汉语里的"在"与"着（著）"》，《中国语文》1992年第6期。

坦丁诺夫娜胸前别了一块小巧玲珑的金表。)

汉语可以通过存在句前加相关名词(如例㉛和例㉚的译文)或使用与俄语结构、语序类似的句式指出造成客体空间姿态的行为主体(例㉜和例㉙的译文):

㉜ 椅腿跟前放着麦当劳的纸杯。不晓得是她自己,还是别人,往里放了一张广告的印刷品。(王安忆)

㉝ 协议书上有黄厂长的手迹,在单位意见那一栏里,黄厂长龙飞凤舞地写了"同意"。(何顿)

3.3 有限持续意义

有限持续意义表达两端受时间界限限制的具体、一次的持续行为,是动词体范畴参与表达的一种量的变体意义。客观世界呈持续伸展的行为既包括无界限的、理论上可以无限延长的静止状态和动态活动,又包括有内在的质的界限、因而不能无限延伸的动态过程。这些持续行为的有限时间片段在语言中通过动词的构词和语义、行为方式动词、动词的周边词语以及句法结构等各种不同语言层面的手段参与表达。在有体的语法范畴的语言中,体是表达有限持续意义的核心手段。这些语言手段,包括不同的体的形式,因语言不同而在表达的方式和内容上有所区别。

在俄语中,有限持续意义常常通过完成体有限持续行为方式动词(глаголы длительно-ограничительного способа действия)(просидеть 坐一段时间、проработать 工作一段时间)、有限行为方式动词(глаголы ограничительного способа действия)(полежать 躺一会儿、погулять 散散步)等和 долго, часа два 一类时间词语搭配起来表达。因而,俄语完成体有限持续意义实质上是若干种类的完成体行为方式动词的词汇语法意义。构成有限持续行为方式动词、有限行为方式动词等的生产词一般只限于无界限的未完成体单体活动动词和状态动词,如非单向运动动词(про*ходить* 行走一段时间、по*бегать* 跑一会儿)、言语动词(про*болтать* 闲聊若干时间、по*беседовать* 谈谈)、空间位置动词(про*стоять* 站若干时间、по*сидеть* 坐一会儿)、存在动词(про*жить* 住若干时间、по*быть* 待一会儿)、心理状态动词(про*любить* 爱若干时间、по*беспокоиться* 不安一阵)等等。有内在界限意义的对偶未完成体动词一般不构成表达时间界限意义的完成体行为方式动词。正是由于这种原因,俄语完成体有限持续意义的表达范围只限于两端受时间界限限制的静止状态和

动态活动(①②),不包括有内在界限的行为过程的时间片段:

① Вода *прокипела* полчаса.(开水沸腾了半个小时。)

② Девочка *пожила* дома еще два дня ,переночевала,а потом ушла на станцию.(А . Платонов)(小姑娘又在家里住了两天,过了夜,然后就离家往车站走去。)

向着内在界限变化的动态过程的有限时间片段,在俄语里只用未完成体表达:

③ Я долго писал диссертацию,но так и не написал ее.(Ю. Маслов)(我写了很长时间学位论文,但是到底也没有写完。)

④ Он 5 минут открывал консервную банку.(他开罐头开了五分钟。)

即或两端受时间界限限制的静止状态和动态活动,用专门的完成体行为方式动词表达也不是强制的。这类行为仍然可以用未完成体表示:Он говорил / проговорил полчаса (他说了半个小时话);Он стоял/постоял там целый час(他在那儿站了整整一个小时)。这里完成体和未完成体两种表达手段的意义差别很小:未完成体强调持续本身;完成体强调持续界限。译成没有体的语言,这种区别未必可以察觉到。[①] 但是,俄语中有很多强制使用完成体的地方,在这些地方,有限持续行为只能用完成体行为方式动词表达,успел *проездить* по Приморью две недели (得以在滨海边区各处走了两个星期),не удалось даже немного *поговорить* с ректором(没能和校长谈上哪怕是一会儿时间) 里的动词完成体 проездить,поговорить 都不能用动词未完成体 ездить,говорить 代替。

在汉语里,参与表达有限持续行为的动词语法形式主要是完成体和短时体。表达这种行为的以完成体作谓语的句式是:动词 + 了$_1$, + 时量宾语(笑了半天)。这个句式在表达持续行为时,还要受到若干条件的制约。

(1)谓语动词词汇意义是表达有限持续行为的重要因素。

马庆株使用(± 持续)、(± 完成)、(± 状态)三对语义特征,将带有时量宾语的动词分为 V_a、V_{b1}、V_{b21}、V_{b22} 四类 。[②] Va 只有“完成”特征,为

① Ю. Маслов, Очерки по аспектологии. Л., 1984, стр. 79.

② 马庆株:《时量宾语和动词的类》,《中国语文》1981 年第 2 期。

非持续动词，其时量宾语只表示动作完成之后经历的时间：

⑤ 才死了两天。

V_{b1}只有“持续”的特征，其时量宾语只表示行为持续的时间：

⑥ 在家里住了三天。

⑦ 哭了半天。

V_{b21}同时具有“持续”、“完成”两种特征，其时量宾语有歧义，既可以表示行为的持续时间⑧，又可以表示行为完成后经过的时间⑨：

⑧ 看了三天就腻了。

⑨ 看了三天就忘了。

V_{b22}同时具有持续、完成、状态三种特征，其时量短语也有歧义，既可以表示行为的持续时间⑩而与⑧相同，又可以表示行为完成后经过的时间⑪而与⑨相同，但这个时间又同时是行为造成的状态持续的时间，因而与⑨不同：

⑩ 关了半天也没关上。

⑪ 才关了一会儿怎么又开了？

归纳起来，含有完成体“动词 + 了$_1$”的汉语句式，只有在排除单纯结果动词作谓语的情况下，才可能表示有限持续意义。用于有限持续意义时，“动词 + 了$_1$ + 时量宾语”既可以表达两端受时间界限限制的静止状态⑥⑪和动态活动⑦，又可以表达有内在界限的行为过程的时间片段⑧⑩。

在参与表达有限状态与活动方面，汉语“动词 + 了$_1$”的体形式与俄语完成体有限持续行为方式动词、有限行为方式动词等功能大体相当，试比较：住了三天 / пожил три дня，哭了半天 / проплакал долго，睡了半小时 / поспал полчаса，张罗了一夜 / прохлопотал всю ночь 等等。它们的作用在于通过体的语法手段加强了时量短语与动词词汇意义表达的时间界限意义。住三天，жил / буду жить три дня，虽然仍保留有限持续意义，但时间界限意义的表达手段只限于时量短语与动词的词汇意义。

可以用“动词 + 了$_1$”的完成体形式参与表达有内在界限的行为过程的时间片段，即行为向着结果点发展的有限过程片段，这是汉语不同于俄语的地方。例⑧⑩里的“看了三天”、“关了半天”译成俄语只能用对偶持续 - 结果动词的未完成体表达：три дня читал，долго запирал（参看例③④）。

例⑪在表达结果状态有限持续时，“关了”的功能类似用于结果存在意义俄语动词完成体被动形动词的短尾形式：Библиотека была закрыта недолго（图书馆关了不长时间）。完成体被动形动词短尾形式用于表达结果状态持续时，持续的时间长度可以用第四格的时间状语表示：

⑫ У нас в Протвино есть старенькая церковь. *Большую часть дня* она закрыта на замок，посетителей мало.（Из газет）（我们普罗特维诺村有一座老教堂，大半天都关着，很少有人去。）

（2）语气助词“了$_2$”可能取消句子的有限持续意义。用在“动词＋了$_1$＋时量宾语”的句式之后，“了$_2$”的“当前相关状态”意义具体化为行为在当前未结束。试比较句⑬与句⑭：

⑬ 我在上海住了三年。

⑭ 我在上海住了三年了。

句⑬不联系现在，含有说话人多半已不在上海的意思，表达的因而是两端受到时间界限限制的持续行为。译成俄语时，“住了”可以用完成体有限持续行为方式动词表达：

⑮ В Шанхае я прожил три года.

句⑭联系现在，含有说话人一定还在上海，并且将住下去的意思[①]表达的因而是终端没有受到时间界限限制的持续行为。这种囊括持续情景的过去直至说话时刻的完成时态（inclusive perfect）在俄语里没有专门的动词语法形式（试比较英语 I have lived here for three years）表示，译成俄语时，句中的“住了”不能用完成体有限持续行为方式动词表达，要用未完成体状态动词的现在时形式表达：

⑯ В Шанхае я живу уже три года.

（3）例⑧的谓词性后续成分“就腻了”表明，句中的“看了”一方面不同于句⑨的“看了”，表达的是持续的线状行为，而不是完成的整体行为；另一方面不同于句⑰，表达的是没有达到极限点就间断了的行为，而不是达到了极限点的、结束了的行为。

⑰ 这本书我读了三天。

句⑰如无“就腻了”之类的后续成分，意思是用三天时间读完了这本书，其俄语译文应为：

---

① 郑怀德：《“住了三年”和“住了三年了”》，《中国语文》1980 年第 2 期。

⑱ Эту книгу я прочитал за три дня.

句中的 прочитал 不是完成体有限持续行为方式动词，不与未完成体 читал 构成同义关系，表达的已不是有限持续意义。

俄语带前缀 по-的完成体有限行为方式动词与带 про-的有限持续行为方式动词不同，在表达有限持续行为时，可以不带持续时间状语，意义与汉语通过动词重叠构成的短时体（看看、看一看、看了看）相近：Посидел и ушел / 坐了坐就走了；Полежал и встал / 躺了躺就起来了；Полюбовался и потом сказал / 看了一看，然后说。“坐了坐”、“躺了躺”、“看了一看”相当于“坐了一会了”、“躺了一会了”、“看了一会儿”，也表达有限持续意义，与“动词 + 了$_1$ + 时量宾语”的句式构成同义关系。

俄语 посидел 之类动词与汉语的短时体在表达有限持续意义方面存在许多共同特征：①

（1）都表达短时持续。俄语有限行为方式动词在不与持续时间词语连用的情况下，通常只表示短时持续的行为。在这种情况下，它们都可以加上副词修饰语 недолго（一会儿）而不改变原义：посидел и ушел = посидел недолго и ушел. 只有在与持续时间词语连用的情况下，这些动词才有可能表达长时间的持续行为：

⑲〈Левитан〉с год или полтора подулся на Чехова.（Лазарев-Грузинский）（列维坦生契诃夫的气生了一年到一年半。）

汉语动词重叠只在表示已然动作时有短时意义。表示未然动作的动词重叠主要作用是缓和语气，短时意思很弱：②

⑳ 妈，您跟四凤好好谈谈吧。（曹禺）

（2）都用于一般过去时意义，出现在叙述话语中㉑㉒，不出现在对话里表达“现实相关状态”，或结果存在意义。因为这类完成体动词或动词形式的意义不是“某种状态或活动开始”，而是“某种状态或活动开始，持续一段时间，然后结束”，而且“结束”是词义或语法形式意义的陈说部分。③

㉑ Григорий порылся на шкафу, достал гладко остроганную дощечку.（Ляшко）（格利高里在柜子里翻了翻，拿出一块刨得光光的小木

---

① 汉语动词重叠有表示已然动作和未然动作的两类，与本节相关的是前一类。

② 刘月华：《动词重叠的表达功能及可重叠动词的范围》，《中国语文》1983 年第 1 期。

③ Е. Падучева, Семантические исследования. М., 1996, стр. 154.

板。)

㉒ 祥子更上了火,他故意地把车停了,掸了掸肩上的雪。(老舍)

(3) 持续的时间都是不确定的。俄语完成体有限行为方式动词持续时间不确定是相对于有限持续行为方式动词而言的:后者必须和持续时间词语连用,而前者常常不与这类词语连用。汉语动词重叠不能接受数量词语的修饰,因为“看$_1$ 看$_2$”、“看一看”中的“看$_2$”、“一看”就演变历史来说,已相当于数量词语。

(4) 都包含不同程度的主观意图色彩。帕杜切娃指出,甚至连 кашлять (咳嗽)、дышать(吸气) 这样的非自主动词,在加 по-构成有限行为方式的完成体动词之后,都因此获得了自主的意义。[1] 刘月华在谈及动词重叠的自主特征时 ,也不谋而合地指出,有些动词,一般表示非自主动作,但有时可以表示自主动作[2]:

㉓ 你咳嗽咳嗽,没准能咳出来。

3.4 通过俄汉两种语言若干变体意义的对比,可作如下结论:

(1)汉语“动词 + 了$_1$”可以用在叙述话语中表示:

a. 一次具体的、与后来时间没有联系的行为事实。这种变体意义与俄语动词完成体一般过去时意义相同。用于这种意义时,汉语动词完成体常常组合起来,表达行为次第发生,体现独立序(независимый таксис)的范畴意义。

b. 过去的行为结果状态在后来的时间范围里呈现。这种变体意义与俄语动词完成体过去时事物姿态意义相近。用于这种意义时,汉语动词完成体常常与持续体并列使用,体现状态同时呈现的独立序的范畴意义。

(2)俄汉语动词完成体的语义外延不完全吻合。如俄语完成体表达有限持续意义时,部分与汉语“动词 + 了$_1$ + 时量宾语”的句式对应,部分与汉语的短时体对应;汉语完成体参与表达的有限持续意义译成俄语时,有些可以用动词完成体表达,有些必须用未完成体表达。

(3)俄语动词体在使用上是强制的,非此即彼,没有第三种手段可以选择。但是特定的上下文可能使完成体和未完成体构成同义的关系。在这种情况下,体的选用不是强制的。汉语体形式的使用本身并不都是强

---

① Е. Падучева, Семантические исследования. М.,1996,стр. 146.

② 刘月华:《动词重叠的表达功能及可重叠动词的范围》,《中国语文》1983 年第 1 期。

制的。

(4)体的变体意义不是体形式独立表达的意义,而是由动词的词汇意义、行为方式、周边词语以及句法结构等多种语言层次的因素参与表达的意义。

俄语棱镜下的汉语体范畴

外语与母语对比的目的是多方面的。透过外语来观察母语、研究母语是语言对比的一个重要目的。有可能达到这个目的的人，只能是精通外语的人。透过俄语来观察汉语、研究汉语的中国人主要应该是我们这些以俄语为专业的语言工作者。这是我们俄语工作者的一项义不容辞的任务。汉外语言对比有助于验证、完善已有的汉语理论，发现尚未揭示的汉语规律。本节从广义体范畴的角度来说明汉俄对比对于研究汉语的积极作用。涉及的问题仅是举例而已。

1 谓语／宾语在有界／无界上的一致关系

试分析：

① a. 在黑板上写字；

b. *写字在黑板上；

c. 写几个字在黑板上。

为什么①a 可以说，①b 不能说，①c 又可以说呢？原因在于，①a 的“在黑板上”表示地点，动词“写”表示具体过程，无界限限制意义。①b 的“在黑板上”表示趋向，与动词“写”组成趋向结构，这个趋向结构表示的行为是受到界限限制的。依据沈家煊揭示的规律，“动作是有界的，受动作支配的事物也是有界的，动作是无界的，受动作支配的事物也是无界的”[①]，①b 的无界光杆儿宾语“字”要换成有界的数量名词短语“几个字”——写几个字在黑板上。事物占据空间，在空间上有有界和无界之分。一张桌子要占据一定空间，有边界，是一个个体，有界事物。水也占据空间，但没有一定的边界，不是一个个体，是无界事物。动作的主要特

① 沈家煊：《再谈“有界”与“无界”》，《语言学论丛》第三十辑。商务印书馆 2004 年版，第 46 页。

征是占据时间，在时间上有有界和无界之分。[①] 同样的道理，可以说：

② a. 我读了三页书；

b. 他吃了所有的饭；

c. 他喝了一杯水。

因为动词完成体形式“读了”、“吃了”、“喝了”和数量名词短语都表示受界限限制的行为和事物。也可以说：

③ a. 我在读书；

b. 他在吃饭；

c. 他在喝水。

因为“在读”、“在吃”、“在喝”与光杆儿名词“书”、“饭”、“水”都没有受界限限制的意思。但不能说：

④ a. * 我在读三页书；

b. * 他在吃所有的饭；

c. * 他喝着一杯水。

原因是动词短语的无界意义与数量名词短语的有界意义矛盾。关于动词的体与直接补语在界限性上的语义一致关系，俄语中有类似的规律。完成体与未完成体直接补语的语义结构彼此不同：前者支配的直接补语通常有数量标志；而后者用于具体过程意义时的直接补语则不能带有这样的标志。[②] 不定数量名词属格短语，只用来充当完成体动词的直接补语，不与未完成体动词搭配，试比较：поел хлеба（吃了点儿面包）｜ * ел хлеба, взял денег（借了点儿钱）｜ * брал денег, купил баранок（买了些小面包圈）｜ * покупал баранок.[③]帕杜切娃把充当直接补语的数量名词短语分为两类：（1）可数事物数量名词短语（две груши 两个梨、три страницы 三页、стакан воды 一杯水）；（2）不可数数量名词短语（немного бульона 一点儿汤、всю кашу 所有饭、（купил）хлеба, колбасы 买了些面包、香肠）。[④] 可数事物数量名词短语通常只与完成体搭配，不与未完成体具体过程意义动词搭配的原因是，它们表示的若干个体事物通常不是

---

① 沈家煊：《“有界”与“无界”》，《中国语文》1995 年第 5 期，第 367 页。

② М. Гловинская, Семантические типы видовых противопоставлений русского глагола. М., 1982, стр. 31 – 33.

③ Р. Якобсон, Избранные работы. М., 1985, стр. 147.

④ Е. Падучева, Семантические исследования: Семантика времени и вида в русском языке. Семантика нарратива. М., 1996, стр. 184 – 187.

集合多数，而是分配多数，即不是一个行为的同时对象，而是同一行为在不同时段的先后对象。若干个体事物逐一地分配给同一延伸行为的不同时段，把这个延伸行为分割为若干个组成部分。因此不能说⑤a，只能说⑤b：

⑤ a. *Читаю три страницы（*正在读三页书。）

b. Прочитал три страницы.（读了三页书。）

在汉语中，表示动态行为的处所主语句“主（处所）+动词+着+宾”，其宾语成分排斥数量词：

⑥ a. 山上架着炮。

b. *山上架着两门炮。①

但是谓语/宾语在有界/无界上要一致的规则不能覆盖全部言语现象，如可以说：

⑦ 爸爸正在教两个女儿叠飞机；

这里正在盖几座大楼。

“正在教”、“正在盖”与“两个女儿”、“几座大楼”一方面没有界限限制，另一方面有界限限制，但它们却可以正常地搭配。可以正常搭配的原因不是语言规则方面的，而是事理方面的。如果可数事物数量名词短语表示的若干个体事物不是通常的分配多数，而是集合多数，即可以成为一个行为的同步对象的话，那么这个数量名词短语就可以和具体过程意义的未完成体动词搭配②：

⑧ Здесь строят два комбината.③（这里正在修建两座工厂。）

不可数数量名词短语只与完成体动词搭配，不与未完成体具体过程意义动词搭配的原因是，它们的事物空间界限意义要求主导动词表示的行为有与数量名词短语相应的时间界限。Всю кашу, стакан воды 的空间量要求与其相当的行为时间量，因而句中要用有界限限制意义的完成体动词，只说⑨a，⑩a；不说⑨b，⑩b：

⑨ a. Он съел всю кашу（他把饭都吃了。）

---

① 陆俭明：《现代汉语中数量词的作用》，《语法研究和探索》（四），商务印书馆 1988 年版。

② A. Wierzbicka, On the Semantics of Verbal Aspect in Polish. // *To Honor Roman Jakobson*. The Hague-Paris, 1967, pp. 231–249.

③ Е. Падучева, Семантические исследования: Семантика времени и вида в русском языке. Семантика нарратива. М., 1996, стр. 185.

b. * Он ест всю кашу. （*他在吃所有的饭。）

⑩ a. Он выпил стакан воды(他喝了一杯水。)

b. * Он пьет стакан воды. (* 他在喝一杯水。)

即使完成体动词支配的直接补语没有显性的数量标志,也常常隐含着“全部”之类的数量意义,试比较:

⑪ a. Он съел кашу. （他把饭吃了。）

b. Он ел кашу. （他在吃饭。）

⑨a,⑨b 句中的直接补语名词 кашу 虽都没有数量语词限定,形似相同,但实际上意义不同。⑨a 句中的 кашу 意义相当于 всю кашу;但⑨b 句中的 каша 的所指则只是一个没有边界限制的连续统。① 汉语里有类似的现象:

⑫ a. 他把饭吃了(= 他把饭都吃了);

b. 他在吃饭(≠ * 他在吃所有的饭)。

从谓语动词的角度来看,俄语完成体与具体过程意义未完成体支配的直接补语在数量意义上相互对立的重要原因是,动词表示的行为各自有不同的观察时刻。未完成体动词用于具体过程意义时,行为的观察时间与行为的进行时间同步。观察者与行为主体同处于行为进程的时间内部,能够直接所见的行为对象,对于若干可数事物客体而言,自然大多只是其一,而对于不可数的事物或一个可数事物而言,则只是量上不断变化、因而无法确定指出的事物局部。完成体动词表达的是整体行为,行为的观察时刻在行为进程之后,是行为的结果呈现的时刻。观察者与行为主体同处于行为进程的时间外部,被作为整体行为对象来观察的自然是用数量名词短语表示的客体总合。

表达行为次数的短语只与完成体动词搭配,不与用于具体过程意义的未完成体动词搭配,也是同样的道理:

⑬ a. Он ударил меня два раза. (他打了我两下)。

b. * Он в этот момент два раза ударял меня. (* 他这时打着我两下)。

---

① A. Wierzbicka, On the Semantics of Verbal Aspect in Polish. // *To Honor Roman Jakobson*. The Hague – Paris, 1967.

2 短时体的若干句法特点

试分析：

① a. *我不想看看这个电影；

b. 你为什么不想看看这个电影？

为什么①a 不能说，而①b 却可以说呢？对比分析这两个句子可以帮助我们找到汉语动词重叠的一些句法特点，先从俄语说起，完成体动词表示受界限限制的整体行为，通常不与表示“不必”、“不该”、“不愿意”等情态意义的否定句同现，试比较：

② Не нужно советоваться（*посоветоваться）с ним.

③ Чего объяснять（*объяснить）! Все ясно.

④ Об этом прошу не рассказывать（*рассказать）.

⑤ Грамматику не повторяйте（*повторите）.

这个规则同样适用于汉语。以动词重叠为标记的短时体（尝试体）具有与俄语完成体动词类似的语法特点，表示受界限限制的整体行为。“$看_1$ $看_2$”、“看一看”中的“$看_2$”、“一看”就演变历史来说，相当于数量名词短语，是短时体的界限标志。与俄语完成体动词一样，汉语短时体通常不用在无界意义的否定句中[①]。试比较例②③④⑤的汉语译文：

⑥不需要商量（*商量商量）。

⑦有什么要解释的（*解释解释的）。

⑧这件事请不必讲（*讲讲了）。

⑨语法不必复习（*复习复习）。

例①a 不能说的原因恰在于此。那么为什么①b 又可以说呢？这同样可与俄语译文类比：

⑩ Не хочу смотреть（*посмотреть）этот фильм.

⑪ Почему не хотите смотреть（посмотреть）этот фильм?

例⑩的未完成体动词 смотреть（看）表示与说话人意愿相悖的行为，不能改用完成体。例⑪则不然，即可以直接转引受话人的用语 смотреть（看），重复受话人“行为与我的意愿相悖”的情态意义，又可以从说话人的角度使用完成体动词 посмотреть（看看），将其作为间接祈使（Вы бы

① 否定句一般无界限意义可通过与肯定句对比来证明：我有两个问题｜我没有问题｜*我没有两个问题。

посмотрели 你要看看多好)，表达说话人自己的“行为符合意愿”的情态意义。

这个规则同样适用于汉语。当说话人虽然使用否定句的形式，但要表达的不是否定的无界行为，而是有界的肯定祈使意向时，语句中的动词也可以改用短时体的形式：

⑫ 你为什么不想看(看看)这个电影？(= 看看这个电影多好！)

⑬ 你也不商量(商量商量)！(= 商量商量吧！)

⑭ 还不兴看(看看)吗？(= 我想看看。)

关于短时体用于祈使，刘月华说，汉语动词重叠只有表示已然动作时有短时意义：他摇了摇头，不作声了。表示未然动作的动词重叠主要作用是缓和语气，短时的意义很弱，常用在祈使句中：妈，您跟四凤好好谈谈吧。①

为什么动词重叠用在祈使句中语气缓和？

我们知道，俄语完成体动词和未完成体动词都可以用来表达祈使。完成体用来祈使受话人实施他未知的行为；未完成体用来祈使受话人在说话时刻立即实施他已知的行为。试比较：

⑮ Расскажи, как прошел экзамен.

⑯ Как прошел экзамен? Рассказывай.

两个例句因命令式用体不同而在语气上有所区别。句⑮是一个语境相对自由的祈使句，可以用在对话中充当刺激话轮。但句⑯却是一个语境不自由的祈使句，多用来充当反应话轮，一般不用在对话的第一话轮。这两个句子的排列顺序只能是先说句⑮，在对方迟迟不肯开口时，再说句⑯，用以敦促对方立刻开始实施他已经知道应该实施的行为。再来比较相应的汉语译文：

⑰ 你说说考得怎么样？

⑱ 考得怎么样？说呀。

⑰ 较之⑱ 语气缓和，或者确切一些说，后者比前者语气生硬，原因与俄语句⑮⑯一样。句⑰的动词短时体“说说”表达的是说话人在特定语境中给予受话人的新信息；而⑱中的光杆儿动词“说”表达无界意义，相当于俄语未完成体动词，用在语境不自由的祈使句中，其功能只是对受

① 刘月华：《动词重叠的表达功能及可重叠动词的范围》，《中国语文》1983 年第 1 期。

话人重复已经向他提出了的要求，表示催促或不容分辩的命令，语气比句⑰生硬是自然的了。再如：

⑲ 请扫扫地。扫呀。

在请求对方为自己服务时，俄语要用完成体才符合礼貌原则（⑳a）。不恰当地使用未完成体命令式，意味着说话人把请求实施的行为看做对方已知的行为，认为对方不言而喻地应该效劳（⑳b）：

⑳ a. Подметите, пожалуйста, пол. 请扫扫地。

b. *Подметайте, пожалуйста, пол! *请扫地呀！

3 制约自主动词／非自主动词的用体因素

试分析：

① Следующую страницу я переворачивать боялся, чтобы не умереть от страха, узнав, что же у них считается основным блюдом. (Из газет) (我害怕打开下一页，怕知道他们那道主菜是什么会吓死。)

我们知道，和 бояться 搭配的不定式动词通常要用完成体，但例①中一个是完成体 умереть，另一个是未完成体 переворачивать，为什么？原因之一就在于，一个是非自主动词，"死"不是自己能够凭借主观意愿就可以避免的事；另一个是自主动词，翻不翻开下页书却可以由行为主体说了算。

在俄语中，自主行为动词，可以用来构成肯定的和否定的两种祈使句：

② a. Позвони мне на работу. (给我往单位打个电话。)

b. Не звони на работу. (不要往单位打电话。)

非自主行为动词通常不能构成肯定的祈使句，但可以用来构成否定祈使句：

③ a. *Простудись.

b. Не простудись. (别感冒。)

自主动词用在否定祈使句中表示"不必"、"不该"实施的行为，体的选择不是自由的，只用未完成体，不用完成体①：

④ Не звони. (不要打电话。)／*Не позвони;

---

① Т. Булыгина и А. Шмелев, Языковая концептуализация мира (на материале русской грамматики). М., 1997, стр. 102－103.

Не открывай окно.（不要打开窗户。）/ * Не открой окно.

非自主动词用在否定祈使句中，用以警告避免可能发生的不快，只用完成体：

⑤ a. Не простудись.（别感冒了。）

b. * Не простужайся.

汉语语法中有类似的规则。马庆株指出，汉语的自主动词能构成肯定的和否定的祈使句；非自主动词通常不能构成肯定的祈使句，但能构成否定祈使句[①]：

⑥ a. 你给我往单位打个电话吧。

b. 别打电话。

⑦ a. * 你感冒吧。

b. 别感冒了。

"别"后面的非自主动词一般要带上后缀"了"字（例⑧）；自主动词带不带后缀"了"字是自由的。（例⑨）：

⑧ a. * 别病；* 别塌。

b. 别病了；别塌了。

⑨ a. 别写；别吃。

b. 别写了；别吃了。

如果把后缀"了"当做完成体标记的话，这等于说：非自主动词在否定祈使句中用完成体；自主动词在否定祈使句中，既用完成体，又用未完成体。这与俄语规则不完全一致。在俄语否定祈使句中，自主动词只用未完成体。但仔细推敲一下可以发现，二者并不矛盾。我们知道，汉语里的"了"（le）有两个："了$_1$"用在动词后，是完成体的标记，可看做动词后缀；"了$_2$"用在句尾，表示事态发生变化，不能看做动词后缀。"别"后面的自主动词可带的"了"不同于"别"后面的非自主动词带上的"了"。非自主动词带的"了"是"了$_1$"，完成体的标记；自主动词句中的"了"是"了$_2$"，不是完成体的标记。检验"了$_1$"/"了$_2$"的办法是，"了$_1$"不能放在宾语后（例⑩），但"了$_2$"要放在宾语后（例⑪）：

⑩ a. 别丢"了$_1$"钥匙。

b. * 别丢钥匙"了$_1$"。

---

① 马庆株：《汉语动词和动词性结构》，北京语言学院出版社 1992 年版，第 16，38 页。

⑪ a. 别写废话“了$_2$”。

b. * 别写“了$_2$”废话。

例⑨b“别写了”、“别吃了”中的“了”是“了$_2$”，不是“了$_1$”，表示事态出现变化，不表示完成体。[①] 可见，汉语自主动词用在否定祈使句中时，与俄语一样，体的选择也是不自由的，不用完成体：

⑫ a. * 别写了废话；* 别吃了这条鱼。

b. 别写废话；别吃这条鱼。

值得注意的是，自主动词如果用在非自主行为意义的否定句式中，由于语境的影响，也可能临时获得和非自主动词一样的与“了$_1$”同现的语法特征：

⑬ 别偷了我的车；别解雇了他。

这里所谓的自主动词“偷”、“解雇”，只是就它们的行为主体而言，但对于言语行为主体来说，表示的仍然是可能发生的不可抗拒的事件。

俄语动词用在具有祈使意义的否定句中，表示可能发生的对说话人不快的他人自主行为时，也用完成体，请看例⑬的俄语译文：

⑭ Чтобы не украли мою машину; Лишь бы не уволили.

以上列举的使用完成体的否定句实际上已不是真正意义上的祈使句了。如上文所说，它们表示的是说话人警告受话人避免可能发生的不快，或者担心可能给自己造成不快。这些句子蕴涵的“担心”情态，都可以借助命题态度谓词 бояться，“怕”显性地表达出来：

⑮ Боюсь, чтобы ты не простудился (не заболел, не рухнул мост, не потерял ключ, не украли мою машину, не уволили).

⑯ 怕你感冒了(你生了病，房子塌了，丢了钥匙，偷了我的车，解雇了他)。

从属于俄语动词 бояться 的命题成分不仅可以用结构完整的句子表示，从属句中的谓语动词与主导动词 бояться 的主体不同；而且可以用不定式短语表示，不定式动词与 бояться 的主体相同。依附于 бояться 的不定式短语，既用来表示主体担心可能发生的、不可抗拒的事件本身，又用来表达导致这一事件发生的原因。表示事件本身的从属不定式，只用完成体非自主动词(例⑰)；表示事件发生原因的从属不定式，则可以用

① 马庆株：《汉语动词和动词性结构》，北京语言学院出版社 1992 年版，第 38 页。

未完成体和完成体自主动词,常用未完成体自主动词(例⑱)[①]:

⑰ Боюсь заболеть птичьим гриппом (потерять тебя, заблудиться, забыть).

⑱ Боюсь летать на самолетах (подписываться настоящим именем, садиться за руль, ездить в командировку).

例⑰ 中的非自主动词不定式译成汉语时可在动词后用"$了_1$",试比较:

⑲ 怕得禽流感／怕得了禽流感;怕失去你／怕失去了你;怕迷路／怕迷了路;怕忘／怕忘了。

例⑱ 中的自主动词不定式译成汉语时,不能在动词后用"$了_1$":

⑳ 怕坐飞机／*怕坐了飞机｜怕签真名字／*怕签了真名字｜怕架车／*怕架了车｜ 怕出差／*怕出了差。

4 交际结构和语词的界限性

试分析:

①"我买了本好书。""在哪儿买的?"

例中反应话轮的谓语动词与刺激话轮的谓语动词一样,客观所指也是业已实现的行为(受界限限制的整体行为),为什么不能重复使用"买了":*在哪儿买了?

俄语中有类似的语言现象:

②— Я купил хорошую книгу. (我买了本好书。)

— Где ты покупал? (你在哪儿买的?)

其中刺激话轮的谓语用完成体,反应话轮的谓语虽指同一受界限限制的整体行为,但改用未完成体。这里可以使用未完成体的原因是:(1)谓语动词在反应话轮中充当主位,起回指的作用,只是陈述的对象,不是表意的重心;(2)行为的受界限限制的整体意义在刺激话轮中已经通过被替换的述位先行动词 купил 表达,在反应话轮里转化为语用预设;(3)俄语动词未完成体用于语义较为单纯的概括事实意义时,作为无标记成分,与表达结果存在意义、语义较为复杂的完成体构成缺值对立关系,因而,依据格赖斯"要简洁"的会话合作原则,常常可以改用体现概括事实

① 张家骅:《现代俄语体学(修订本)》,高等教育出版社 2004 年版,第 119 页。

的未完成体。[①]

例①中使用“买的”取代“买了”的原因与例②使用 покупал 取代 купил 是相同的。“买的”在反应话轮中充当主位，回指“买了”，句中的表意重心是“在哪儿”，不是“买的”；行为的实现意义已经由“买了”表达，在反应话轮里不再是陈说的语义因素；“买的”与“买了”构成缺值对立关系，“买的”是对立中的无标记成分，“买了”是有标记成分，因此前者在反应话轮中可以蕴涵后者的实现意义。无标记成分具有以蕴涵方式表达有标记成分意义的属性广泛体现在无标记名词、代词的回指功能上，如例③用“人”回指“儿子”：

③ 他有个儿子，快满二十岁了，人倒生得又高又大，就是好吃懒做。

例①和②的区别仅在于，例①的反应话轮中用“买的”是强制性的，不能用“买了”取代；例②的反应话轮中用 покупал 不是强制性的，可以用 купил 取代。这表明，汉语中用没有界限标记的“光杆儿动词 + 的”回指动词完成体、充当主位的手段已经语法化。

关于“动词 + 的”可用来充当主位，表达概括事实，蕴涵行为已实现，语言学文献有相关的描写。“在某些句子的动词和宾语中间加‘的’，强调已发生的动作的主语、宾语、时间、地点、方式等：老马发的言｜回来坐的飞机｜我昨天进的城｜你在哪儿念的中学｜我们按规定作的处理。”[②]这里需作修正的只是：(1) 在省略宾语或没有宾语的句子里，动词后加“的”，有同样的效果：谁干的？｜我 8 点钟躺下的；(2) 除了强调主语、宾语、时间等外，还可以用来强调动词本身：买的，不是租的。

在汉语中，用没有体标记的动词回指体标记动词的现象不局限于“动词 + 的”回指“动词 + 了”，还有光杆儿动词回指重叠动词。

我们知道，针对谈话对方祈使实施有界行为的刺激话轮，说话人用反应话轮提问或指出行为实施的方式、时间等时，其中的不定式动词要用未完成体：

④ — Ну-ка расскажи мне про себя! — А чего рассказывать-то?

汉语中的对应语法规则是，在针对重叠动词祈使句的反应话轮中，充当主位的回指动词只用光杆动词，不能重叠而带上界限标记：

---

① 张家骅：《语法 · 语义 · 语用——现代俄语研究》，黑龙江人民出版社 2000 年版，第 210 页。

② 吕叔湘：《现代汉语八百词（增订本）》，商务印书馆 1999 年版，162 – 163 页。

⑤ “给我讲讲你自己的事情吧！”“讲（*讲讲）什么呢？”

俄语完成体动词通常不出现在“不必”、“不该”、“不愿意”意义的否定句中的原因之一是，否定句中的动词一般充当主位，表达已给信息；而不充当述位，表达新给信息。Не нужно советоваться 通过要以 Посоветуемся; Посоветуйся с ним 之类表达新给的祈使句为背景：

⑥（Давайте посоветуемся.）— Не нужно советоваться.

句中的客观词序是：

⑦ Советоваться（主位）// не нужно（述位）.

与俄语的道理相同，汉语动词重叠，因为表达有界行为，所以可用在肯定的祈使句中充当焦点，给受话人以新的信息。一旦话轮更替，动词由焦点位置转换到背景位置上来，动词重叠就要改用光杆儿动词：

⑧ “商量商量吧！”“不需要商量。”

⑨ “我们给他解释解释吧。”“有什么要解释的。”

⑩ “这件事应讲讲。”“不要讲了。”

⑪ “复习复习语法！”“语法不必复习。”

陆俭明指出，带结果补语或趋向补语的动补结构后面带上名词性宾语形成的动宾结构，宾语得带数量词。不带数量词的这种结构或者不能成立，或者是不自由的：吃了一个苹果/ *吃了苹果（吃了苹果又吃梨）。① “有界谓语 + 无界宾语”结构的不自由主要表现在，它们在句子的交际结构中用来充当主位，起回指的作用，语义上因而允许相对的概括：

⑫ “我打破两块玻璃。”“打破玻璃赔呗。”

本节第 1 部分例①b“*写字在黑板上”，由于动词短语的有界意义和宾语的无界意义相矛盾而不能成立，但用来充当主位、回指“有界谓语 + 有界宾语”结构却是可以的：

⑬ “写几个字在黑板上！”“写字在黑板上干什么？”

5 结语

以上只是从类同的方面着眼。两种语言在体范畴方面的差异当然是很大的，例如：

① Он поднимает 200 килограмм 他举得起（未完成体）200 公斤 =

---

① 陆俭明：《现代汉语中数量词的作用》，《语法研究和探索》（四），商务印书馆 1988 年版。

“X 能做 P 这件事；说话人肯定这一点，是因为他知道 X 过去做过”。

② Он поднимет 200 килограмм 他举得起（完成体）200 公斤 ＝“X 能做 P 这件事；说话人肯定这一点，是因为他通过与 X 接触形成了这样的意见”①。

对比释文可以发现，未完成体和完成体潜能意义的差异就在于，前者包含“知识”的语义成分，而后者包含“意见”的成分。我们知道，“知识”只有获取的途径，没有形成的原因：可以说“你从哪儿知道的这件事”，但不能说“*你为什么知道这件事”。相反“意见”只有形成的原因而无获取的途径：可以说“你为什么这样认为”，但不能说“*你从哪儿这样认为”。正是由于这个缘故，针对①②的反应话轮各不相同：

③ — Он *поднимает* 200 килограмм. — Откуда ты это знаешь? “他举得起 200 公斤。”“你怎么知道？”

④ — Он *поднимет* 200 килограмм. — Почему ты так думаешь? “他举得起 200 公斤。”“你为什么这样认为？”

俄语完成体和未完成体动词潜能意义的这种差异无法借助汉语的不同体形式表达，甚至用不同的词汇手段也很难体现出来，它们或者都通过“可能体”表达：

⑤ 他举得起 200 公斤。

或者都借助词汇手段“能”表达：

⑥ 他能举起 200 公斤。

这里涉及的恐怕是不同民族在认知方式、语言世界图景上的文化差异问题了。

---

① Ю. Апресян, Отечественная теоретическая семантика в конце XX столетия. // Известия РАН. Серия литературы и языка, т. 58, №4, 1999, стр. 48.

俄语动词体教学

体学研究应服务于语言教学*1

体范畴是中国学生俄语学习的难点。主要原因是：所有俄语动词无一例外地分属完成体或未完成体，在大多数有动词出现的句子里，哪怕是在体的意义无关紧要的情况下，都无法避免体的抉择；汉语中不存在与斯拉夫语类似的贯穿全部动词和动词形式的体范畴，很难从母语寻求借鉴。笔者以服务于教学为目的，多年从事俄语体学研究，在系统总结体学成果，结合中国学生特点，将我国体学研究推向深入的工作中尽了绵薄之力。主要有以下几方面的收获：

(1)丰富了俄语动词体常体意义和变体意义的理论体系。例如，我们指出，动词未完成体有限次数意义事实上包括具体重复和概括事实两种意义类型，不加区分地将其作为一个次类纳入概括事实意义欠妥当。试比较被邦达尔科同样作为事实意义有限次数类型例证的两个表述：За время болезни старосты Артамов *дважды приходил* к нему. / Бутылочка хренилась в кармане, и он *прикладывался* к ней еще *раза два*, а потом широко вздохнул…前句的 приходил 表示脱离具体时间、具体情景的行为，观察点是说话时刻，次数意义是中立的，去掉有限次数状语动词仍然要保留未完成体形式，译成汉语可加“过”字，因而确属概括事实意义。后句的 прикладывался 表达特定时间重复发生的具体行为，观察点与行为同步，去掉有限次数状语必须相应地改用完成体，译成汉语不能加“过”，因而属具体重复意义。有时，行为造成的空间位置结果虽然不复存在，但是间接后果仍旧存在。动词在这种情况下仍然要用完成体，表达的意义仍然没有超出结果存在意义的范围(— Что все дремлешь? — Вчера лег (*ложился) поздно)。我们把这种意义次类称为间接结果存在意义。有些完成体动词过去时，可以表达由过去行为造成的空间姿态

---

* 本文原名《体学研究应服务于教学》，《外语研究》1983 年第 3 期。

在后来依然存在。完成体过去时在静态语境表达主体姿态意义时，常常可以用对应未完成体替换。在与表达形态很少变化的非生命体主语搭配时，完成体过去时的主体状态意义实际上是比喻义。有些完成体动词正是通过这种比喻途径形成了固定表达非生命体空间姿态的义项。完成体动词将来时在否定句里用于可能行为意义时，不仅可以表示将来、现在的一次具体行为，重复行为或行为在持续的时间中一直不可能发生，而且可以表示早已开始的行为一直到现在未能取得结果（Давно до тебя добираюсь — не доберусь）。

（2）以动词形式和体的变体意义为经纬脉络，归纳了 90 余种变体意义借以体现的典型情景类型，为我国俄语动词体教学将重点移向具体功能层次提供了一个参考体系。其中的许多类型是笔者研究大量一手语言材料的劳动结晶。例如，在说明“感谢、道谢、惋惜、气恼、责备、惊讶、不满”等各种情感过程产生的理由时，要用结果存在意义完成体过去时（Спасибо, что помогли（*помогали））；表示与稳定情景相悖的偶尔重复行为时，常用直观示例意义完成体将来时（На улице тихо, лишь изредка проснется автомобиль）；对交谈对方认为应该发生的具体行为一无所知时，要用概括事实意义未完成体过去时，刺激话语的谓语动词用结果存在意义完成体过去时（—*Умерла* она, что ли? — То есть кто умер? Никто не *умирал*）；依附于施为动词的不定式在表达立即实施的已知行为时，要用概括事实意义未完成体不定式（Нина велела скорее ложиться и тушить свет）；从属不定式可看做仿直接引语，未完成体形式是引用原话时保留下来的语法形式，旨在传达原话“立即开始”的意义色彩（Ложись и туши свет）；用联系用语 когда, куда, кто 等与语气词 ни, бы 连接的概括让步从句中，动词假定式如果表示重复发生的达到结果的行为时，常常可以用体现无限次数意义的未完成体和体现直观示例意义的完成体两种形式（Куда бы она ни пригласила / приглашала, он соглашался）；未完成体第三人称命令式与第二人称一样，在表示祈使立即实施已知的行为和说话人认为不必、不该实施的行为时，要用未完成体概括事实意义，动词失去现在时的时间范畴意义（*Пусть* начальник справку *пишет*. Завтра домой едем. / *Пусть не разлучаются* родители. Может быть, к вечеру все пройдет）。

（3）依据马斯洛夫、格洛温斯卡娅、阿维洛娃等的有关论述，将俄语对偶体动词区分为一般持续－结果动词（сторить／построить）、努力尝试动词（уговаривать／уговорить）、单纯结果动词（находить／найти）和状态结果动词（обижаться／обидеться）四种基本语义类型，在描述体的变体意义和典型情景体系时，注意揭示它们在体范畴意义上的区别。例如，在表达重复情景里一个行为先于另一行为发生时，单纯结果动词和状态结果动词既可以用直观示例意义完成体将来时，又可以用无限次数意义未完成体的时间形式；而努力尝试动词和一般持续－结果动词通常只用直观示例意义完成体将来时（Как вспомню（*вспоминаю），мороз продирает）。在否定结构中，完成体与未完成体的对立关系因动词语义类属而有所区别：单纯结果动词和状态结果动词是否定预期行为与否定非预期行为的关系；努力尝试动词是否定行为结果与否定行为本身的关系；而一般持续－结果动词则既可以在通常的情况下表达第一种关系，又可以在特殊的上下文里表达第二种关系。

（4）对于语用因素制约动词体使用问题进行了初步探索。例如，我们指出，在叙述话语的链式结构句组或对话统一体中，后续句或反应话语的复指动词，由于：①充当主位，只是陈述的对象，不是表意重心；②行为达到结果的意义在起始句或刺激话语里已经通过被替代的述位动词表达，在后续句或反应话语里转化为语用预设；③俄语动词未完成体用于语义较为单纯的概括事实意义时，作为无标记成分，与表达结果存在意义的，语义较为复杂的完成体构成缺值对立关系（привативная оппозиция），因而，依据格赖斯"要简洁"的会话合作原则，常常可以用体现概括事实意义的未完成体（Отворачиваясь от парней, он сказал девушке. — Это для меня дороже жизни. — *Говорил* // вполне искренне）。

俄语体学需要深入研究，而笔者涉足尚少的问题很多，如与我国教学实践密切相关的俄汉对比体学问题、动词体词典的编纂问题等。

我们认为，俄汉语体的对比研究应站在普通体学的理论高度，着眼于体貌功能语义场（аспектуальность），把两种非亲属语言广义的体貌意义（静态／动态、非界限／界限、过程／结果等质的体貌意义和一次／多次、有限次／无限次、瞬息／持续、有限持续／无限持续等量的体貌意义）与广义体貌形式（动词语义类别、行为方式动词、动词语法形式以及非动词手段等）的错综关系作为对比内容，不仅仅满足于在俄语体范畴变体意义及其子类的层面上寻找等价物。

描写体的意义不仅是语法学的任务,而且是词典学的任务。由于具体词汇意义的影响,①有些动词体的语法意义比较特殊,如 продолжить 表示“将中断的行为恢复”,продолжать——不使行为过程中断;②许多未完成体动词与对偶完成体的意义关系不是或不限于“过程 / 结果的关系”,如 снимать(что)表示 жить в наемном доме, квартире 的静止状态意义;③与同一完成体平行对偶的未完成体动词意义关系往往因词而异;④有些未完成动词变体意义体系缺略,如 находить 没有具体过程意义。因而,急须编写一部逐个诠释完成体和未完成体动词体的语法意义的专门词典。

我们的体学研究宗旨主要是服务于教学实践。

关于俄语动词体教学的几个问题①

动词体是俄语教学的一个难点,困难的原因有客观的和主观的两个方面。客观的原因是,典型的语法范畴只在斯拉夫语族里才有。非斯拉夫语,其中包括汉语,一般没有系统的体的范畴,本族语在这个领域往往不能给予我们以借鉴。主观的原因是,我们缺少一个建立在语言和教学理论基础之上的、从大量纷繁复杂的言语材料中归纳出来的描写俄语动词体语法意义的方案。

本文拟就如何对我国学生进行动词体教学谈几个问题。

1 回避抽象的界限说和整体说

假如我们面前摆着编写俄语教科书任务的话,那么,在动词体方面的第一个棘手问题将是如何向学生概括地介绍动词体语法意义的问题。以完成体为例,现在比较流行的说法是,完成体动词表达受界限限制的行为,或者受界限限制的整体行为。如果我们原封不动地把这个定义搬到教科书中来的话,那么结果将会是不仅学生不知所云,而且教师也感到无所着手来加以解释。因为这个抽象的定义与动词的词义、动词体在使用中的丰富多彩的具体意义距离太远了。正如著名体学专家洛莫夫所说的那样:对于学习俄语的外国人来说,有关体的对立双方概括意义的知识,不能够给在具体上下文中究竟使用什么体的问题提供哪怕是最小的信息。如果排除体的约定俗成的惯用部分,那么,对于以俄语为母语的人来说,情况也是如此。体的概括意义无助于解决用体的实际问题的原因是不难理解的,因为它是在概括了语义特征千差万别的全部动词之后得出来的。虽然在理论上无懈可击,没有一个动词可以逃出这个概括,但是毕

---

① 关于俄语动词体的变体意义、典型情境和上下文类型体系的全貌,请参阅《俄语动词体的用法》一文(见黑龙江大学俄语系编:《俄语教学与研究论丛》(1988 年),第 159 - 240 页)。

竟极端抽象,所有生动、丰富、有助于指导实际用体的那些具体特征,都被在逐级升高的概括过程中抛弃了。

我们认为,在俄语教材初次接触体的范畴时,不妨将其定义为:一般来说,完成体表示行为达到结果,未完成体表示行为达到结果的过程。这样来下定义的理由是:第一,表示达到结果或达到结果过程的动词虽然不是俄语动词的全部,虽然它们的完成体的结果意义仅仅是受内在界限限制意义的一种具体表现形式,但是体的对立意义在这类动词中表现得最为鲜明。正如著名体学专家邦达尔科所说,尽管把完成体的意义说成达到结果,把未完成体意义说成达到结果的过程不够准确、以偏概全,但是仅仅看到这里的错误也是不正确的,因为体的对立特征在这里得到了最鲜明的体现。第二,体的结果意义和动词的词汇意义息息相关,前者在后者中得到生动、具体的体现。那么,这样是不是会把体的语法意义和动词的词汇意义混为一谈呢?对这个问题,我们的回答是:体的语法意义和动词的词汇意义本来就不是截然分开的。正如维诺格拉多夫所说,动词体的范畴不同于其他范畴的一个主要特点就在于它是与词汇意义紧密联系在一起的。在某种意义上可以说,体的意义,就是行为在时间中的运动特点在这个动词词汇意义方面的高度概括。比如,уговорить 之类动词表示积极行为结果,растаять 等表示消极行为结果,споткнуться 等表示偶然的结果。抛弃它们的"积极的"、"消极的"、"偶然的"这些个别特征,共同的一个词义特征是"达到结果"。这个共同词义特征的形态标志是完成体。如果俄语中再无其他动词,那么,固定在完成体形式身上的共同词义特征"达到结果"就是完成体形式的全部概括意义。但实际情况当然并不这么简单,俄语中有些完成体动词并不表示达到结果,如 заговорить, посидеть;有些未完成体动词也并不表示达到结果的过程,如 запевать, зачитываться, просиживать, находить, приходить 等。但是不管怎样,概括的动词词义和概括的体的语法意义之间确实是关系密切的。第三,这样做符合从具体到抽象、从低级到高级的循序渐进的认识规律。至于这样下定义的不完善部分,被定义遗漏掉的部分,可以在较高年级逐渐地加以补充和完善。

2 采用体的变体意义体系,说明动词词义对于体现变体意义的制约作用

我们知道,语法意义可以从语言体系的角度作静止的、概括的描写,

也可以从语言运用的角度作动态的具体的描写。前者是聚合平面上的常体意义，后者是组合系列中语法单位的言语功能，变体意义。常体意义是变体意义的抽象，是语言单位在孤立情况下就可以观察到的语法意义；具体意义则是概括意义在生动丰富的使用过程中，在特定言语上下文类型里有规律的体现。语法结构不仅包括作为语法本体的语言单位、语法类别、语法范畴等静止的体系性的方面，而且包括语法单位在言语中的运用规律这个动态方面。语法形式的变体意义恰恰反映了语法结构的这个动态方面。

体的变体意义不是体的语法形式自己独立表达的意义，而是在语言内、语言外的许多因素参与和制约下体现出来的意义。尤其应该着重指出的是动词词义对于体的变体意义的制约作用。以表达重复意义的 Потом наступала ночь 为例，句中提示重复意义的因素仿佛就是谓语动词的未完成体形式，但实际上问题并不这么简单。试用 Потом она занималась 来与方才的句子比较，我们发现，后者既可以表达一次的行为（Вчера вечером я сначала смотрела телевизор, а потом занималась），又可以表达重复行为（Каждый вечер она сначала смотрела телевизор, а потом занималась）。可见动词的词汇意义（界限动词）对于表达无限重复意义是一个重要的因素。

同样是结果动词，按照词汇意义可以分为四个级次：单纯结果动词（находить / найти, приходить / прийти, привозить / привезти, встречать / встретить на улице, попадаться / попасться, разбивать / разбить 等），一般持续－结果动词（строить / построить, писать / написать, привыкать / привыкнуть, переписывать / переписать, шить / сшить, выполнять / выполнить, делать / сделать 等），努力尝试动词（ловить / поймать, уговаривать / уговорить, убеждать / убедить, оправдывать / оправдать, спасать / спасти, вспоминать / вспомнить, встречать / встретить на вокзале, держать / выдержать экзамен, умирать / умереть, опаздывать / опоздать 等）和状态结果动词（видеть / увидеть, слышать / услышать, окружать / окружить, помещаться / поместиться; возмущаться / возмутиться, обижаться / обидеться; говорить / сказать 等）。词汇意义类别不同的对应体动词，在对应体之间的意义关系上，体的变体意义组成上，有着明显的差别。单纯结果动词表

达的行为是点状的，而不是线状的。结果是一蹴而就的，而不是逐级达到的，因此它们的未完成体形式不能表示具体过程。Смотри, вон приходит автобус 这个句子的错误就在于用点状动作动词 приходить 来表达过程。学生犯这个错误的原因是，他们不知道未完成体表达过程是有条件的，而不是无条件的。在这个句子里要用 идет 来代替 приходит, приходить, идти 和 прийти 在这类上下文里组成临时的三位一体单位。表达结果意义用 прийти，表达重复意义用 приходить，表达过程意义用 идти.

有些词类似单纯结果动词，例如 уходить，偶尔可以用在具体过程的语境中，但是意思和纯具体过程意义差别很大，如 Отец отдохнул после обеда и уходил обратно на работу; Сережа спросил у него... 这里的 уходил 是 собирался уходить 的意思，如果说这也是过程的话，那么只不过是"走了"这个动作之前的准备过程，而不是"走了"这个动作本身的过程。这里是一种特殊的意义借代现象。那么为什么 уходить 可以表示动作的准备过程，而 приходить 不能表示呢？这是因为 уйти 这个动作可以使旁观者见到它的准备阶段，而 прийти 不能把它的准备阶段展现在人们眼前的缘故。

与单纯结果动词相反，努力尝试动词表达的不是点状动作，而是线状动作。而且不是一般的线状动作，它们的未完成体表示为达到结果所作的努力过程，完成体表示持续努力的过程终止时预期目的以飞跃的方式出现。这种意义决定了它们的未完成体形式非但可以用于具体一次行为的语境中表达十分明确的具体过程，而且还带有"企图达到"的情态色彩，可以说 долго ловил, и наконец поймал，但却不能说 * долго приходил, и наконец пришел.

处在单纯结果动词和努力尝试动词之间的一般持续－结果动词，一方面表达的行为是线状的，不是点状的，与单纯结果动词不同而与努力尝试动词相同，另一方面，行为在达到结果之前包含着逐渐积累起来的部分结果因素，在 строить 表达的"修建"这个行为过程中，砖是一块块增加的，墙是在不断升高的，而 ловить 却不包含这种部分结果。所以一般持续－结果动词的未完成体可以用于概括事实意义指称客观上达到结果的行为，例如：Кто строил этот дом? — Ты писал своим родителям в Новый год? — Да, писал. 而努力尝试动词的未完成体却不表达这种意义。Да, я писал 指的是信写过了，现在信在父母手里，而 Да, я ловил рыбу 并不表示我把鱼捉到了。如果说在 Да, я писал 这个句子中，писал 和 написал 没有实质的区别的话，那么，Ты ловил рыбу 和 Ты поймал рыбу, Я сдавал экзамен 与 Я сдал экзамен 之间的差别却是十分明显的。

状态结果动词的未完成体和完成体都表示结果。它们之间的关系不是努力尝试动词和一般持续－结果动词对应体之间的从没有结果到有结果、或者结果从一端到另一端一点一点积累，直至全部出现的关系，而是结果出现（完成体）和结果出现后的持续状态（未完成体）之间的关系。试比较下面两组例句：

Машина загородила дорогу.

Он сел.

Машина загораживает дорогу.

Он сидит.

如果状态结果动词完成体的语法意义相当于 сесть 的意义的话，那么，它们的未完成体的语法意义就相当于 сидеть。

俄语中，很多努力尝试动词的未完成体形式，除了具有动态过程意义外，用在特定的上下文中也可以表达静止状态意义，试比较：

Я закрываю чашку крышкой.

Крышка закрывает чашку.

如果表达静止状态意义的 закрывать 与 закрыть 的意义关系相当于 сидеть 与 сесть 之间的关系的话，那么，表达具体过程意义的 закрывать 与 закрыть 的关系则相当于 садиться 与 сесть 的关系。

正因为状态结果动词的未完成体和完成体形式都表示结果，слышал, видел 等才经常可以用于结果存在意义，与 приходил 之类表达的结果取消意义构成对立的关系。如果说，在 Ты открывал окно? 中，открывал 表达的行为结果可能存在于说话时刻（— Ты открывал окно? — Нет. — А почему оно открыто?）。也可能不存在于说话时刻（— Ты открывал окно? — Нет. — А почему в комнате так холодно?）的话，那么在 Я слышал, что его ранили 中，слышал 表达的行为结果在说话时刻却是肯定存在的（Я знаю, что его ранили），在 Он приходил ко мне утром 中，приходил 表达的行为结果在说话时刻肯定是不存在的（Его сейчас нет у меня）。

由此可见，在采用变体意义体系进行使用动词体的实践教学时，充分说明动词词义对于体的变体意义的制约作用是十分必要的。

3 把变体意义借以体现的典型情境和上下文作为动词体教学的重点

动词体的变体意义就“具体”的程度而言,具有多层次的性质。以未完成体的概括事实意义为例,首先,根据所表达的客观行为是否曾经达到结果,可以把未完成体的概括事实意义区别为结果概括事实意义(Ты оставлял мне записку?)和非结果概括事实意义(Ты сдавал экзамен? Ты когда-нибудь учился?)两个小类(разновидности)。其次,根据说话意图、实际切分类型和表述的词语标志等特征,进而可以把体现结果概括事实意义和非结果概括事实意义的上下文和语境区分为若干个典型类型(типовые ситуации и контексты)。例如,体现未完成体结果概括事实意义的典型语境和典型上下文是:(1) 提问或指出非预期的行为是否曾经发生过,语调重音落在谓语动词上(Ты не находил мою книгу?);(2) 在说话人对行为发生过不存在疑问的情况下,强调行为的主体、地点、目的、时间、行为方式等,语调重音落在强调词而不是动词上(В этой портерной я обдумывал свою диссертацию и написал первое любовное письмо к Вере. Писал карандашом);(3) 用过去发生过的事来证明什么(— Садитесь с нами обедать! — Спасибо, я уже обедал);(4) 在叙述过程中回过头来提及较早时间发生的事情(Мы купили сувениры там же, где покупали в прошлый приезд)。再次,典型语境和上下文类型又可以进一步区分为若干个准类型(подтипы)。例如,典型语境和上下文类型2包含下列准类型:(1)问行为的主体是谁,以了解和行为有关的事情,提出有关的请求(Кто открывал дверь? Дай ключ);(2)问谈话对方进行过某行为没有,以了解和行为有关的事情,提出有关的请求(— Ты перекладывала мои вещи из чемодана в шкаф? — Я, а что? — Не видела мои ножницы?);(3)指出行为主体是谁? 以让谈话对方向主体了解和行为有关的事情(— Сколько стоит эта книга? — Не знаю, ее брат покупал, спроси у него);(4)在对行为结果进行评价的时候,问行为的主体是谁(Кто проверял эту статью? В ней замечено много ошибок);(5)提问或指出建筑物、美术作品、电影、戏剧等的设计师、创作者、导演是谁(— Кто все это рисовал? — Ярослав Андреевич, надо полагать);

(6)在行为结果存在的情况下，提问或指出行为发生的时间、地点、原因、目的、方式、客体等(Это платье я шила сама)。

从理论上说，变体意义的层次划分还可以继续进行下去，一直延伸到每一个具体的表述中去。但是级次愈多，指导用体的标志愈明显，愈容易把握，概括的程度也就愈低，条目的数量也就愈庞大。

我们认为，对于从抽象到具体的形如金字塔的动词体语法意义多层次结构，教学的重点应该放在中间层次，即典型语境和上下文类型以及准类型的层次上。因为，这样一方面可以克服体的概括意义、变体意义过于抽象，缺少生动、丰富、有助于指导实际用体的具体特征可以把握的缺点，又可以避免条目过分繁多、琐碎，以至于远远超过记忆负荷的弊病。至于典型上下文类型和准类型的数量本身已经很庞大的问题，我们认为，这是不可避免的。为了解决这个问题，可以将典型语境和上下文类型相同的例句汇集在一起，通过做语法练习的形式，使学生潜移默化地逐渐掌握这些规律。例如，可以通过下列一组练习来帮助学生掌握用未完成体动词表达“问行为主体是谁，以对行为进行评价”的说话意图：

Употребите нужный вид глагола.

Образец: Кто читал эти книги? Страницы загнуты, пятна на обложке.

1. Кто ... эту статью? В ней не замечено много ошибок. (проверять, проверить)

2. Красиво украсили елку. Кто...? (украшать, украсить)

3. Кто... книги для библиотеки? Много книги по истории и совсем нет книг по искусству. (покупать, купить)

4. Как некрасиво расставили мебель в комнате. Кто ее...? (расставлять, расставить)

5. Кто... цветы? Разлили воду на подоконник. (поливать, полить)

类似的描述体的变体意义的典型语境和上下文类型的练习可以每课一组地分布在低年级和高年级的各册教科书中。这将是解决动词体教学这个老大难问题的一个行之有效的办法。

4 努力在汉语译文中寻找俄语动词体变体意义典型语境、上下文类型或准类型的词语标志

外语教学一方面要紧紧围绕交际目的这个中心，从交际原则、功能原则出发将传统语法体系进行重新组织，另一方面也要考虑到教学对象的母语特点。俄罗斯人提供的描写动词体的方案，例如体的变体意义划分，以及每个变体意义小类划分方案，未必完全适合于我国学生进行俄语教学的实际需要。结合汉语特点，作一些局部调整，使之有助于针对性地从母语方面排除干扰，找到借鉴，是十分必要的。以未完成体过去时的概括事实意义为例，通常把它区分为非结果概括事实意义、结果概括事实意义、取消结果意义、结果存在意义、有限次数意义等类别。但是，透过汉语这个棱镜来观察俄语的概括事实意义，我们发现，俄语未完成体过去时的概括事实意义的小类可以借助汉语里的有关语法标志加以重新划分，这不仅有助于我国学生掌握这个变体意义，而且对于俄罗斯人深入认识概括事实意义的特征也是有一定意义的。

借助汉语的有关语法标志，俄语未完成体过去时的概括事实意义可以划分为以下五类：

1. 与汉语"动词＋助词'过'"所表达的意义对应的类型

① Ты видела когда-нибудь настоящую жизнь?（你曾经见到过真正的生活吗？）

② Гавриил Александрович, а вы（когда-нибудь）убивали?（加夫里尔·阿列克山得罗维奇，您杀过人吗？）

③ Я знаю, мама когда-то рассказывала.（我知道，妈妈曾经讲过。）

④ Таких щей, наверно и американский президент（никогда）не едал.（这样的汤恐怕连美国总统也（从来）没有喝过。）

用于这类概括事实意义的未完成体动词过去时一般表达较久远的、脱离开任何具体条件因而十分概括的、不确定的行为，常见于带 когда-нибудь, когда-то 和 никогда 等词或可以加上这类词的疑问句、陈述句或否定句中，不能用完成体替换，在没有限定词语的时候，行为的次数是不确定的。

当完成体过去时表示的恒常持续行为（постоянно-длительное действие）、竭力尝试行为（конативное действие）和有限次数行为（ограниченно-кратное действие）的观察时刻不与行为发生时刻同步而和说话时刻或另一行为时刻相一致时，体现出来的也是属于该类型的概括事实意义。试比较下列例句：

⑤ Бойцы сидели и лежали на молодой траве, разглядывали внушительное здание чека, в котором когда-то *помещался* губернский суд.（Ю. Стрехнин）

⑥ Столярная мастерская *помещалась* рядом с новым, еще не отстроенным цехом. Вокруг нее были навалены бревна, брусья, доски.（А. Андреев）

⑦ — Объяснял я это. — *Объяснял*, да не объяснил.（М. Горький）

⑧ Потом все вместе вспоминали, кто же он такой это жених… *Вспоминали*, *вспоминали*, так и не вспомнили.（В. Семин）

⑨ Дважды без меня *звонила* Ахматова.（А. Блок）

⑩ Юрка пытался заработать. Несколько раз он *подходил* к женщинам, изнемогающим под тяжестью перегруженных сумок, и *говорил*: — Тетенька, давайте я вам поднесу.（Н. Дубов）

虽然上述例句中标出的动词都是未完成体过去时形式，但是在例⑤⑦⑨中，这些动词的行为观察时刻与说话时刻（⑦⑨）或另一行为时刻（⑤）一致，因而表达的是概括事实意义，可以译作汉语的“过”字结构；而在例⑥⑧⑩中，行为观察时刻与行为发生时刻同步，动词表达的不是概括事实意义，而是相应的恒常持续意义、竭力尝试意义和有限次数意义，因而不能译作汉语的“过”字结构。

2. 与汉语“动词 + 助词‘过了’”所表达的意义对应的类型

⑪ — Проверим? — Я уже *проверял*.（——检查一下？——我已经检查过了。）

⑫ — Рыб *кормил*? — Давал. Не жрут, подлые.（И. Штемлес）（——喂过鱼了吗？——给过食了。都不吃，可恶得很。）

⑬ Ты коня поил?（你饮过马了吗?）

用于概括事实意义的未完成体动词过去时在这类句子里表达的不是较久远的或不确定的行为，而是不久之前的，照例应该进行的行为，带уже或者可以加上уже，表达多是一次行为，有时可用完成体取代。用汉语否定第一类问句时可以用助词“过”，否定该类问句不能使用“过”，这是两类句子意义不同的一个旁证。

3. 与“汉语动词 + 助词‘的’”所表达的意义大体相应的类型

⑭ Мне кажется, нам надо самим сделать шаг навстречу ребятам — ведь это они нас *выбирали* в штаб. (Из газет)(……因为是他们把我们选进司令部的。)

⑮ — Закрой окно! — Ну нет, ты *открывал*, ты и закрывай! (В. Гуревич)(——关上窗户！——我才不呢，是你打开的，你关上吧！)

⑯ Вы брали книгу в библитеке? Там есть еще экземпляр? (你是在图书馆里借的这本书吗? ……)

这类未完成体动词过去时的概括事实意义的特点是：动作结果存在；强调的不是动作本身，而是动作的时间、地点、原因、客体、主体等等，语调重音在强调的词上；都可以用完成体取代。在这种情境里可以使用未完成体形式的原因在于，说话人意识到，动作达到结果这一信息是对方不言而喻的(пресуппозиция)，因而依据“从简”的原则，在句中略去了表达结果存在意义的语法手段——完成体过去时形式。

4. 既可以译成带助词“的”，又可以译成带助词“来着”的类型

⑰ Кто открывал окно? Где мои тетради? (谁开的窗户? ……(谁开窗户来着?))

这类概括事实意义有某种程度的过程色彩，说话意图是“问行为主体是谁，以了解与行为有关的事情”，句中的未完成体动词不能用完成体取代，这是该类型意义区别于第 3 类的主要标志。

5. 与汉语“动词 + 助词‘来着’”所表达的意义大体相应的类型

⑱ — Вчера у вас было сочинение? — Да, мы описывали осенний пейзаж. (……是的，我们描写秋天的景色来着。)

这里过程意义的色彩已经十分明显。有人认为这是处于概括事实意义和过程意义之间的过渡类型。我们认为，既然这类句子中谓语动词的行为观察时刻是说话时刻而不是行为发生的时刻，因而表达的是概括事实意义。

以上是我们对如何在俄语实践课中进行动词体教学的几点看法。实际实行起来当然还有大量具体细致的工作要做，还有许多困难有待克服。但是我们认为，这毕竟是解决用体困难的可以探索的途径。

体学俄语论文

ОБ ОДНОЙ ТРУДНОСТИ УПОТРЕБЛЕНИЯ ВИДОВ ГЛАГОЛОВ РУССКОГО ЯЗЫКА

В русском языке глагольные формы прошедшего времени совершенного вида определенной семантической группы могут быть употреблены для выражения статического местонахождения и позы субъекта в пространстве. Сравните следующие две группы примеров:

(1) Пуля попала прямо в голову зверя. Он упал на дерево и *повис* на нем так, что голова и передние лапы свесились по одну сторону, а задняя часть тела — по другую. (Арсеньев)

(2) К Вятке прикочевал в 1836 году табор цыган и *расположился* на поле. (Герцен)

(3) Всегда гладкий, теперь старик весь был покрыт морщинами… платье *повисло* складками на его встревоженном теле. (М. Горький)

(4) Тулон — не только военный, но и рабочий город. Он теснится возле самого моря. На его набережных *расположились* продавцы ракушек. (В. Соколов)

Формы прошедшего времени глаголов совершенного вида *повиснуть* и *расположиться* в примерах 1, 2 и 3, 4 четко различаются по их значению. В примерах 1 и 2 эти глаголы употреблены в тексте повествования, а действия, обозначенные ими, передают динамическую ситуацию. При этом они выражают конкретное изменение субъектом позиции в пространстве, локализованное в определенный момент прошедшего времени. В высказываниях с аналогичным употреблением совершенного вида иногда присутствует обстоятельство, обозначающее данный временной план (*в* 1836 *году* в примере 2). В примере же 3 и

4 эти глаголы использованы в тексте описания, а действия, выраженные ими, передают статическую ситуацию. При этом они обозначают статическую позицию субъекта как результат действия, имевшего место в прошлом. Эта позиция наблюдается в последующем временном плане относительно предшествующего, в котором произошло изменение субъектом позиции. В высказывания с аналогичным употреблением совершенного вида могут быть включены *обстоятельства*, указывающие на последующий временной план (*теперь* в примере 3).

Как известно, в случаях, когда глаголы совершенного вида в форме прошедшего времени употребляются просто для констатации конкретного факта, имевшего место в прошлом, реализуется значение аориста. Когда же они используются для выражения наличия в последующем времени результата действия, имевшего место в прошлом, или состояния, являющегося результатом действия, законченного в прошлом, тогда выявляется значение перфекта. Очевидно, формы прошедшего времени глаголов совершенного вида *повиснуть*, *расположиться* в примерах 1, 2 выявляют значение аориста, а в примерах 3, 4— один из вариантов перфектного значения. ①

Глагольная форма прошедшего времени совершенного вида, использованная в перфектном значении, может передавать местонахождение и позу неодушевленных и одушевленных предметов.

1) Неодушевленные:

а) статические предметы, занимающие определенное место в пространстве, например:

(5) Расположен этот научный центр на окраине Варны — в том месте, где изящно *выгнулась* дуга Аспарухова моста, подняв полотно автомагистрали, соединяющей известный болгарский курорт с Бургасом. (Из газет)

---

① Г. Ф. Лебедева отметила три варианта перфектного значения глаголов совершенного вида в форме прошедшего времени: См. Г. Ф. Лебедева, Употребление глагольных форм прошедшего времени совершенного вида в перфектном значении в современном русском литературном языке. //Вопросы истории русского языка. М., 1959, стр. 208 – 226.

(6) Все так, как было месяц назад. В шпагатных качалках *свернулись* бесчисленные графики, схемы. Тут же фотография Эйнштейна… (И. Штемлер)

б) одежда человека:

(7) Женька сидел, подняв колени к подбородку и охватив их, узкие штаны его *вздернулись*, открывая тощие ноги. (В. Панова)

(8) Он 〈…〉 ходит по своей земле, сунув руки за спину под кафтан; кафтан *приподнялся* петушиным хвостом… (М. Горький)

в) часть тела:

(9) Дома музыкант вынул птичку из кармана на свет. Седой воробей лежал у него в руке; глаза его были закрыты, ножки беспомощно *согнулись*… (А. П. Платонов)

(10) Левый глаз у него вздрагивал и прищуривался, нижняя губа смешно *отвисла*. (М. Горький)

2) Одушевленные:

(11) В стороне ото всех, у обрыва небольшой промоины *улеглись* трое молодых парней, а перед ними стоял Ежов и звонко говорил… (М. Горький)

(12) Лонгрен сидел понурясь, сцепив пальцы рук между колен, на которые *оперся* локтями. (А. С. Грин)

Перфектное значение, выражающее местонахождение и позу субъекта в пространстве, особенно ярко реализуется в описании позиции спящего, умершего или позиции одушевленного предмета в произведениях изобразительного искусства, например:

(13) Женщины спали — одна почти ничком, зарыв лицо в подушку 〈…〉 другая *натянула* простыню почти до переносья, лоб у нее был в морщинах. (В. Панова)

(14) Вадим пощелкал пальцем по бронзовой морде пинчера, который *разлегся* на пепельнице. (И. Штемлер)

(15) Затем, перегнувшись через прилавок, взглянул на (убитого. — Ч. Ц.) старика: тот *съежился* в узкой щели между прилавком и стеной, голова его *свесилась* на грудь… (М. Горький)

Глагольная форма прошедшего времени совершенного вида может выражать статическую позицию одушевленного предмета в пространстве только с помощью определенных контекстов. Основными типовыми контекстами являются следующие:

1) Группа параллельно связанных предложений или группа параллельно связанных частей сложного предложения. Параллелизм, свойственный этим предложениям, создается рядом спрягаемых форм глаголов, обозначающих одновременно сосуществующие позиции или процессы действия, где глагольная форма прошедшего времени совершенного вида занимает такую же синтаксическую позицию, как и другие глаголы несовершенного вида в форме настоящего или прошедшего времени. Например:

(16) Впереди сидит, нажимая на педали велосипеда, женщина. Перед ней на маленьком седлышке *примостился* мальчик. Позади усердно налегает на вторую пару педалей отец семейства. (А. Аваков)

(17) Одной рукой женщина *уперлась* в косяк, другой теребила конец платка на шее. Стояла она боком, как бы готовясь тотчас же уйти. (М. Горький)

(18) Стас кормил рыб. Зотов проверял датчик на вибростенде. Кудинов *склонился* над какой-то схемой и втихаря клеил марки на профсоюзный билет. (И. Штемлер)

2) Группа последовательно связанных предложений, в которой первое предложение с глаголом несовершенного вида описывает позицию субъекта в общем, а последующие с глаголами прошедшего времени совершенного вида конкретизируют эту позицию:

(19) На дальней скамейке *сидел* (спящий — Ч. Ц.) парень в черном костюме. Он *уткнулся* лбом в подлокотник. (И. Штемлер)

(20) В коридоре *стояли* три девушки. Одна из них прислонилась к стене, стараясь удержаться на правой ноге. Левую ногу она *поджала*. (Он же)

Этот типовой контекст наблюдается также и в примерах 13, 32.

3) Синтаксическая структура, состоящая из предшествующей час-

ти повествования и последующей части описания. В части повествования сказуемыми являются глаголы типа *видеть*, *смотреть*, *заметить*, а в части описания представлено состояние или картина, стоящая перед глазами у персонажа.

(21) Два санитара на носилках вынесли из вагона ее и ребенка. Данилов *смотрел* из окна штабного вагона, больной рукой женщина *охватила* закутанного в одеяло ребенка, и на ее лице, обращенном к ребенку, была забота и боль. (В. Панова)

(22) Она *оглянулась* на Ваську. Васька *нагнулась* к топке, кончик льняной косички упал в ящик с углем. (В. Панова)

4) Предложение с однородными сказуемыми, одно из которых выражено глаголом совершенного вида в форме прошедшего времени и расположено после сказуемых, выраженных глаголами несовершенного вида в форме настоящего и прошедшего времени, или между ними.

(23) Тетя Груня кивает, *уперлась* удобно о ладошку, улыбается стеснительно. (А. Лиханов)

(24) Вот сидят, *притулились* друг к дружке три девочки, три будущие женщины, три матери... (Он же)

(25) Бабушка сидела на стуле, руки между коленок *зажала*... (Он же)

Эти четыре типовых контекста иногда действуют совокупно, в сочетании друг с другом. Так, например, в высказывании:

(26) *Ползу по огороду между гряд и вижу: часовой стоит на моей дороге... он слушает, выгнулся вперед.* (М. Горький) переплетены типовые контексты 3 и 4.

При неодушевленном же субъекте выражение статической позиции глаголом прошедшего времени совершенного вида в перфектном значении менее зависимо от контекста. Для реализации данного значения вышеперечисленные типовые контексты во многих случаях необязательны. Это значение часто выявляется и в одном изолированном высказывании с одним глагольным сказуемым:

(27) Медным пальцем *воткнулся* в небо тонкий шпиль Никольской колокольни… (М. Горький)

(28) По обложке (журнала «Советский экран». — Ч. Ц.) *расползлась* улыбка какой-то кинозвезды. (И. Штемлер)

(29) Так называемая успенская рудная зона *протянулась* в длину на 500 и в ширину на 60—100 километров. (Из газет)

Однако следует иметь в виду, что формы некоторых глаголов прошедшего времени совершенного вида в сочетании с неодушевленным субъектом в определенных ситуациях и контекстах могут обозначать не только статическую позицию, но и восприятие движущимся человеком объективно статического предмета (*Впереди вдруг поднялись зубчатые стены замка*). В подобных случаях подчеркивается не результат имевшего место в прошлом действия, а возникновение самого восприятия. ① Таким образом, для дифференцирования этих двух значений — значения перфекта и значения наступления конкретного факта — и для уточнения перфектного значения вышеуказанные типовые контексты порой тоже важны, например:

(30) Справа поднимается лесистая Ружова гора, слева *нависла* почти отвесная стена горы Студничной. (Ю. Демидович)

(31) По весне, когда гремучими ручьями схлынут снега, каждая деревня выглядит по-своему. Одна, как птичье гнездо, лепится на крутой горе; другая *вылезла* на самый бережок Пинеги, хоть из окошка закидывай лесу. (Ф. Абрамов)

Глаголы *нависла*, *вылезла*, которые в параллельной структуре с глаголами *поднимается*, *лепится* занимают однородную позицию, реализуют, естественно, не восприятие движущимся субъектом объективно статического предмета, а статическую позицию неодушевленного субъекта.

Если глагол совершенного вида в форме прошедшего времени,

---

① М. Я. Гловинская, Семантические типы видовых противопоставлений русского глагола. М., 1982, стр. 96.

использованный для выражения статической позиции субъекта в пространстве, стоит рядом с глаголом несовершенного вида в форме настоящего или прошедшего времени как однородное сказуемое (см. Примеры 18, 23, 24, 25, 26), то он в основном равнозначен соответствующему деепричастию и иногда может быть заменен им. Это подтверждается следующим примером:

(32) Они сидели за столом друг против друга, Артамонов — *облокотясь* (сравните *облокотился.* — Ч. Ц.), запустив пальцы обеих рук в густую шерсть бороды, женщина, нахмурив брови, опасливо *выпрямилась* (сравните *выпрямившись.* — Ч. Ц.). (М. Горький)

Здесь *выпрямилась* чуть ли не полностью отождествляется с деепричастием *облокотясь* по синтаксической позиции и семантической функции. Аналогичное явление видим также и в примере 13.

В следующих предложениях с однородными сказуемыми и подлежащим, выраженным неодушевленным существительным, глагольные формы прошедшего совершенного, обозначающие статическую позицию субъекта, тоже равнозначны соответствующим деепричастиям:

(33) Большая сосна *выдвинулась* далеко в поле и стояла одинокая, точно ее выгнали из леса. (М. Горький) (Сравните: Большая сосна, *выдвинувшись* далеко в поле, стояла одинокая, точно ее выгнали из леса.)

(34) Море спокойно *раскинулось* до туманного горизонта и тихо плещет своими прозрачными волнами на берег, полный движения. (Он же) (Сравните: Море, спокойно *раскинувшись* до туманного горизонта, тихо плещет своими прозрачными волнами на берег, полный движения.)

Статическое местонахождение и поза субъекта как вариант перфектного значения выражаются в большинстве случаев семантической группой глаголов, которая передает изменение местонахождения и позы субъекта в пространстве. В эту группу входят, например, такие глаголы *раскинуться*, *откинуться*, *нагнуться*, *согнуться*, *выгнуться*, *растянуться*, *натянуться*, *вытянуться*, *протянуться*, *прилечь*, *раз-*

лечься, *улечься*, *залечь*, *усесться*, *прижаться*, *упереться*, *опереться*, *нависнуть*, *повиснуть*, *отвиснуть*, *расположиться*, *подняться*, *выпрямиться*, *свернуться* и т. д. В сочетании с подлежащими, обозначающими статические, внешне малоизменяющиеся неодушевленные предметы, эти глаголы употребляются иногда в метафорическом значении. Когда подобному неодушевленному субъекту приписано действие, несвойственное ему, и его местонахождение представлено как результат этого действия, высказывание приобретает особую образность и экспрессивность (см. примеры 5, 27, 30, 31, 33, 34, 38, 40). У некоторых из этих глаголов совершенного вида именно путем метафоризации образовано переносное лексическое значение, называющее местонахождение и позу неодушевленного субъекта, например: *раскинуться*, *расположиться*, *протянуться* и т. д.

Глагоды, совершенный вид которых используется для выражения статической позиции суъекта в пространстве, могут быть разбиты на двс группы. В первую входят глаголы, несовершенный вид которых может выражать статическое состояние в определенных ситуациях; во вторую входят глагоды, несовершенный вид которых не используется в значении статического состояния, например: *усаживаться*, *нагибаться*, *свертываться* и т. п.

При использовании глаголов первой группы для передачи позиции субъекта в статической ситуации часто наблюдается параллельное употребление совершенного и несовершенного вида. Основной смысл не претерпевает существенного изменения. Например:

(35) Он подходил к тому дому, в котором когда-то провел свое детство, и хранившиеся в памяти картины постепенно оживали: так же виднелась вдали старая мельница, за садом *пролегала* дорога, за ней *простирались* поля.[1]

(36) Она была старая-престарая. Руки коричневые, сморщенные,

---

[1] Пример взят из кн.: Л. Н. Шведова, Трудные случаи функционирования видов русского глагола (к проблеме конкуренции видов). М., 1984, стр. 93.

в шишках, большущий нос *загибался* вниз, а костлявый подбородок — вверх. (В. Панова)

Глаголы несовершенного вида *пролегала*, *простирались*, *загибался* можно заменить на совершенный вид *пролегла*, *простерлись*, *загнулся*. Выделенные глаголы совершенного вида в примерах 5, 8, 10, 30 и т. п. допускают также и замену формами несовершенного вида соответствующих глаголов. Подобное параллельное употребление совершенного и несовершенного вида парных глаголов при передаче статического состояния возможно чаще всего в случаях, когда речь идет о позиции неодушевленного субъекта в пространстве. При одушевленном же субъекте параллельное употребление встречается редко (см. примеры 12, 17)

Формы прошедшего времени глаголов совершенного вида второй группы при выражении статической позиции субъекта не заменимы на несовершеннй вид. К этой группе относится подавляющее большинство глаголов, совершенный вид которых может использоваться для передачи позиции одушевленного субъекта (см. примеры 11, 16, 19, 22 и т. п.).

В «Русской грамматике — 80» отмечено, что «выражение наличного результата действия особенно характерно для непереходных глаголов»[1]. Как показано в примерах данной статьи, большинство глаголов, использованных в перфектном значении для выражения статической позиции субъекта в пространстве, действительно непереходные. Однако это совсем не значит, что переходные глаголы не могут быть употреблены в данном значении. Подобных примеров можно привести достаточное количество:

(37) На картине против Петра белая, сказочная лошадь, гордо *изогнула* шею: грива ее невероятно длинна, почти до земли. (М. Горький).

(38) Устинович был в строгом черном костюме. Крупный краси-

---

[1] Русская грамматика. Т. I. М., 1980. стр. 607.

вый камень сиял в нейлоновом воротничке… Глянцевый бантик стремительно *раскинул* узкие стрекозиные крылышки. (И. Штемлср)

(39) В расщелинах и у подножия скал *растопырили* свои колючие пальцы кактусы. Еще ниже, возле дороги, буйные заросли благородного лавра… (В. Соколов)

(40) Широкоплечий, носатый человек шагал вдоль улицы твердо, как по своей земле, одет в синюю поддевку добротного сукна, в хорошие юфтовые сапоги, руки *сунул* в карманы, локти плотно *прижал* к бокам. (М. Горький)

Итак, мы рассмотрели один из вариантов употребления видов русского глагола, который вызывает особую трудность у носителей китайского языка. В описываемой нами позиции, когда речь идет о статическом местонахождении и позе одушевленных предметов и статических внешне малоизменяющихся предметах, в китайском языке чаще всего неуместен глагол с суффиксом Le в значении прошедшего времени совершенного вида, а подходит глагол с суффиксом zhe в значении настоящего времени несовершенного вида. Если в русском языке допустимы предложения типа: *Остров Тюлений, что прижался к Сахалину, стал заповедным домом для ста тысяч котиков* (Из газет), то в переводе на китайский язык глагол *прижался* должен быть преобразован в китайскую глагольную форму kaozhe, по грамматическому значению сходную с русским *прижимается*. В этой связи при обучении китайских студентов виду русского глагола, в особенности виду русского глагола в художественной литературе, необходим функциональный и сопоставительный анализ употребления глагола совершенного вида в форме прошедшего времени для передачи значения статического местонахождения и позы субъекта в пространстве как варианта перфектного значения.

АСПЕКТУАЛЬНЫЕ СЕМАНТИЧЕСКИЕ КОМПОНЕНТЫ В ЗНАЧЕНИИ ИМЕН СУЩЕСТВИТЕЛЬНЫХ В РУССКОМ ЯЗЫКЕ

В статье рассматриваются проблемы аспектуальности конкретно-предметных и абстрактных имен существительных в связи и в сопоставлении с аспектуальными характеристиками соотносительных глагольных слов. Аспектуальные компоненты значения имен существительных исследуются в статье в чисто семантическом и формально-семантическом (словообразовательном) аспектах, а также с точки зрения широкого, лексического (аспектуальные лексико-семантические классы) и узкого, грамматического (противопоставление форм совершенного и несовершенного вида), понимания категории аспектуальности. В статье представлены различные классификации существительных с точки зрения выражаемых аспектуальных значений, продемонстрированы проблемы с описанием таких существительных в толковых словарях русского языка, высказаны предложения по усовершенствованию словарной семантизации аспектуальных компонентов значения имен существительных①.

1 Аспектуальная семантика в существительных

Вопрос о том, содержится ли в значении имен существительных

---

① Автор выражает искреннюю благодарность Илье Борисовичу Шатуновскому за сделанные им замечания и обсуждение ряда вопросов, затрагиваемых в статье. Статья в руссом варианте впервые опубликована. Вопросы языкознания, 2007, №1.

аспектуальный компонент, имеет достаточно долгую историю. Согласно некоторым авторитетным мнениям, в существительных, в отличие от глаголов, аспектуальные компоненты отсутствуют.[①] Согласно другой точке зрения (а именно ее мы будем защищать и развивать в данной статье), хотя вид как грамматическая категория является в русском языке исключительно принадлежностью глаголов, разнообразные аспектуальные значения в том или ином виде, так или иначе проявляются и в неглагольных словах. Как отмечал еще А. М. Пешковский, виды глагола, «в большей или меньшей степени оформления», можно найти в глагольных существительных, прилагательных и наречиях. Так, в одних отглагольных существительных «мы находим оттенок процесса, собранного в "точку" (например, *прыжок, скачок*), в других — процесса, разбитого на части и вследствие этого более или менее длительного (*летание, выздоравливанье, читатель*), в третьих — начала процесса (*запевала*)»[②]. Аналогичным образом, И. А. Мельчук[③] использовал совершенный вид (Perf) как одну из лексических функций не только для описания видовых отношений между глаголами (умереть = Perf(умирать), разобрать = Perf (разбирать)), но также для характеристики видовых противопоставлений в области существительных для описания производного отношения существительного к глаголу в области аспектуального значения, ср.: умирание = S_0(умирать) / смерть = S_0 Perf (умирать); разбор$_1$ = S_0(разбирать) / разбор$_2$ = S_0 Perf (разбирать); усталость = S_0(уставать); победитель = S_1 Perf (побеждать). Из современных работ, учитывающих и анализирующих аспектуальные характеристики имен существительных, отметим очерк аспектуальности имен существительных в монографии М. Я. Гловинской[④].

---

① В. В. Виноградов, Русский язык (грамматическое учение о слове). М., 1947.

② А. М. Пешковский, Русский синтаксис в научном освещении. М., 1935. стр. 100.

③ И. А. Мельчук, Опыт теории лингвистических моделей "Смысл⇔Текст". М., 1974. стр. 96–97.

④ М. Я. Гловинская, Многозначность и синонимия в видо-временной системе русского глагола. М., 2001.

Аспектуальные значения в семантике существительных могут быть рассмотрены с различных точек зрения и на различных уровнях языковой системы. С одной стороны, аспектуальные компоненты существительных могут рассматриваться на чисто семантическом уровне, независимо от их словообразовательной связи с глаголами, т. е. как в отглагольных существительных, так и в существительных, не производных от глаголов (непроизводных, производных от слов других частей речи и заимствованных). Далее, точки зрения аспектуальности могут быть рассмотренны существительные, производные от глаголов. В этом случае является важным исследование сохранения или, напротив, исчезновения, (а иногда и добавления аспектуальных противопоставлений, отсутствовавших в исходных словах). При этом к рассмотрению могут быть привлечены все отглагольные существительные в целом, как абстрактные, так и конкретные существительные (т. е. как *убийство*, так и *убийца*). Наконец, при наиболее узком подходе рассматриваются только отглагольные существительные, обозначающие то же действие, процесс и т. д., что и исходные глаголы (синтаксические дериваты глаголов), в наибольшей мере сохраняющие аспектуальные особенности исходных глаголов. В свою очередь, в последнем случае аспектуалные особенности абстрактных имен существительных могут быть исследованы как в соответствии с более широким, лексическим пониманием аспекта, так и в соответствии с узкой, собственно грамматической трактовкой аспекта (вида).

Разумеется, выполнить грандиозную задачу описания всех типов аспектуальности существительных невозможно в рамках небольшой статьи, наша задача — представить кратко предварительный общий очерк аспектуальности в сфере существительных, наметить возможности классификации существительных с точки зрения выражаемых аспектуальных значений, продемонстрировать существующие здесь проблемы с описанием таких существительных в толковых словарях русского языка и предложить пути их усовершенствования.

В своих выводах мы опираемся не только на материалы толковых словарей (отражающим в каком-то смысле прошлое языка), но также на обширную выборку примеров из современной «бумажной» и особенно электронной прессы, размещенной в Интернете. При этом нами рассматриваются не только безупречные с точки зрения существующей языковой нормы, узуальные случаи, но также не совсем «гладкие», более или менее окказиональные употребления. Такой подход, на наш взгляд, позволяет в наибольшей мере отразить современное состояние языка и отразить в исследовании произошедшие (или происходящие) в этой области изменения.

2 Аспектуальность конкретно-предметных имен существительных в семантическом аспекте

Примером описания имен существительных с учетом (фактически) аспектуальных семантических компонентов является семантическое представление имен существительных, выражающих конкретно-предметное значение (как отглагольных, так и не отглагольных), в рамках модели "Смысл⇔Текст"①. Авторы разделили существительные, обозначающие актантов действия, в соответствии с однократностью (единичностью) /неоднократностью (повторяемостью, узуальностью) действия, участниками которого они являются, на: (а) существительные, обозначающие лицо по единичному актуальному действию (семантически соотносительные с НСВ в конкретно-процессном (актуально-длительном) значении), например, *всадник* (тот, кто едет верхом), *прохожий* (тот, кто в данный момент проходит мимо); (б) существительные, обозначающие лицо как постоянного, узуального участника действия (соотносительные с НСВ в значении повторяющегося, узуального действия), например, *наездник* (человек, узуально занимающийся верховой ездой), *повар*, *врач*, *шофер*; (в) существительные, способные употребляться как в актуальном, так и в узуальном значении (т. е. совмещающие в своей семантической структуре

---

① Л. К. Жолковский и И. А. Мельчук, К построению действующей модели языка "Смысл⇔Текст". // Машинный перевод и прикладная лингвистика. М., 1969. стр. 30 – 31.

аспектуальные значения единичности, однократности и многократности действия), например, *лыжник* (тот, кто ходит или идет на лыжах; спортсмен, занимающийся лыжным спортом), *пловец* (тот, кто плавает или плывет; спортсмен, занимающийся плаванием). В свою очередь, существительные, выражающие значение однократности, можно разделить на две аспектуальные группы — результативные и процессные существительные — в соответствии с тем, доведено ли действие, в котором участвует обозначаемое ими лицо, до результата (такие существительные соотносительны с СВ) или же оно представляет собой незаконченный, актуально развертывающийся процесс (соотносительны с НСВ). К первым относятся *автор* (тот кто *написал* статью, книгу), *убийца* (тот, кто *убил*), *убитый* (тот, кого *убили*) и т. д., ко вторым — *пассажир* (тот, кто актуально *пользуется* услугами транспорта), *больной* (тот, кто *болеет*).

Семантические аспектуальные различия необходимо учитывать и в рамках более широких семантических и синтаксических классификаций имен. Специфика ряда типов лексических значений связана с наличием в их семантической структуре отсылки к процессуальному признаку, представленному в том или ином аспектуальном плане. Так, выделяемый в работе Н. Д. Арутюновой функциональный тип номинации лиц и предметов предполагает представление о выполняемом ими или посредством их (для предметов) повторяющемся, многократном (по крайней мере, потенциально) действии. В свою очередь, аспектуальная характеристика содержащегося в значении имени процессуального компонента имеет различные семантические, синтаксические и референциальные последствия, обуславливает его референциальные возможности и валентностные связи.[①] Прежде всего, поскольку объектом (узуального, потенциально бесконечно) повторяющегося действия, по понятным экстралингвистическим причинам, не может быть еди-

---

① Н. Д. Арутюнова, К проблеме функциональных типов лексического значения. //Аспекты семантических исследований. М., 1980. стр. 212 – 213.

ничный объект (нет смысла изготавливать щипцы для того, чтобы расколоть с их помощью один-единственный орех, и человек обычно не может зарабатывать себе на жизнь тем, что он чистит одни и те же сапоги), объектами повторяющегося действия являются различные объекты одного и того же класса. Соответственно, имя, обозначающее такой объект, всегда относится к классу = имеет неопределенную (родовую) референцию: *чистильщик сапог* ‘тот, кто узуально чистит сапоги (неопр., разные, одни, другие, третьи и т. д., но все они относятся к классу сапог)’ — **чистильщик этой пары туфель.* ① Представление об объекте, имеющем родовую референцию, легко может быть включено в семантику имени: *колун* — ‘то, чем колют дрова’, однако это не освобождает синтаксическую позицию объекта, которое могло бы быть занято другим именем (Там же: 212): позиция родового объекта уже заполнена семантически, обозначение определенного объекта при узуально повторяющемся действии по прагматическим причинам невозможно (**колун этого полена*). Поэтому функциональные обозначения, хотя и обнаруживают некоторое сходство с реляционными обозначениями, включающими компонент ‘отношение’ (Там же: 211), не способны выполнять в предложении роль реляционного предиката, требующего определенности второго термина отношения (Петр — *мой* сын / друг *Ивана*), но выступают в роли классифицирующего предиката, ср.: **Маша продавщица этого брикета мороженого*; *Маша — продавщица мороженого.* Ситуация, впрочем, меняется, если повторяющееся действие таково, что оно может повторяться с одним и тем же объектом или лицом, например, *полотер Его Величества* и т. д., ср. также несколько иное (постоянное занятие, но не функция, а, так сказать, хобби) *собутыльник твоего брата*, где объект и второй субъект совместного действия («партнер») определенный, или, по крайней мере, более определенный (не полы вооб-

① Н. Д. Арутюнова,. К проблеме функциональных типов лексического значения. //Аспекты семантических исследований. М., 1980. стр. 212.

ще, но полы в (определенном) королевском дворце, твой брат), в таких случаях имя выполняет реляционную функцию.

В то же время имена существительные, обозначающие лицо по единичному действию, по своему синтаксическому поведению сближаются с существительными, выражающими реляционное значение. Они не способны употребляться в роли классифицирующего предиката: *Иванов — писатель* и * *Иванов — автор*[1], *но регулярно используются «в идентифицирующих целях, и это сближает их с реляционными предикатами»*[2]: *Достоевский — автор «Бесов», Убийца Кеннеди — Освальд*; *Автор этого романа — Иванов.* В предложении они имеют определенную референцию, которая достигается указанием на определенный объект действия, валентность на обозначение которого у таких имен должна быть обязательно заполнена, при том, что родовые объекты при именах, выражающих повторяющееся действие, часто вообще не выражаются, ср.: спаситель *девочки*/ * спасатель *девочек*[3], *автор этого письма*/ * писатель *этих произведений*.

Хотя существительные, обозначающие лицо по повторяющемуся действию, также могут быть определенными, при этом определенность может создаваться, как и в случае обозначений лица по единичному действию, путем отсылки к определенному объекту (в широком смысле), с которым связано данное лицо, интерпретации таких совпадающих по своей поверхностной форме сочетаний (их глубинные синтаксические структуры), принципиально различны. Ср. словосочета-

---

① В настоящее время, видимо, под влиянием английского языка, где соответствующее слово (author) обозначает, прежде всего, постоянное занятие, русское слово *автор* развивает многозначность в отношении единичности / повторяемости действия, употребляясь и как функциональное обозначение лица, узуально создающего некие письменные произведения. В таком значении это слово, естественно, приобретает возможность употребляться без указания на объект действия и в роли классифицирующего предиката: *Я не писатель, я автор.* (Н. Устинова, ТВ)

② Н. Д. Арутюнова, К проблеме функциональных типов лексического значения. //Аспекты семантических исследований. М., 1980. стр. 213.

③ В. А. Плунгян и Е. В. Рахилина, Парадоксы валентностей. // Семиотика и информатика. вып. 36. М., 1998. стр. 115.

ния *убийца мэра* и *киллер мэра*. *Убийца* (в данном контексте) является существительным, обозначающим лицо по однократному действию, существительное *мэр* при этом указывает на определенный объект действия *убийцы*, смысл словосочетания — убийца, убивший мэра; *киллер* (профессиональный убийца) является существительным, обозначающее лицо, совершающее (по крайней мере, потенциально) повторяющееся, узуальное действие и *мэр* в сочетании с ним указывает не на объект действия профессионального *убийцы* (поскольку невозможно постоянно, узуально убивать одного и того же человека), а его «посессора», смысл словосочетания — профессиональный убийца, нанятый мэром для регулярного совершения заказных убийств. Хотя оба словосочетания определенные, но средства создания значения определенности различны: в первом случае оно создается указанием на определенный объект действия, а во втором — на определенного нанимателя. Заметим, что *убийца* может пониматься и как выражающее значение общефактического типа: (тот, кто совершил, по крайней мере, одно убийство, = совершил, по крайней мере, одно действие этого типа), и употребляться поэтому без указания на объект, аналогично, *грабитель*, *поджигатель*①. Именно это значение имеется в виду, когда, например, говорят о том, что в данной тюрьме сидят убийцы и грабители.

В случае если и актуальное, единичное действие, и повторяющееся действие может иметь один и тот же вид объектов, обозначение объекта отличается с точки зрения референции: так, конверсионные субъекты, выраженные существительными *покупатель / продавец* могут сочетаться с формально одним и тем же объектом-существительным: *покупатель воздушных шаров / продавец воздушных шаров*. Одна-

① Глаголы НСВ *убивать*, *грабить*, *поджигать* и т. п. обозначения деструктивных действий очень плохо употребляются в ОФ значении, поэтому в толковании использован глагол СВ с эксплицитным общефактическим кванторным пояснением: «по крайней мере, один раз». В данном случае в производном существительном происходит «приращение» аспектуального значения, появляется аспектуальный компонент, который в норме отсутствует непосредственно в производящем глаголе СВ, как, впрочем, и в соотносительном НСВ.

ко покупатель (тот, кто купил или покупает воздушные шары) является существительным, обозначающим лицо по актуальному единичному действию, поэтому зависимое имя существительное, обозначающее объект этого действия, понимается как определенное; *продавец* (в данном сочетании) понимается как относящееся к узуальному, постоянному действию (просто потому, что нельзя, в норме, много раз продавать одни те же шары), поэтому объект действия понимается как нереферентный[①], точнее, имеющий неопределенную (родовую) референцию. Заметим, впрочем, что и здесь при определенных условиях возможно понимание слова *продавец* как соотносительного с актуальным единичным действием. Например, в ситуации покупки-продажи квартиры, когда стороны, участвующие в сделке, именуются соответственно *покупатель* и *продавец*.

Семантика аспектуальной категории в конкретно-предметных существительных обычно отражается (хотя и не всегда четко) в словарных статьях толковых словарей в лексическом и видовом значении предиката дефиниции. Ср. :

Всадник — Тот, кто едет верхом на лошади. [МАС[②]]/ *Наездник* — Тот, кто владеет искусством верховой езды ([МАС];

Спаситель — Тот, кто спас или спасает кого-л. от какой-л. опасности или гибели. [МАС] / *Спасатель* — Тот, кто занимается спасанием кого-л. [МАС];

Убийца — Тот, кто совершил убийство. [СОШ 1997[③]] / *Киллер* — Наемник, совершающий заказное убийство [ТСРЯ 1998[④]].

В приведенных выше словарных статьях в толкованиях существительных *всадник*, *спаситель*, *убийца* использованы глаголы несовершенного вида в конкретно-процессном значении (*едет*, *спасает*) и

---

① В. А. Плунгян и Е. В. Рахилина, Парадоксы валентностей. // Семиотика и информатика. вып. 36. М., 1998. стр. 115.

② МАС 1981—1984 — Словарь русского языка (I - IV) АН СССР. М.,1981—1984.

③ СОШ 1997 — С. И. Ожегов и Н. Ю. Шведова, Толковый словарь русского языка. М., 1997.

④ ТСРЯ 1998 — Толковый словарь русского языка конца XX в. СПб., 1998.

глаголы совершенного вида в конкретно-фактическом значении (*спас*, *совершил*). Это выявляет аспектуальные характеристики их лексических значений: *всадник* содержит в себе конкретно-процессное значение НСВ, *убийца* — конкретно-фактическое значение СВ, а *спаситель* включает в себя как конкретно-процессное значение НСВ, так и конкретно-фактическое значение СВ. Существительные *наездник*, *спасатель*, *киллер*, совпадая по основному понятийному содержанию со словами *всадник*, *спаситель*, *убийца*, то же время отличаются от последних, как показывают словарные толкования, в отношении аспектуального компонента, обозначая постоянное свойство. Это отличие проявляется в толкованиях в использовании форм НСВ, выражающих постоянно-непрерывное или неограниченно-кратное значение (*владеет*, *занимается*, *совершающий*). Оговорки следует сделать в отношении толкования слова *киллер*, в котором использование причастия НСВ *совершающий*, предпочтительно понимаемого в значении узуального, повторяющегося действия, противоречит единственному числу абстрактного имени. Как представляется, это противоречие отражает аспектуально-темпоральное своеобразие еще не устоявшегося в своем употреблении слова *киллер*: это и (прежде и чаще всего) (а) тот, кто узуально, профессионально совершает заказные убийства, и (б) тот, кто совершил одно такое убийство, и даже (в) тот, кто вообще (еще) не убил, но только нанят для того, чтобы совершить убийство, так сказать, находится в процессе его осуществления (поэтому *совершающий* может пониматься и в соответствующем процессном, хотя и не конкретном значении).

В целом, в соответствии с характером аспектуального компонента, содержащегося в лексическом значении конкретно-предметных существительных, их можно разделить на:

— конкретно-фактические имена существительные (соотносительные с СВ в конкретно-фактическом значении: *убийца*$_1$ (*X-а*), *создатель* (*Y-а*), *нарушитель*, *поджигатель*, *победитель*, *предъявитель*, *податель* и т. д.

— конкретно-процессные имена существительные (соотносительные с СВ в конкретно-процессном значении): *всадник*, *прохожий*, *проситель* и т. д.

— узуальные имена существительные (соотносительные с НСВ в значении узуального действия): *наездник*, *грузчик*, *прогульщик*, *лесоруб*, *портретист* и т. д.

— перфектные имена существительные (соотносительные с СВ в перфектном значении): *обрыв* (место, где *оборвано*)

— существительные перфектного состояния, например, *забор* (стена, обычно деревянная, *отделяющая* или *ограждающая* что-л.)

— общефактические существительные, например, *свидетель* (тот, кто лично *присутствовал* при каком-л. событии, лично *видел* что-л.), *убийца*$_2$, *грабитель*$_2$ и т. д.

— постоянно-непрерывные существительные, например *обитатель* (тот, кто *живет*, *обитает* где-л.) и др.

Выделенные в толкованиях глаголы употреблены в значении перфектном (*оборвано*), перфектного состояния (*отделяющая*, *ограждающая*), общефактическом (*присутствовал*, *видел*) и постоянно-непрерывном (*живет*, *обитает*). Некоторые конкретно-предметные существительные совмещают в себе два или более частных аспектуальных значения, например, *спаситель*, *освободитель*, *завоеватель*, *обследователь*, *изобретатель* и др. совмещают в своей семантической структуре конкретно-фактическое и конкретно-процессное значения, *гребец*, *лыжник*, *пловец*, *игрок* и другие совмещают узуальное и конкретно-процессное значения: *гребец* — спортсмен, занимающийся гребным спортом, или тот, кто гребет.

3 Аспектуальность абстрактных имен существительных, производных от глаголов

Производные от глаголов отвлеченные имена существительные связаны с производящими глаголами не только в плане собственно лексического (понятийного) значения, но также, поскольку (парные по виду) глаголы в русском языке имеют две видовые формы, СВ и НСВ, с видовыми характеристиками глагола, как в формальном, так и в семантическом плане. В толковых словарях русского языка эта связь отражается не всегда последовательно и эксплицитно, кроме того, во многих случаях словарные толкования не соответствуют реальному речевому употреблению. Так, например в МАС, имеются три типа толкований отглагольных существительных с точки зрения отсылки к тому или иному виду: (а) существительное соотнесено в толковании с формой СВ: Написание — действие по знач. глаг. написать; (б) существительное соотнесено в толковании с формой НСВ: Раскалывание — действие по знач. глаг. раскалываться; (в) существительное соотнесено в толковании с обеими видовыми формами: Раскол — действие по знач. глаг. расколоться — раскалываться. В последнем случае, очевидно, отражается связь отглагольного существительного и глаголов с точки зрения лексического значения, но не с точки зрения словообразования: производящим для слова *раскол* является глагол СВ *расколоться*, но не НСВ *раскалываться*.

Категория аспектуальности может пониматься в широком и узком смысле. Категория аспектуальности в узком смысле формируется противопоставлением двух рядов форм — СВ и НСВ, выражающих видовые грамматические значения и образующих грамматическую категорию вида в русском и других славянских языках.

Категория аспектуальности в широком смысле представляет собой функционально — семантическую категорию. В этом случае аспектуальные значения сливаются с лексическими значениями (являются частью лексических значений) и не имеют формальных грамматических показателей. Такого рода аспектуальные значения выражаются во всех языках, хотя, разумеется, функционально-семантические аспектуальные группы (классы) слов не совпадают полностью в разных языках. Аспектуальные категории в широком смысле в языках, которые имеют категорию вида (в узком смысле), представляющую в этих языках ядро функционально-семантического поля аспектуальности[①], взаимодействуют с этой категорией. В русском языке большинство глаголов СВ и НСВ имеет синтетические формальные показатели, отглагольные существительные, производные от них, также включают эти показатели, поэтому при анализе аспектуальных категорий, к которым относятся эти существительные, нельзя не учитывать их производность (соотнесенность) с совершенным или несовершенным видом. Семантика глаголов способов действия в русском языке имеет тоже определенные формальные показатели, однако в современном русском языке существительные, производные от глаголов конкретных способов действия, представляют собой нерегулярные и малопродуктивные образования.

4 Аспектуальные типы отглагольных существительных с точки зрения функционально-семантического (лексического) понимания категории аспектуальности

С точки зрения особенностей лексической семантики, а также коррелятивных с семантическими особенностями различий в области «скрытой грамматики» — возможности образования тех или иных грамматических форм, сочетаемость с разного рода обстоятельствами, и т. д. — глаголы могут быть разбиты на различные аспектуальные классы. Наибольшую известность из таких классификаций получила классификация глаголов Зено Вендлера, произведенная им на материале английского языка. Достоинством этой классификации является то, что в ней выделены наиболее общие и наиболее «рельефно» выделяющиеся (фактически) аспектуально-семантические классы глаголов (критерием является возможность образования продолженных форм и сочетаемость с различными временными ограничителями и показателями длительности типа *весь день* — типично аспектуальные критерии). Согласно З. Вендлеру, все глаголы можно разделить на следующие ос-

---

① А. В. Бондарко, Вид и время русского глагола. М., 1971. стр. 4.

новные классы: глаголы состояния (states), глаголы деятельности (activities), глаголы исполнения (accomplishments), глаголы достижения (действия с акцентом на результате①) (achievements) ②. Названия этих классов, правда, может быть не совсем удачны, поскольку не отражают полностью специфику этих классов. Но это объективная трудность. Как в русском, так и в английском языке чрезвычайно важным является противопоставление контролируемых и неконтролируемых ситуаций (процессов) и отсутствуют слова, обозначающие аспектуальные классы в отвлечении от этого признака, который является нерелевантным для их выделения. Все это приводит к серьезным номинативным (терминологическим) трудностям. В работе Е. В. Падучевой соответствующие классы обозначены как: (1) состояния, (2) деятельности и непредельные процессы, (3) действия и предельные процессы, (4) скачки. ③ Скачки с аспектуальной точки зрения входят в русском языке в более широкий класс, который мы будем называть «моментальные (мгновенные) переходы и события» (*достичь*, *нарушить*, *приехать*, *ударить*, *взорвать*(*ся*) и т. д.). Кроме того, в русском языке с точки зрения семантики и особенностей видового противопоставления, что особенно релевантно для данной статьи, необходимо учитывать, как минимум, наличие еще одного класса (отсутствующего у Вендлера), а именно градативов ④: *белеть* = ‘становиться более белым’; *увеличивать*(*ся*) = ‘становиться больше’ и т. д. Таким образом, мы имеем следующие 5 основных функционально-семантических аспектуальных классов: (1) состояния (*находиться*); (2) деятельности и непредельные процессы (*спать*, *дежурить*, *кипеть*);

---

① Термин Е. В. Падучевой (1996, стр. 107).

② Z. Vendler, *Linguistics in Philosophy*. Ithaca, New York: Cornell univ. press, 1967. pp. 97 – 121.

③ Е. В. Падучева, Семантические исследования: Семантика времени и вида в русском языке. Семантика нарратива. М., 1996. стр. 91 – 92.

④ Данный тип (в связи с особенностями противопоставления СВ и НСВ в глаголах этого типа) был выделен М. Я. Гловинской [Гловинская 1982: 86 – 89; 2001: 100 – 103]; термин градатив принадлежит Е. В. Падучевой [Падучева 1996: 117].

(3) предельные действия и предельные процессы, которые мы будем также называть длительно-результативными действиями и процессами, поскольку они состоят из этапа некоторого длящегося действия/процесса, который приводит к некоторому результату (в широком смысле, = к изменению состояния) (*варить суп*, *читать книгу*, *увядать*); (4) градатив; (5) моментальные переходы и моментальные события. Глаголы, относящиеся к классам (1),(2),(4) — непредельные, глаголы классов (3),(5) — предельные.

На это деление в русском языке накладывается собственно видовое противопоставление. Одни из перечисленных аспектуальных классов включают глаголы какого-либо одного определенного вида, в глаголы других классов могут быть как в форме СВ, так и НСВ, и внутри этих классов имеет место видовое противопоставление в узком смысле. Производные отглагольные существительные также делятся на различные аспектуальные классы, соответствующие аспектуальным характеристикам производящих глаголов; точнее говоря, эти классы «возвышаются» над делением на части речи и свойственны процессуальным существительным так же, как и глаголам.

4.1 Отглагольные существительные — состояния (states). Значение этих существительных характеризуется статичностью, длительностью, гомогенностью и отсутствием внутреннего предела.

С точки видовой характеристики производящих глаголов существительные состояния делятся на следующие группы:

а) Существительные состояния, производные от глаголов НСВ, не имеющих соотносительных глаголов СВ: состояние 〈←состоять〉 (состояние в запасе — состоять в запасе); нахождение 〈←находиться〉 (во время его *нахождения* на орбите = в то время, когда он находился на орбите); отношение 〈←относиться〉 (*Он хорошо относится к нам — его хорошее отношение к нам*); знание 〈← знать〉 *Он знает законы развития — знание законов развития* и т. д.

б) Существительные перфектного состояния, производные от

глаголов НСВ в перфектных видовых парах[1]: *залегание* 〈←залегать〉 (Новгородская область является перспективной в отношении *залегания* здесь алмазов (regions. ru) — В недрах Новгородской области *залегают* алмазы); *отставание* 〈←отставать〉 (Наше *отставание* от Европы и США в этой сфере очевидно (А. Колесов) = То, что мы *отстаем* от Европы и США в этой сфере, очевидно).

в) Существительные перфектного состояния, производные от глаголов СВ в перфектных видовых парах: расположение 〈←расположиться〉 (К месту *расположения* 5-го моста поставили дополнительно 100 метров боновых заграждений. (saint-petersburg. ru) = К месту, где *расположился* 5-ый мост...); вздутие 〈←вздуться〉 (Уже месяц наблюдается *вздутие* живота (celt. ru) — Уже месяц как *вздулся* живот).

4.2 Отглагольные существительные, обозначающие деятельности и непредельные процессы.[2] Значение этих существительных характеризуется признаками динамичности, длительности, гомогенности и отсутствия внутреннего предела. Сюда входят:

Производные существительные деятельности обычно образуются от несоотносительных глаголов НСВ: бред 〈←бредить〉 (Больной всю ночь был в *бреду* = Больной всю ночь *бредил*); рыдание 〈←рыдать〉 (От *рыданий* она вся трясется = Она *рыдает* и от этого вся трясется); дежурство 〈←дежурить〉 (быть на *дежурстве* = дежурить).

Существительные данного аспектуального типа могут образовываться в русском языке и от несоотносительных по виду глаголов СВ, видовое значение которых противоречит данному аспектуальному зна-

---

① Перфектную видовую пару, по Е. В. Падучевой (1996: 155), составляют глагол СВ, обозначающий не только переход в новое состояние, но и само новое состояние, которое за ним следует, и глагол соответствующего НСВ, обозначающий не просто состояние, но состояние, наступившее в результате перехода, который обозначается глаголом СВ. О таких видовых парах упоминалось в работе Чжан Цзяхуа (1986: 69–73).

② Название этого класса до некоторой степени условно. Фактически в эту группу (глаголов и существительных) входят не только слова, обозначающие собственно деятельность, как *толкать* (*тележку*), *дежурить*, и непредельные неконтролируемые (нецеленаправленные) процессы (*кипеть*), но также слова, которые невозможно естественно отнести ни к первым, ни ко вторым (*бредить*, *рыдать*, *плакать*, *смеяться* и т. п.).

чению: полет 〈←полететь〉 (по смыслу соотноситься с *лететь*); прогулка 〈 формально от ←прогулять(ся)〉 (по смыслу соотносится с *гулять*, *прогуливаться*; ср.: долгий *полет* / * долго *полететь*; во время *прогулки* / * во время, когда кто-л. *прогулялся*.

Заметим, что ряд существительных, выражающих в первичном значении деятельность (*полет*, *дежурство*, *путешествие*, *поездка*, *поход* и т. п.), может также употребляться в значении, соответствующем значению СВ — значении целостного действия, ср. *после дежурства*, *в результате прогулки*, *перед полетом* и т. п. Такие существительные, помимо всего прочего, используются для образования своего рода аналитических глаголов СВ (часто отсутствующих в однословной форме): *совершить полет / прогулку*, *проделать путешествие* и т. п.

4.3 Длительно-результативные отглагольные существительные (предельные действия и предельные процессы) В структуре лексического значения отглагольных существительных этого класса сохраняются такие аспектуальные семантические компоненты производящих глаголов, как динамичность, длительность, гетерогенность и наличие внутреннего предела. Производящие длительно-результативные глаголы являются в русском языке парными по виду, глагол НСВ в видовой паре в прототипическом для данного противопоставления конкретно-процессном значении обозначает протекание действия/процесса на этапе до достижения (или недостижения) предела и перехода в новое состояние (для контролируемых процессов — действий — достижения или недостижения результата), СВ — указывает на достижение (или с отрицательной форме — недостижение) предела (результата) и переход (с отрицанием — отсутствие ожидавшегося перехода) в новое состояние. Существительные этого класса образуются в одних случаях от глаголов СВ, в других — от глаголов НСВ, при этом, вне зависимости от того, от глагола какого вида они образованы, такие существительные имеют двувидовой характер, функционально-семантически соотносятся с обоими видами. О соотносительности таких существительных с обоими видами говорит, со ссылками на А. А. Потебню и Я. К.

Грота, В. В. Виноградов (правда, здесь говорится об отглагольных существительных в целом)[1]. Существительное этого типа (*создание*) приводится Е. В. Падучевой как пример денотативной неоднозначности: «*сообщил о создании* (факт) — *участвовал в создании* (процесс)»[2]. Такие существительные употребляются не только в конситуации[3] достижения внутреннего предела, обозначая действие, которое достигает положительного или отрицательного результата, но и в конситуациях длящегося действия / процесса, выражая протекание действия (процесса) на этапе до достижения (положительного или отрицательного) результата.

4.3.1 Длительно-результативные отглагольные существительные, производные от парных по виду длительно-результативных глаголов.

Существительные, обозначающие действия, образуются как от парных глаголов СВ, так и от парных глаголов НСВ. Будем называть такие существительные длительно-результативными отглагольными существительными.

4.3.1.1 Длительно-результативные отглагольные существительные, образованные от СВ:

Наиболее продуктивным суффиксом, образующим существительные этого типа, является суффикс *-енuj(е)*.

(1) а. *Выяснение* истинных причин чернобыльской аварии тянулось долго. (Б. Горбачев);

б. После *выяснения* обстоятельств все задержанные были отпущены на свободу. (Из газет)

(2) а. Процесс *изменения* орбиты состоит из двух частей. (news.ru)

б. Дополнительные доходы, полученные компанией в резуль-

---

① В. В. Виноградов, Русский язык (грамматическое учение о слове). М., 1947. стр. 120.

② Е. В. Падучева, Высказывание и его соотнесенность с действительностью. М., 1985. стр. 13.

③ Конситуация = контекст + ситуация.

тате *изменения* тарифов, будут направлены на развитие средств связи на Дальнем Востоке. (Там же)

Отглагольные существительные *выяснение*, *изменение* в примерах (а) обозначают действие на этапе до достижения результата (и соответствуют семантически конкретно-процессному НСВ), слова *тянулось долго*, и *процесс* являются показателями их процессности (развертывания действия во времени); в предложениях (б) эти существительные обозначают целостное действие (событие), показателями этого являются слова *после*, *в результате* и т. д. ①

Двувидовая семантика длительно-результативных отглагольных существительных *изменение* и *выяснение* отражена в МАС, толкующем эти существительные путем отсылки к соответствующей паре глаголов СВ и НСВ: *изменение* — действие по знач. глаг. *изменить* — *изменять* и состояние по знач. глаг. *измениться* — *изменяться* (МАС I 1981: 647), аналогично *выяснение*.

В то же время в других случаях в словаре дается отсылка только к одному виду. Так, отглагольные существительные *восстановление*, *рассмотрение*, *освоение* и др. толкуются в МАС через глагол СВ, напр.: *восстановление* — *«действие по глаг.* восстановить». Однако, как показывают примеры, они могут также использоваться для выражения конкретно-процессного значения, соответствующего НСВ:

(3) Прекращено *восстановление* Останкинской телебашни. Денег нет. (Радио «Маяк»)

(4) 8 июля в областном суде началось *рассмотрение* дела по убийству...(nr2. ru)

---

① Двувидовой характер префиксальных отглагольных существительных отчасти проявляется и формально. Ударение в этих отглагольных существительных всегда падает на суффикс *-ени(е)*, независимо от ударения в производящем инфинитиве СВ (ср. *изменить* — *изменение*, *выяснить* — *выяснение*, *повысить* — *повышение*). Я. К. Грот объясняет это приспособлением ударения в этих существительных к соотносительным формам НСВ на *-ать*, — *ять*: *прославление* — от *прославить / прославлять* (Виноградов 1947:120; см. также Русская грамматика. Т. I. стр. 159), аналогично *выяснение*, *повышение*: *умножение*, *уверение*, *высвобождение*, *нарушение*, *заполнение*, *очищение*, *выражение*, *улучшение*, *перечисление*, и т. д.

(5) В течение многих лет активно шло *освоение* территории. (crs-dod. ru)

Существительные, образованные от парных длительно-результативных глаголов СВ с помощью других суффиксов, в том числе и нулевого суффикса,— *окраска*, *починка*, *сдача*, *устройство*, *осмотр*, *разброс*, *обыск*, *выплата*, *продажа* и др. — также употребляются как двувидовые, т. е. могут быть соотносительны и с СВ, и с НСВ, выражая в одних конситуациях значение целостного действия, доведенного до результата, а в других — действие на этапе до достижения результата.

Любопытно, что в отдельных случаях существительные этого типа образуются от глаголов СВ, не имеющих пары НСВ. Тем не менее, они функционируют как двувидовые существительные, компенсируя недостаточность в этом пункте собственно глагольной видовой системы:

(6) Теракт в Грозном — это попытка сорвать политический процесс *урегулирования* в Чечне. (relcom. ru), ср.: В последнее время появилась надежда на *урегулирование* имущественных споров (из газет) = *надежда урегулировать имущественный спор*.

В данном случае существительное, образованное от глагола СВ *урегулировать*, не имеющего пары НСВ (*регулировать* имеет другое значение), способно употребляться не только в значении целостного действия, но также, как в примере выше, в процессном значении.

4.3.1.2 Длительно-результативные отглагольные существительные, образованные от НСВ.

Как и существительные, образованные от СВ, такие существительные с точки зрения значения и функционирования являются двувидовыми, ср.:

(7) а. Министерство обороны России начало *вывоз* (= начало вывозить) военной техники и оборудования из Грузии. (Kmnews. ru)

б. Сахалинскими таможенниками пресечено три попытки *вывоза* (= попытки вывезти) березовых грибов в Корею. (gazeta. ru)

(8) а. Российский путешественник Матвей Шпаро встречает свое

25-летие во время *перехода* (= во время процесса перехода) через льды Гренландии. (tassphoto. com)

б. После *перехода* (= после того, как он перешел) через Байкал каюр намерен отправиться на чемпионат России по ездовому спорту на средней дистанции. (greenexpress. ru)

Аналогично:

(9) а. *Прокладка* пятикилометрового тоннеля началась еще в советское время. (iran. ru)

б. Сколько стоит *прокладка* трубопровода до Находки? (satatools. ru)

(10) а. Во время *переезда* 8, 9 и 10 января консульский отдел будет закрыт. (Из газет)

б. Многие переселенцы не могут оформить вид на жительство даже спустя несколько лет после *переезда*. (vesti. ru)

(11) а. Молодая женщина была убита во время *покупки* дубленки. (regions. ru)

б. Переименование компании произошло год спустя после *покупки* заводов голландцами. (redlinemedia. ru)

В МАС одни из отглагольных существительных этого типа (*вывоз*, *проводка*, *переход*, *пропуск* и т. д.) толкуются через соответствующую пару глаголов СВ и НСВ, что отражает их реальное употребление. В то же время другие существительные этого типа, например, *прокладка*, *переезд*, *покупка*, толкуются только через НСВ (*прокладка* — действие по знач. глаг. прокладывать), что создает впечатление, что они по своей аспектуальной семантике соответствуют только глаголам НСВ, что, как видно из примеров выше, не соответствует действительности. Толкования отглагольных существительных этого типа в МАС указывает в этих случаях лишь на словообразовательную производность этих существительных от глаголов НСВ.

4.3.2 Двувидовые существительные, обозначающие предельные процессы, образуются от парных глаголов НСВ: *Высыхание*〈←*высыхать*〉, *увядание*〈←*увядать*〉, *созревание*〈←*созревать*〉 и т. д.: *процесс высыхания* — *в результате высыхания* и т. д. Такие существительные способны обозначать как процессы в развитии, так и процесс, достигший итогового состояния.

4.4 Отглагольные существительные градативы. Это существительные, образованные от глаголов типа *увеличить*(*ся*), *повысить*(*ся*) и т. п. Своеобразие этого класса глаголов показано в работах М. Я. Гловинской и Е. В. Падучевой①. Существительные этого типа, как и производящие глаголы, отличаются от глаголов и существительных предшествующего класса тем, что изменение количественного параметра, обозначаемого этими словами, не имеет внутреннего предела. Они могут быть как контролируемыми (действиями), так и неконтролируемыми процессами. Существительные этого типа подобны длительно-результативным отглагольным существительным, образованным от СВ. Такие существительные формально образуются от глаголов СВ, семантически же они соотносятся как с СВ, так и с НСВ:

(12) По Дагестану у нас сложная ситуация по Тереку. Там продолжается *усиление* дамб (= продолжают *усиливать* дамбы). (vesti. ru)

(13) Германия предпринимает новую попытку *усиления* своего влияния(= *усилить свое влияние*) на международной арене. (newspo. ru)

(14) Эксперты опасаются, что сильное и продолжительное *повышение* (= процесс повышения) евро может ударить по экспорту. (Из газет)

(15) В третьем квартале банку удалось добиться *повышения* прибыли на 24 % (= ...того, что прибыль повысилась на 24%). (Из газет)

Как и в случае длительно-результативных существительных, в толковых словарях русского языка толкования таких существительных не последовательны и часто не соответствуют фактам употребления. В од-

---

① М. Я. Гловинская, Многозначность и синонимия в видо-временной системе русского глагола. М., 2001. стр. 100 – 103; Е. В. Падучева, Семантические исследования: Семантика времени и вида в русском языке. Семантика нарратива. М., 1996. стр. 117.

них случаях они толкуются через соотносительную пару СВ и НСВ (толкование слова *повышение*), в других — через глаголы СВ (*усиление* - действие по знач. глаг. усилить и усилиться) [МАС], однако это отражает только словообразовательные связи этих существительных.

4. 5 Отглагольные существительные, обозначающие мгновенные (моментальные, точечные) переходы и события (действия с акцентом на результате и происшествия. ①

Так же как и производящие глаголы, производные отглагольные существительные этого типа содержат в семантической структуре признаки динамичности, недлительности (моментальности), достижения внутреннего предела. Этот аспектуальный класс, как показывает само его название, делится на два основных подкласса: (1) точечные, мгновенные действия и события (неконтролируемые и контролируемые), не предполагающие какого-либо предварительного действия или процесса, ведущего к этому событию (*удар*, *взрыв*, *нарушение*); (2) контролируемые действия, которые в реальности, фактически происходят в результате какого-то процесса (действия), однако представление о таком процессе (действии) не входит в значение таких существительных (как и производящих глаголов, в которых содержится только указание на непосредственный переход из одного состояния в другое (достижение результата): *приход*, *достижение*, *приобретение* и т. д. Поэтому такие существительные не могут сочетаться с показателями длительности, ср. во время *свадьбы*, во время *переезда* / *во время *прихода*, *во время *ухода*. Отглагольные существительные *свадьба*, *переезд* — это длительно-результативные глаголы, они могут сочетаться с *во время*, а *приход*, *уход* относятся к глаголам с «акцентом на результате», в них нет семантического компонента длительности,

---

① Е. В. Падучева, Семантические исследования: Семантика времени и вида в русском языке. Семантика нарратива. М., 1996. стр. 110 – 111.

потому не могут они сочетаться с *во время* [1].

Как и в других случаях, существующие толковые словари русского языка не отличаются последовательностью и единообразием отражения соотносительности существительных данного класса с граммемами категории вида производящих глаголов. В словарях представлены все теоретически возможные варианты такого соотнесения, а именно, такие существительные могут толковаться как соотносительные с парой СВ и НСВ, например *нарушение* [МАС]; как соотносительные с СВ, например, *взрыв* [СОШ 1997]; как соотносительные с НСВ, например *приход* [МАС]. При этом, как представляется, именно толкование, соотносящее существительное с парой СВ — НСВ в большинстве случаев правильно отражает реальное языковое употребление. Однако характер связи «моментального» имени существительного с глаголами СВ и НСВ иной, нежели в ранее описанных типах имен, поскольку в этом типе семантически невозможен глагол НСВ в длительном, конкретно-процессном значении. СВ в таких парах обозначает однократное, единичное моментальное событие (или переход), соотносительный с ним НСВ значает многократное (повторяющееся) или узуально повторяющееся событие[2]. Производные отглагольные существительные от видовых пар этого типа также в большинстве случаев можно использовать для выражения как конкретного единичного события, так и повторяющегося (узуального) события. Например:

(16) Авария произошла из-за *нарушения* шофером правил дорож-

---

[1] Следует иметь в виду, что одно и то же существительное в различных конситуациях может относиться к разным аспектуальным классам. Так, когда слово *получение* употребляется в значении контролируемого действия, оно относится к длительно-результативным отглагольным существительным и может сочетаться со словами, обозначающими длительность: процесс *получения* страхового возмещения; когда оно употребляется в значении неконтролируемого действия (события), то относится к отглагольным существительным с акцентом на результате и поэтому не сочетается со словами, обозначающими длительность: * *процесс* получения письма. — Е. В. Падучева, О роли метонимии в концептуальных структурах. //Диалог '99. Теоретические проблемы. М., 1999. стр. 218.

[2] М. Я. Гловинская, Многозначность и синонимия в видо-временной системе русского глагола. М., 2001. стр. 59.

ного движения (= из-за того, что шофер *нарушил* правила дорожного движения). (rzd. ru)

(17) В Италии бастуют пилоты. Недовольство пилотов вызвало постоянное *нарушение* контрактов руководством компании(= недовольство пилотов вызвало то, что руководство компании постоянно *нарушает / нарушало* контракты). (Из газет)

Заметим, что противопоставление единичного и многократного (повторяющегося) действия, которое в глаголах выражалось противопоставлением СВ и НСВ, в существительных выражается противопоставлением форм единственного и множественного числа. При этом форма единственного числа иногда может выражать и повторяющееся действие, как в примере выше, так и единичное; форма множественного числа является в таком противопоставлении маркированной и однозначно указывает на множественность событий, ср. ① Так, в примере (17) можно было употребить форму мн. числа ... *постоянные нарушения*, ср. также:

(18) Смирнова отстранили от должности в связи с постоянными *нарушениями* правил предвыборной агитации (volgainform. ru) (= ...в связи с тем, что он постоянно *нарушал* правила предвыборной агитации).

В существительных, обозначающих моментальные целостные события (начало, середина и конец, сжатые в одном мгновении), типа *взрыв*, *удар*, *толчок*, форма единственного числа однозначно указывает на единичность события.

Событийные (моментальные) существительные в форме множественного числа могут обозначать продолжительный процесс, состоящий из ряда повторяющихся, мгновенных актов, формируя значение, соответствующее конкретно-процессному (актуально-длительному) значению НСВ таких глаголов, как *прыгать*, *кивать*, *стучать* и

---

① М. Я. Гловинская, Многозначность и синонимия в видо-временной системе русского глагола. М., 2001. стр. 59.

т. п. (так называемых многоактных глаголов), конкретно-процессное значение которых формируется неопределенным повторением на актуальной оси времени актов одного и того же действия. В таком употреблении эти существительные приобретают способность сочетаться с фазовыми показателями ① и показателями длительности:

(19) В настоящее время *взрывы* снарядов прекратились (regions. ru) ≈ В настоящее время снаряды прекратили *взрываться*.

(20) Начались резкие *удары* волн в развал носа слева. (library/ riverships. ru) ≈ Волны начали резко *ударять / ударяться* в развал носа слева.

(21) Ракетные удары длились несколько часов. (Из газет)

Как видно из этих примеров, абстрактные существительные являются более идиоматичным (правильным) выражением соответствующих процессуальных значений; во многих случаях (как в примере (21)) глаголы с необходимым значением вообще отсутствуют и событийные существительные заполняют этот пробел (лакуну).

Несколько слов о производных от парных глаголов движения НСВ существительных *приход*, *приезд*. Эти существительные толкуются в МАС через глаголы *приходить*, *приезжать* (*«действие по знач. глаг.* приходить», *«действие по знач. глаг.* приезжать»); в словаре Д. Н. Ушакова② эти существительные толкуются через пару СВ — НСВ: (*приход* — *«действие по глаг.* прийти ... — приходить», аналогично *приезд*). Именно последнее толкование соответствует фактам реального употребления. Существительные *приход*, *приезд* в исходной форме (в единственном числе) соответствуют прежде всего СВ: Его *приезд* нас обрадовал — То, что он приехал, нас обрадовало. Для интерпретации в значении повторяющегося действия (соотносительном с НСВ) нужен специальный контекст, показывающий кратность: *Приход гос-*

---

① М. Я. Гловинская, Многозначность и синонимия в видо-временной системе русского глагола. М., 2001. стр. 59.

② Д. Н. Ушаков, Толковый словарь русского языка. М., 1935.

т ей меня всегда радовал[1]. *В то же время форма множественного числа, естественно, выражает повторяющееся действие*: *Его приезды нас радовали.*

5 Аспектуальная семантика отглагольных существительных с точки зрения грамматической аспектуальности

Рассмотрим теперь более подробно некоторые вопросы аспектуальности имен существительных с точки зрения узкого — собственно видового— понимания категории аспектуальности. Глаголы СВ и НСВ в русском языке включают аффиксы, выражающие видовые значения, которые так или иначе переносятся в структуру лексического значения отглагольных существительных.

Как было отмечено В. В. Виноградовым, в существительных от глаголов НСВ с суффиксами -ива-(-ыва), -ва-, -а- обычно сохраняется значение кратности или длительности, выражаемое этими глагольными морфами в НСВ: *Дело в жизни, в одной жизни, — в открывании ее, беспрерывном и вечном, а совсем не в открытии* (Ф. Достоевский)[2]. Все толковые словари определяют такие отглагольные существительные как соответствующие по значению мотивирующим глаголам НСВ.

В производных отглагольных существительных этого типа могут сохраняться практически все частные видовые значения производящих НСВ.

Неограниченно-кратное значение:

(22) Можешь ли ты быть уверена, что сама всегда ценишь то, что для тебя делают? Каждый поступок? Пропускание вперед, *подавание* руки при выходе из транспорта? (Из газет); ср. Где такое значе-

---

① Н. Д. Арутюнова. К проблеме функциональных типов лексического значения//Аспекты семантических исследований. М., 1980, стр. 240.

② В. В. Виноградов, Русский язык (грамматическое учение о слове). М., 1947, стр. 118.

ние имеет форма глагола: И он крепко пожимал и встряхивал руку, которую ему нехотя *подавала* Бодростина, и убегал в свой вагон (Н. Лесков).

Конкретно-процессное значение:

(23) У меня было отличное настроение и пятнадцатиминутный процесс *подавания* кофе меня сегодня только развлекал (Т. Скворцова); ср. Чудо, какая милая! — сказала она, глядя на Вареньку, в то время как та *подавала* стакан француженке (Л. Толстой).

Конкретный процесс действия, который обозначает глагол НСВ, иногда представляется в контексте как процесс не самого действия, а подготовительный этап к нему значение предстояния①. В такой разновидности конкретно-процессного значения может быть актуализировано также и отглагольное существительное с морфами -ива- (-ыва-), -ва-, -а-:

(24) Поскольку я только в состоянии *подавания* в загс, а не подала еще, то думаю, что торопиться не надо (playHard. ru).

Общефактическое значение:

(25) Перуцци выбежал из павильона, чтобы отдать приказание о *подавании* кушаний (А. Майков), ср.: Сейчас же *подавай* и чай (Б. Акунин)②.

Значение перфектного состояния:

(26) Решена проблема по расчистке территории *пролегания* трассы водовода от гаражей местных жителей (volgainform. ru), ср.: Вся скоростная автострада *пролегает* через пустыню Маоусу в северной части Китая (Из газет); *Проляжет* новый маршрут через Владивосток и завершится в городе Раджин КНДР (fpdi. narod. ru).

В зависимости от характера лексического значения и конситуации

---

① Е. В. Падучева, Семантические исследования: Семантика времени и вида в русском языке. Семантика нарратива. М., 1996.

② В трактовке значения данной формы мы следуем. Е. В. Падучевой рассматривающей такое употребление императива как общефактическое. Е. В. Падучева, Семантические исследования: Семантика времени и вида в русском языке. Семантика нарратива. М., 1996. стр. 69.

неограниченно-кратное значение отглагольных существительных данного типа реализуется в таких же вариантах, как и в мотивирующих глаголах НСВ:

Повторяющийся длительный процесс:

(27) Выходит, многие люди что-то слышат, а некоторые и видят. Естественно, не во время клинической смерти, а при *умирании* и оживлении (ateism. ru); ср.: На кресте человек *умирает* трое суток, а если погода не жаркая, если дожди, то нужно пять-семь дней ждать (Огонек, 1988, №39).

Повторяющееся действие, достигающее результата (в каждом повторении):

(28) Вот Курт и готовит про запас маленькие дешевые плиты, которые всегда нужны, особенно сейчас, осенью, когда, так же как весной, начнется массовое *умирание* (Р. Мария); ср.: Ежегодно от голода *умирают* 400 миллионов человек, в том числе 17 миллионов детей (Из газет).

Повторяющиеся мгновенные акты:

(29) Но видно ничего не было, кроме редкого *взблескивания* крыльев истребителей (Б. Полевой); ср.: У него такое же лицо, как у нее, — выбеленное лунным светом, на котором темнеют лишь изгибы бровей и *взблескивают* глаза (Р. Апатеева).

Некоторые суффиксально деривационные глаголы НСВ употребляются только для обозначения неограниченно-кратного узуального действия или узуально повторяющегося состояния, производные от них существительные сохраняют те же семантические особенности:

(30) После *прочитывания* или прослушивания рассказа, дети легко смогут заучить всю историю и пересказать ее в том виде, в котором она изложена (Из газет); ср.: Она *прочитывала* адреса всех конвертов, приходивших в поселок (Б. Полевой).

(31) Всяко лучше *просиживания* вечеров за компьютером (thekonst. net. ru); ср.: Желтый, осунувшийся, дрожа от озноба, он *просиживал* в классе от первого урока до последнего (А. Голубева).

Отглагольные существительные в примерах (30) и (31) унаследовали от производящих глаголов, с одной стороны, значение совершенности, законченности (*прочитывание*) и ограничительнодлительное значение (*просиживание*), выражаемые приставкой *про-*, а с другой, значение узуального повторяющегося действия, выражаемого суффиксом -*ива*- (-*ыва*-).

Суффикс -*ива*- (-*ва*-, -*а*-) обычно рассматривается как чисто видообразующий. С его помощью от глаголов СВ образуются парные НСВ. В области производных отглагольных имен ситуация иная. Хотя обычно существительные, образованные от суффиксационно деривационных глаголов НСВ, сохраняют видовое значение мотивирующих глаголов НСВ, соотносительные существительные, образованные от СВ, которые образовали бы с ними оппозицию по аспектуальной семантике, во многих случаях отсутствуют. При этом в ряде случаев существительные, образованные от суффиксационно деривационных глаголов НСВ, вообще не имеют соотносительных по виду существительных, образованных от СВ (в этих же парах): ср.: *залегание* 〈←залегать〉 /ø 〈←залечь〉, *одевание* 〈←одевать(ся)〉 /ø 〈←одеть(ся)〉, *проветривание*〈←проветривать〉 /ø 〈←проветрить〉, *отставание*〈←отставать〉 /ø 〈←отстать〉.

В других случаях существительные, производные от образованных способом суффиксации глаголов НСВ, имеют соотносительные по форме существительные, образованные от парных глаголов СВ (*рассматривание / рассмотрение*, *преувеличивание / преувеличие*), однако с точки зрения аспектуального значения они не вступают в оппозиционное отношение. Поскольку производные существительные от СВ совмещают в себе семантику и СВ, и НСВ, ср. *процесс рассмотрения*(= *рассматривать*) / *попытка рассмотрения* (= *рассмотреть*); *склонность к преувеличению* (= *преувеличивать*) /*попытка преувеличения* (= *преувеличить*).

В то же время в некоторых случаях существительные, образованные от суффиксальных глаголов НСВ, вступают с существительными, производными от СВ, в оппозиционные отношения по аспектуальной семантике.

Это может быть:

семантическая оппозиция между процессным (открывание$_1$) и результативным значениями:

(32) Русские люди вписали последнюю страницу в трехсотлетней затяжной истории *открывания* Америки, в которой Колумб сделал первый и нечаянный шаг (*tuday. babr. rut*); vs. В своей книге «1421: год *открытия* Китаем Америки» Гэвин Менциес приводит аргументы, доказывающие факт присутствия китайцев в Новом Свете еще до прихода европейцев (*utro. ru*).

семантическая оппозиция между узуальным и единичным значениями:

(33) У этого автомобиля есть несколько довольно интересных особенностей. Одна из них — это отсутствие ручек для *открывания* дверей снаружи — двери надо открывать изнутри (porsche. cardub. ru) vs. В городе Алушта (Крым) из-за несвоевременного *открытия* дверей микроавтобуса погиб человек (Из газет).

семантическая оппозиция «состояние — возникновение состояния»:

(34) Наиболее вероятно провести референдум по вопросу изменения нормы, которая ограничивает *занимание* президентом поста более двух сроков (dni. ru) vs. Однако результаты опросов показывали, что вероятность *занятия* ею этого поста невелика (gazeta. ru).

Существительные, производные от образованных с помощью префиксации глаголов СВ, могут сохранять в контекте видовое значение мотивирующих глаголов СВ. В этом случае они вступают в оппозиционное отношение по аспектуальной семантике с существительными, производными от соответствующих глаголов НСВ, и поэтому не могут быть заменены последними:

(35) Продолжим обсуждение социалистического рынка, если вам и по *прочтении* этого ответа будет что-то не понятно (subscribe. ru)

= … *после того как вы прочитали этот ответ. .* , [*] *по чтении*;

(36) В результате *постройки* оросительных систем, связанных с этим каналом, удалось значительно повысить сбор хлопка-сырца (eurasia. ru) = *в результате того*, *что построили оросительные системы*, [*] *в результате стройки*;

(37) И хотя в 1999 году была предпринята попытка посева трав на тридцати гектарах, ситуацию это не спасло (newsweek. krd . ru) = *попытались посеять травы*, [*] *попытка сева*.

В то же время существительные, производные от образованных с помощью префиксации глаголов СВ, можно употреблять в конситуациях продолжительного действия. В этих случаях они вступают не в оппозиционное, а в синонимическое аспектуальное отношение с существительными, производными от соответствующих глаголов НСВ:

(38) Я бы тоже мог покритиковать, но, к сожалению, во время *прочтения* (= во время *чтения*) оно меня не впечатлило. (lame. ru)

(39) Через пять лет вынуждены были остановить *постройку* (= остановить *стройку*, *строительство*) … из-за осадки грунта. (Из газет)

(40) На кузбасских полях начался *посев* (= *сев*) озимых. (mediakuzbass. ru)

Заметим, что в существующих грамматиках русского языка ситуация с такими существительными описывается весьма упрощенно и приблизительно. Так, в «Русской грамматике» относительно семантических отношений существительных, производных от СВ, образованных с помощью способов префиксации, с производными существительными от соответствующих глаголов НСВ, говорится следующее: «Нередки образования от соотносительных глаголов сов. и несов. вида: … *печатание / напечатание, формирование / сформирование, комплектование / укомплектование.* Однако видовое значение мотивирующего глагола, как правило, не отражается на семантике существительного. Поэтому возможно употребление таких слов в тождественных контекстах: … *завершено формирование правительства* и *завершено сфо-*

рмирование *правительства*».[1] Такое безразличное употребление возможно, но далеко не во все контекстах. Так, замена существительного от СВ на существительное от НСВ возможна в примерах (38) – (40) и невозможна в примерах (32) – (37). Поэтому более точной будет следующая формулировка: существительные, производные от глаголов НСВ, во многих случаях имеют аспектуальное значение только НСВ (*комплектование*, *формирование*, *подавание*, *открывание* и т. д.), тогда как существительные, образованные от СВ (*выяснение*, *повышение*; *прочтение*, *постройка*, *сформирование*, *укомплектование* и т. п.), являются двувидовыми, совмещают в себе аспектуальное значение сов. и несов. вида. Что касается толковых словарей, то в них такие глаголы, как *израсходование*, *прочтение*, *постройка*, *посев*, *напечатание*, *укомплектование*, *сформирование*, *израсходование*, *построение* и т. д., в них в большинстве случаев рассматриваются как соотнесенные с мотивирующими глаголами СВ, вследствие чего теряется аспектуальный компонент их семантики, соответствующий глаголам НСВ.

6 Выводы

В структуре значения имен существительных, включающих в том или ином виде представление о процессуальном признаке, важное место занимают аспектуальные компоненты. Аспектуальные компоненты имен существительных играют важную роль в проявлении функционально-семантической категории (поля) аспектуальности, и их необходимо учитывать при изучении этой категории.

Аспектуальные компоненты значения имен существительных относятся к разным уровням и сторонам функционально-семантической категории аспектуальности. Необходимо, как минимум, различать выражаемую именами существительными лексическую и «грамматическую» (= та, которая была грамматической в глаголах) аспектуальность (при этом эти виды аспектуальности взаимодействуют между со-

---

[1] Русская грамматика. Т. I. М., 1980. стр. 159 – 160.

бой), а также аспектуальность, находящую формальное выражение, и чисто семантические аспектуальные различия.

Аспектуальные компоненты значения имен существительных обычно отражаются в их словарных толкованиях. Для конкретнопредметных существительных аспектуальные компоненты значения обычно проявляются в лексическом и видовом значении предикатного глагола текста словарного толкования. В толкованиях отглагольных существительных эта связь прослеживается в толкованиях посредством отсылки к глаголу того или иного грамматического вида.

Существующие толковые словари русского языка не отличаются последовательностью и единообразием отражения соотносительности существительных с граммемами категории вида глаголов. Кроме того, эти толкования часто не соответствуют реалиям языкового употребления и не отражают активно происходящих в последние годы языковых изменений. Следует также принять решение (и последовательно его придерживаться), что преимущественно должно указываться в толкованиях соотносительных с глаголами отглагольных существительных: их словообразовательная производность или семантическая соотнесенность с глаголом / глаголами того или иного вида. Как представляется, именно последняя должна прежде всего отражаться в толковых словарях, поскольку это толковые, а не словообразовательные словари. Это позволит более адекватно представить значение и функционирование таких существительных, что особенно важно, в числе прочего, и для изучения русского языка как иностранного.

ОБЩЕ-ФАКТИЧЕСКОЕ ЗНАЧЕНИЕ РУССКОГО ГЛАГОЛА В СОПОСТАВЛЕНИИ С КИТАЙСКИМ ГЛАГОЛОМ

Категория вида является одной из центральных категорий русского глагола. Она характеризует целостное / нецелостное, предельное / непредельное проявление действия во временном плане в формах совершенного и несовершенного вида. В характеристике проявления действия во времени, в особенности различных частынх аспектуальных значений, принимают участие не только глагольный вид, но и такие разноуровневые средства, как лексические, словообразовательные, синтаксические и др. Все эти средства, ядро которых представляет собой, естественно, глагольный вид, объединены в функционально-семантическое поле аспектуальности. ①

Имеется ли в китайском языке грамматическая категория вида? В чем состоит отличие его видового значения от русского при утвердительном ответе на этот вопрос? Как выражается китайское видовое значение? Оно представлено в глагольных формах, противопоставленных бинарно или плюрально? Лингвисты расходятся во мнениях обо всем этом. Тем не менее, признаки проявления действия во времени как отрезка действительности должны быть выражены тем или иным способом, под тем или иным углом и, следовательно, в китайском языке

---

① А. В. Бондарко, Принципы функциональной грамматики и вопросы аспектологии. Л., 1983. стр. 76.

так же, как и в русском, выступает аспектуальность как функционально-семантическое поле.

В настоящей работе проводится сопоставление русской и китайской аспектуальности в направлении от русского языка к китайскому. Объем статьи заставляет ограничить сопоставление лишь одним из фрагментов этого поля, а именно обобщенной фактичностью. Цель данной работы — поиск эффективного метода обучения виду русского глагола в китайской аудитории.

В речевой практике далеко не везде и всегда нужно точно и тонко характеризовать признаки проявления действия во времени. Во многих случаях коммуникативная задача может ограничена обобщенным указанием на сам факт, имело место действие или нет. Что касается таких признаков, как временная локализованность / нелокализованность действия, его однократность / многократность, предельность / непредельность, целостность / нецелостность, то все это вполне можно игнорировать в связи с тем, что они не имеют никакого значения для выполнения коммуникативных установок. Для выражения такого обще-фактического значения в русском языке отсутствует специальная форма глагольного вида. Эту функцию выполняет несовершенный вид. Обще-фактическое значение, в передаче которого принимает участие несовершенный вид, принято разделять на нерезультативное, результативное, ограниченно-кратное, перфектное и аннулированного результата. Разновидности обобщенной фактичности в китайском же языке проявляются несколько по-иному, чем в русском. Они в большинстве случаев имеют в качестве показателей специальные аспектуальные вспомогательные слова. В соответствии с принципом учета родного языка при обучении категории вида русского глагола представляется рациональным перегруппировать семантические варианты обще-фактического значения русского глагола несовершенного вида прошедшего времени, в связи с чем мы предлагаем следующую классификацию.

1. Вариант, соотносительный со значением, выражаемым китайс-

ким глагольным сочетанием с аспектуальным вспомогательным словом *го*（过）.

Глагольное сочетание с *го*（过）выражает обобщенный факт, имевший место в прошлом, т. е. прошедшее неопределенно-кратное действие или состояние. В предложении со словом *го*（过）можно передать факт, происходившей в далеком прошлом. Действие или состояние, которое обозначает глагольное сочетание, не протягивается до настоящего времени.（Кон Линда）

Сравните русские примеры с их переводами на китайский язык：

（1）Вы *говорили* когда-нибудь со своей дочерью об алкоголе？（Из газет）/ 你曾经和女儿谈过饮酒的事吗？

（2）— Вы *влюблялись*？ — Я？ Да... давно уже, когда был юношей...（М. Горький）/ ——你爱过谁吗？——我？是的……那还是少年时代,很久以前的事了……

（3）— Ведь ты катаешься？ — Катался когда-то.（А. Рыбаков）/ ——你会滑冰吗？——过去滑过。

（4）— Скажите, можно послать Зинаиде Петровне поздравительную телеграмму？ Ведь она где-то далеко в экспедиции. — Да, можно. Я *отправлял* ей телеграмму.（К. Соколовская）/ ——可以给吉娜依达·彼得罗夫娜拍个贺电吗？她可是在一个很远的地方搞勘察呀。——是的,可以。我给她拍过电报。

（5）Они никогда не *видели*, с кем она пришла, с кем уходит.（А. Рыбаков）/ 他们从来也没有看见过她同谁一起来,和谁一起去。

（6）Таких щей, наверно, и американский президент не *едал*.（В. Авдеев）/ 这样的汤恐怕连美国总统也没有喝过。

（7）Я *умолял* ее вернуться.（Е. Падучева）/ 我恳求过她回来。

Как самый типичный, этот вариант обще-фактического значения почти полностью совпадает с китайскими предложениями со словом *го*（过）в следующих релевантных семантических компонентах：а）наивысшей отвлеченности от конкретных признаков протекания действия и нелокализванности во времени, которые часто наблюдаются в вопросительных, повествовательных или отрицательных предложениях с *эксплицитным когда-нибудь*, *когда-то*, *никогда* (в примерах 1, 3, 5) или имплицитным (в 2, 4, 6, 7); б) отдаленности осуществления действия во временном плане (в 2, 3 и др.); в) безразличности к единичности / многократности осуществления действия; г) безразличности к достижению (в 2, 4) / недостижению (в 3, 7) результата; д) ретроспективной точке наблюдения, связывающейся с моментом не действия, а акта речи.

Глаголы несовершенного вида в форме прошедшего времени, употребленные в данном варианте обще-фактического значения, выступают в качестве ремы предложений, произносятся с центром интонационной конструкции и не заменимы на совершенный вид.

В «Русской грамматике — 80» ограниченно-кратное значение, в выражении которого участвуют глаголы несовершенного вида прошедшего времени в сочетании с *дважды*, *три раза* и др., рассматривается все как разновидность обще-фактического значения.① Однако далеко не все такие глаголы могут быть переведены на китайское глагольное сочетание со словом *го*(过). Сравните два примера, приведенных А. Бондарко как иллюстрации к ограниченно-кратной разновидности обще-фактического значения:

(8) Маленькая бутылочка хранилась в глубоком кармане скитского кафтана, и он *прикладывался* к ней еще раза *два*, а потом широко вздохнул, перекрестился, икнул и начал сонно зевать. (Д. Мамин-Сибиряк)② / 修士长衫的深口袋裹藏着个瓶子,他又用手按了它两下,然后长长地喘一口气,画一个十字,打个饱嗝,接着就懒洋洋地打起哈欠来。

(9) За время болезни старосты Артамонов дважды приходил к нему. (М. Горький)③/ 在村长生病期,阿尔塔莫诺夫到他那儿去过两次。

Глагол *приходил* в примере 9 можно перевести на глагольное сочетание с *го*(过), а *прикладывался* в примере 8 перевести на сочетание с

---

① Русская грамматика. Т. I. М., 1980, стр. 611.

② А. В. Бондарко, Принципы функциональной граматики и вопросы аспектологии. Л., 1983, стр. 166.

③ Русская грамматика. Т. I. М., 1980, стр. 612.

го(过)никак нельзя. Их разница в переводе обнаруживает семантическое расхождение. По отношению к ситуации, обозначаемой глаголом *приходил*, точка наблюдения ретроспективна, совпадает с моментом речи, при этом внимание говорящего направлено только на установление факта действия и в высказывании представлено обще-фактическое значение; тогда как по отношению к ситуации, обозначаемой глаголом *прикладывался* в примере 8 точка наблюдения синхронна моменту самого действия, в высказывании обозначено конкретное действие, локализованное в определенном временном плане, реализуется не обще-фактическое, а конкретное ограниченно-кратное значение. Если уберем обстоятельства *дважды*, *раза два*, то глагол *приходил* в примере 9 останется в такой же форме вида, но *прикладывался* в примере 8 должен быть заменен соответственно на СВ *приложился*: "... и он приложился к ней еще раз, а потом широко вздохнул, перекрестился, икнул и начал сонно зевать."

Глагол *объяснял* в примере: — Я *объснял* это. — Объяснял, да не объяснил (М. Горький)[①], который приведен в §1441 «Грамматики — 80», т. 1 как пример конативной разновидности конкретно-процессного типа употребления глагола несовершенного вида прошедшего времени, в переводе на китайский язык передается тоже глагольным сочетанием с *го*(过):——这我解释过。——解释过,可没有解释清楚。Это помогает установить, что *объяснял* в примере реализует значение не конкретно-процессное в синхронной моменту действия точке наблюдения, а обще-фактическое, по отношению к которому точка наблюдения ретроспективна. Этот же самый пример использован Е. Падучевой как иллюстрация к обще-фактическому значению глагола несовершенного вида прошедшего времени.[②] СР.:

(10) Потом все вместе вспоминали, кто же он такой этот жених... *Вспоминали*, *вспоминали*, так и не вспомнили. (В. Семин) / 然

① Русская грамматика. Т. I. М., 1980. стр. 606.

② Е. В. Падучева, Семантика вида и точка отсчета, М., 1986, №5. стр. 45.

后大家一起回忆，这个未婚夫究竟是什么人……大家想了又想，怎么也没想起来。

Глагол *вспоминали* в примере 10 выражает конкретно-процессное действие, локализованное в определенном временном плане, по отношению к которому точка наблюдения синхронна моменту самого действия, поэтому не может быть переведен на глагольное сочетание с *го* (过). Очевидно, что конативная разновидность конкретно-процессного типа употребления представлена только в примере 10, а не в примере с глаголом *объяснял*.

При обозначении глаголом несовершенного вида прошедшего времени постоянно-непрерывного состояния с ретроспективной точки наблюдения в предложении реализуется тоже обще-фактическое значение, ср.:

(11) Бойцы сидели и лежали на молодой траве, разглядывали внушительное здание чека, в котором когда-то *помещался* губернский суд. (Ю. Стрехнин) / 战士们在嫩绿的草地上有的坐着，有的索性躺下，他们仔细地端详着肃反委员会那座庞然的建筑，这里曾经作过省法院的办公楼。

(12) Столярная мастерская *помещалась* рядом с новым, еще не отстроенным цехом. Вокруг нее были навалены бревна, брусья, доски. (А. Андреев) / 木工作坊和还没有竣工的新车间紧挨着，作坊的周围堆满了圆木、方子和木板。

Глагол *помещаться* в этих двух примерах употреблен хотя в одной и той же временной форме, но в разном частном видовом значении. По отношению к глаголу *помещался* в примере 11 точка наблюдения совпадает с временным планом действий *сидели*, *лежали* и *разглядывали*. Высказывание при этом по аспектуальному значению соотносится с китайским переводом со словом *го*(过). Дело обстоит по-иному с глаголом *помещалась* в примере 12, по отношению к которому точка наблюдения синхронна моменту проявления состояния, и поэтому он не может быть переведен на китайское глагольное сочетание с *го*(过).

2. Вариант, соотносительный со значением, выражаемым в ки-

тайском языке глагольным сочетанием с аспектуальным вспомогательным *гола*（过了）.

В китайском языке сочетание аспектуальных вспомогательных слов *гола*（过了）обозначает осуществленность конкретного действия. *Го*（过）из данного сочетания частично совпадает с аспектульным вспомогательным словом *ла*（了）в грамматическом значении и поэтому может иногда заменить последнее：吃过饭了（Завтракал）/吃了饭了（Позавтракал.）*Го*（过）в занчении осуществленности действия и *го*（过）в значении установления факта действия похожи друг на друга, но не равнозначны. Второе *го*（过）в отрицании остается таким же：吃过小米（ел просо）/没吃过小米（не ел просо）; Первое *го* в отрицании не употребляется：吃过饭了（Уже обедал）/还没吃呢（Еще не обедал）①.

Сравните русские примеры с их китайскими эквивалентами：

（13）Спасибо, чай попью, а есть не хочу, *завтракал*.（А. Рыбаков）/谢谢，喝点茶吧，饭不想吃了，我吃过饭了。

（14）— Советую вам попросить его остаться. — Да, я уже просил.（М . Шелякин）/ ——我建议你请求他留下来。——是的，我已经请求过了。

（15）— Рыб кормил? — *Давал*. Не жрут, подлые.（И. Штемлес）/ ——喂过鱼了吗? ——给过食了。都不吃，可恶得很。

（16）Надо полить цветы, или ты их уже *поливал*? / 应该浇一下花儿，或者你已经浇过了?

（17）Помните, я дал вам прочитать свою статью? Вы *читали* ее? /还记得吗? 我把我的文章给了你，请你读一读，你读过了吗?

Глаголы несовершенного вида прошедшего времени, выступающие в обще-фактическом значении, обозначают в этих высказываниях не действие, отвлеченное от конкретных условий, а действие локализованное во времени и ожидаемое в определенной ситуации（в примерах 15, 16, 17）, не действие неопределенно-кратное, а однократное в большинстве случаев. Такие высказывания обычно используются в си-

---

① Люй Шусян, 800 слов в современном китайском языке. Пекин, 1981, стр. 217.

туациях, когда для решения, совершать или не совершать действие, говорящий спрашивает, имело оно место или нет (примеры 15, 16), или в ситуации, когда говорящий сообщает, что действие уже имело место и поэтому нет необходимости совершать его (прмеры 13, 14). Сравните:我已早吃过了,不必让(老舍)(Я уже обедал, спасибо.)(Кон Линда). Действие, обозначаемое глаголами несовершенного вида прошедшего времени в значении обще-фактическом в подобных высказываниях, происходило не в далеком прошлом, а недавно и в большинстве случаев достигло результата. При недостатке контекста и трудном определении временного плана действия возникает неоднозначность в высказываниях:

(18) Да я знаю, об этом он мне говорил. / а)是的,我知道,他告诉过我(Он когда-то мне говорил); б)是的,我知道,他告诉过我了(Он должен был сказать мне и говорил).

Глаголы несовершенного вида прошедшего времени в данном варианте обще-фактического значения употребляются обычно с частицей *уже* эксплицитной (в 14, 16) или имплицитной (в 13, 15, 17), произносятся с центром интонационной конструкции и допускают замену на совершенный вид. Глагол *говорил* в примере 18, при значении *а* незаменим на соверешенный вид, при значении же *б* допускает замену.

3. Вариант, по значению приблизительно совпадающий с китайским глаголом в сочетании с аспектуальным вспомогательным словом *дэ* (的).

Китайское вспомогательное слово *дэ*(的), расположенное между глагольным сказуемым и его дополнением, акцентирует члены предложения, обозначающие субъект, объект, врмея, место, способ совершившегося сказуемостного действия①. Сравните примеры:

(19) Во второй раз он (асит) тоже вернулся с двумя палками. В болоте *брал*. (К. Воробьев) / 第二次它还是衔回了两根树棍,在沼泽地

① Люй Шусян, 800 слов в современном китайском языке. Пекин, 1981, стр. 139.

里拾到的。

（20）Какой ты председатель комитета, ежели не знаешь, что казаки хотят! ... Для этого мы тебя *выбирали*?（Шолохов）/ 连哥萨克想要什么都不知道,你是什么委员长！……我们难道就是为了这个选的你吗？

（21）А вы художник настоящий. Вы что кончали? — Среднюю школу.（И. Шевцов）/ ——你是一个真正的画家,什么学校毕业的？——中学。

（22）Матюшонок работает секретарем партиком завода всего на один день больше, чем Боссерт — директором. Можно сказать, *начинали вместе.*（Из газет）/ 马久索诺克担任厂党委书记比波谢顿特任厂长只多出一天。可以说是一起开始的。

В этих примерах, где глаголы несовершенного вида прошедшего времени употреблены в данном варианте обще-фактического значения содержится имплицитная результативность, то есть действия, которые выражаются глаголами *брал*, *выбирали*, *кончали* и *начинали* как обобщенные факты, являются фактически достигшими результата. В высказываниях подчеркиваются не сами действия, а их место（в 19）, цель（в 20）, объект（в 21）, способ（в 22）, время и др. При результативных действиях допускаются глаголы несовершенного вида прошедшего времени потому, что такие высказывания имеют прагматическую пресуппозицию: действие достигло результата. Например, в（*Аист*）*в болоте брал*（*две палки*）содержится два суждения: а)（Аист）взял（палки）. б)（Палки）брал в болоте. Суждение а — прагматическая пресуппозиция суждения *б*. Предполагая у собеседника（читателя）сведения о том, что аист сумел взять палки, говорящий（автор）, согласно стремлению к краткости — одному из коммуникативных постулатов Грайса①, вместо семантически более сложного совершенного вида прошедшего времени в перфектном значении употре-

① H. P. Grice, *Logic and Conversation.* // Syntax and Semantics, v. 3. ed. by P. Cole and J. L. Morgan, N. Y., Acad. Press, 1975.

бляет более простой несовершенный вид прошедшего времени в общефактическом значении. Такого порядка замена порой наблюдается в последующих предложениях из групп последовательно связанных предложений:

（23）В этой портеной я написал первое любовное письмо Вере. *Писал* карандашом. （А. Чехов）/ 在这个啤酒馆里我给薇拉写了第一封信，是用铅笔写的。

Употребление анафора *писал*（его антецедент — *написал*）в форме несовершенного вида допускается в связи, во-первых, с его ролью в актуальном членении предложения（*писал* выступает в предложении как тема — исходный пункт, а не смысловой центр сообщения）и, во-вторых, с тем, что значение достигнутости результата было уже выражено в предшествующем предложении, а в последующем оно как самоочевидный момнет переходит в прагматическую. Глагольная форма *писал* здесь употреблена в значении не конкретно-процессном, а общефактическом. Ее функция напоминает анафорические местоимения и существительные в последующих предложениях из групп последовательно связанных предложений: *Потом вышла Тамара. Она, должно быть, подкрасила губы и попудрилась*（П. Нилин）; *Белые ворвались в село, где в тифу лежала Таня. Больную девушку бросили в тюрьму.* На парадигматической оси отношение слов она, *девушка*, с одной стороны, и *Тамара*, *Таня*, с другой, имеет сходство с отношением рода и вида, которые образуются привативную оппозицию. Слова-гипонимы — маркированные члены оппозиции. Их значение богаче признаками, чему у словгиперонимов и они обладают в силу этого более ограниченной лексической дистрибуцией. Слова-гиперонимы — немаркированные члены оппозиции, их лексическая дистрибуция шире, чем у маркированных членов, она включает в себя всю дистрибуцию последних①. Именно по этой причине слова она и *девушка* могут анафорически заменить слова *Тамара и Таня*.

---

① Л. А. Новиков, Семантика русского языка. М., стр. 136 – 137.

В предшествующих предложениях результативное значение, имплицитно содержащееся в теме последующих предложений, выражается иногда не глаголами совершенного вида, а существительными, связанными с результатами глагольных действий:

(24) Алеша открыл рот, чтобы рассказать, что плывет она по делу на ту сторону залива — посмотреть яблони. Яблони они с отцом *сажали* прошлой осенью. (С. Романовский) / 阿辽沙张开嘴巴,他想说他去海湾的对岸是有正事,要看一看苹果树。那些苹果树是他父亲在去年秋天栽的。

(25) Да вы и сами найдете: новая железная крыша. Перед самой войной *крыли*. (В. Катаев) / 你自己就能找得到,新铁瓦房盖。是临近战争爆发时上的房盖。

Наличие существительных *яблони*, *крыша* в высказываниях дает знать, что объективные действия, которые обозначают глаголы *сажали* и *крыли*, представляются достигшие результата.

Между прочим, опущение языковых средств для выражения результативности действия в высказываниях, имплицитно содержащих значение достигнутости результата как прагматическую пресуппозицию, встречается не только в русском и китайском языках (в русском замена совершенного на несовершенный вид, а в китайском употребление вспомогательного слова *дэ*(的) вместо *ла*(了)), но и в английском: — He has gone to town. — Did he go by himself? / ——他进城去了。——他自己去的吗? — Have you had your lunch? — Yes, I have, thank you. — Where did you have it? — I had it at a restaurant / ——你吃了饭了吗? ——吃了,谢谢。——在什么地方吃的? ——在饭店吃的。Как немаркированные члены по отношению к перфектным формам настоящего времени, глагольные формы прошедшего времени основного разряда здесь выполняют такую же функцию, какую выполняет русский глагол несовершенного вида прошедшего времени в примере 23 и китайское глагольное сочетание с *дэ*(的) в переводе.

Глаголы несовершенного вида прошедшего времени в данном варианте обще-фактического значения входят в часть темы предложений, допускают замену на совершенный вид и произносятся без центра интонационной конструкции.

Глагольные сказуемые в предложениях, где интонационный центр падает на слова, обозначающие субъект действия, употребляются в несовершенном виде при следующих ситуациях:

1) Когда нужно спросить или указать, кто является автором, режиссером, архитектором какого-нибудь фильма, спектакля, произведения изобразительного искусства, сооружения:

(26) — Кто все это *рисовал*? — Ярослав Андреевич. (И. Шевцов) / ——这都是谁画的呀? ——雅罗斯拉夫·安得烈维奇。

(27) Зимний дворец *строил* Растрелли. (М. Шелякин) / 冬宫是拉斯特列利设计建造的。

2) Когда нужно спросить или указать, кто производитель действия для уточнения чего-нибудь связанного с ним (в 29, 31), выдвижения какого-нибудь требования, касающегося его (в 28, 30) или совершения какого-нибудь поступка вследствие него (в 32):

(28) Кто *открывал* дверь? Дай ключ. / 是谁开的门? 把钥匙给我。

(29) Таня, это ты *разбирала* книги в шкафу? Тебе не попадался восьмой том Горького? / 达妮亚,柜子里的书是你整理的吗? 你看没看见高尔基第八卷?

(30) — Закрой окно! — Ну нет, ты *открывал*, ты и закрывай! (В. Гуревич) / ——关上窗户! ——不,是你开的,你关吧!

(31) — Сколько стоит эта книга? — Не знаю, ее брат *покупал*, спроси у него. / ——这本书多少钱? ——不知道。是哥哥买的,问他吧。

(32) Мне кажется, нам надо самим сделать шаг навстручу ребятам, — ведь это они нас *выбирали* в штаб. (Из газет) / 我觉得我们应该主动去满足同学们的要求,因为是他们把我们选进总部的。

3) Когда нужно спросить или указать, кто производитель действия, с целью высказать оценку его результата:

(33) Кто *проверял* эту статью? В ней замечено много ошибок. /

是谁检查的这篇文章？里面有许多错误没发现。

（34）Стол *накрывала* мужская рука — это было ясно видно.（К. Федин）/ 餐桌是男人摆放的，这很明显看得出来。

（35）Что вы на меня рычите, молодцы? Приказ не я *давал*.（А. Андреев）/ 你们这些英雄好汉朝着我喊什么？命令又不是我下的。

Дистрибуция китайских глаголыных сочетаний с аспектуальным вспомогательным словом *дэ*（的）шире, чем русских глаголов несовершенного вида прошедшего времени в варианте 3 обще-фактического значения. В связи с определенными ситуациями русские глагольные сказуемые в высказываниях с подчеркнутым субъектом действия употребляются только в совершенном виде, их переводят на китайские глагольные сочетания с *дэ*（的）. Одна из таких ситуаций, например, возникает тогда, когда нужно спросить или указать, кто производитель действия, с целью высказать не оценку его результата, а осужение его осуществления:

（36）Кто открыл окно? В комнате и без того холодно. / 谁打开的窗户？房间里本来就够冷的了。

Китайский перевод примера 36, тем не менее, отличается от примеров 28, 33 другим возможным вариантом выражения: 谁把窗户打开了。Таких вариантов не может быть у последних.

4. Вариант, соотносительный со значением, выражаемым китайским глагольным сочетанием с аспектуальным вспомогательным словом *лайчжэ*（来着）

Китайское *лайчжэ*（来着）употребляется в конце предложения для обозначения происхождения какого-нибудь события в прошлом. Предложения с *лайчжэ*（来着）могут быть только утвердительным, а не отрицательными. При *лайчжэ*（来着）глагольные сказуемые не сочетаются с аспектуальными вспомогательными словами, выражающими достигнутость результата: 我拿走来着，我拿出去来着。События, передаваемые в предложениях с *лайчжэ*（来着）без временных обстоятельств, обычно происходили недавно[1]. Сравните русские примеры с китайскими эквивалентами:

(37) — Вчера у вас было сочинение? — Да, мы *описывали* осенний пейзаж. / ……是的，我们描写秋天的景色来着。

(38) Я была у Софьи Александровны. *Помогала* перенести вещи. (А. Рыбаков) / 我在索菲亚·阿列克山得罗夫娜那里，帮她搬东西来着。

(39) Сегодня утром (накидка) *висела* в шкафу, а сейчас ее нет. (Он же) / 今天早晨(披肩)还挂在衣柜里来着，现在却不见了。

В этих примерах чувствуется явный оттенок процессуального значения, в связи с чем данный вариант обще-фактического значения иногда относят к ряду частных видовых грамматических значений, переходных от процессного к обще-фактическому. С нашей точки зрения, поскольку по отношению к ситуации, обозначаемой глаголом, в данном варианте грамматического значения точка наблюдения остается ретроспективной, он не выходит за пределы обще-фактического.

Проведенный анализ языкового материала позволяет сделать следующие выводы.

1. Перегруппировка обще-фактического значения русского глагола несовершенного вида прошедшего времени по китайским аспектуальным вспомогательным словам *го*(过), *гола*(过了), *дэ*(的), *лайчжэ* (来着) дает возможность глубже проникнуть в семантические и функциональные свойства русского обще-фактического значения и тем самым имеет методическое значение для обучения категории вида в китайской аудитории.

2. Перенос центра тяжести с глобальных общих значений на частные значения форм и на типы их употребления представляется одним из наиболее перспективных методов для развития сопоставительных

---

① Люй Шусян, 800 слов в современном китайском языке. Пекин, 1981, стр. 311 – 312.

аспектологических исследований[①].

3. Ретроспективная точка наблюдения составляет один из дифференциальных признаков обще-фактического значения русского глагола несовершенного вида прошедшего времени, в силу чего необходимо провести грань между действием постоянно-непрерывным, конативно-процессным и ограниченно-кратным с ретроспективной точки наблюдения и таким же действием с синхронной точки наблюдения. Только при первом случае реализуется обще-фактическое значение.

Китайские глагольные сочетания с аспектуальными вспомогательными словами словам *го*（过），*гола*（过了），*дэ*（的），*лайчжэ*（来着）по значению совпадают с русскими глаголами несовершенного вида прошедшего времени при обозначении действия только с ретроспективной точки наблюдения, а не с синхронной. Иными словами, китайские вспомогательные слова *го*（过），*гола*（过了），*дэ*（的），*лайчжэ*（来着）являются показателями не прошедшего времени вообще, а прошедшего, выступающего в обще-фактическом значении.

---

① Ю. С. Маслов, К основаниям сопоставительной аспектологии. // Вопросы сопоставительной аспектологии. Л., 1978, стр. 39 –40.

ИССЛЕДОВАТЕЛЬСКИЕ ПРОФИЛИ У КИТАЙСКИХ ЛИНГВИСТОВ-РУСИСТОВ (на примерах научных успехов по русской аспектологии) [*1]

1. Основным профилем у китайских лингвистов-русистов являются, прежде всего, поиски эффективной методики обучения русскому языку в китайской аудитории, но тем не менее, мы не разделяем взгляд, состоящий в том, что этот профиль для нас должен быть единственным, исключительным, что практически не применимое значит не нужное.

Как иллюстрацию этого профиля коротко представляем общефактичность прошедшего НСВ сквозь призму китайского языка. ① В соответствии с принципом учета родного языка при обучении русскому виду считается полезным классифицировать семантические варианты общефактичности русского несовершенного прошедшего так, чтобы они были семантически соотнесены в отдельности со следующими 4 маркерами китайской общефактичности :1) 过(guo), 2) 过了(guole), 3) 的(de), 4)来着(laizhe):

1) вариант (например: *Вы читали Евгения Онегина*?) с такими

---

* Настоящая статья была прочитана на лингвистической кафедре, возглавляемой И. Б. Шатуновским, во время двумесячного пребывания автора как приглашенного профессора в Международном университете природы, общества и человека «Дубна» для чтения спецкурса «Китайская и русская грамматика в сопоставительном плане».

① Чжан Цзяхуа, Обще-фактическое значение русского глагола в сопоставлении с китайским глаголом. Русское слово в мировой культуре. СПб. : Политехника, 2003.

семантическими признаками, как:

а) полная отвлеченность от конкретных признаков протекания действия и нелокализованность во времени;

б) отдаленность осуществления действия во временном плане;

в) безразличность к единичности/многократности, достижению/недостижению внутреннего предела;

г) ретроспективная точка наблюдения.

2) вариант (например: *Спасибо, я уже обедал*), обозначающий действие не отвлеченное от конкретных условий, а локализованное во времени, не неопределенно-кратное, а однократное в большинстве случаев, не безразличное к достижению / недостижению внутреннего предела, а достигшее результата. Высказывания с этим вариантом обычно используются в ситуациях, когда для решения, совершать или не совершать действие, говорящий спрашивает, имело оно место или нет, или в ситуации, когда говорящий сообщает, что действие имело уже место и поэтому нет необходимости совершать его.

3) вариант (*А вы художник настоящий... Вы что кончали?*), при котором в высказывании с имплицитной результативностью подчераивается не само действие (тема), а его место, цель, объект, способ, время и др. (рема). Здесь несовершенный вид не обязателен. Его во многих случаях можно заменить совершенным.

4) вариант (*Я была у Софьи Александровны. Помогала перенести вещи*), в случае чего в высказывании чувствуется явный оттенок процессного значения. Но точка наблюдения здесь остается ретроспективной, поэтому вариант не выходит за пределы общефактичности.

Предлагаемая с учетом родного языка классификация общефактического значения глаголов русского НСВ прошедшего получает очевидные учебные успехи в китайской аудитории.

2. Второй профиль — это обнаружение и систематизация типологических сходств и различий русского и китайского языков, не имеющих генетических отношений. Это сугубо теоретическое направление. Вряд ли все выводы отсюда могут быть непосредственно использованы

в учебной практике, зато они лингвистически ценные.

(1) *В этой портерной я написал первое любовное письмо Вере. Писал карандашом.*

(2) *Девушка глянула на волка. Зверь с аппетитом принялся за еду.*

Использование в (1) глагола НСВ *писал* как анафора(его антецедент-*написал*) допускается в соответствии с такими же принципами, с какими анафор *зверь* во (2) вместо антецедента *волк*. Для подобной разновидности общефактичности в китайском языке грамматикализована специальная и обязательная аналитическая форма. Вместо нее ставить глагол в форме СВ недопустимо. Использование семантически более простого средства по сравнению с его антецедентом в высказываниях с имплицитной ограниченностью действия пределом как прагматической пресуппозицией наблюдается не только в русском и китайском языках, но и в английском: *He has gone to town. -Did he go by himself*? Анафорическое употребление прошедшего основного разряда здесь обязательно(* *Has he gone to town by himself*?), чем английский язык отличается от русского, но эта форма не специализирована в данной функции, чем английский отличается от китайского. Все это можно графически представить так:

	русский язык	английсктй язык	китайский язык
Выделение общефактического значения	+	+	+
Обязательноеграмматическое выражение	−	+	+
Специальное грамматическое средство	−	−	+

3. Рассматривание родного языка с точки зрения языков иност-

ранных и языкознания зарубежного, это профиль, с которым справятся несомненно только лингвисты, проникшие в иностранные языки и зарубежную лингвистику. От этого напровления не отделятся китайские руситы-лингвисты. В последние десятилетия на страницах китайских изданий, посвященных исследованию нашего родного языка и общего языкознания, господствует американская лингвистика, почти не замечено влияния российских лингвистических концепций. Отсутствие этого влияния не потому, что в российском языкознании не было бы чего-нибудь полезного. Полезного, всем нам известно, очень много, примеров сколько хочешь. Сюда входит прежде всего московская семантическая школа, которую представляет академик Юрий Дереникович Апресян. Не замечено влияния потому, что мы, лингвисты-руситы, исполняем свою задачу не в таком масштабе, в каком наши китайские англичане.

Китайские глаголы в форме совершеннего вида с маркером 了(le) так же, как и русские глаголы СВ, обозначают ограниченное пределом целостное действие. ① Такой взгляд на инвариантное значение китайского глагола в форме СВ поможет разрешить ряд дискуссионных вопросов, но к сожалению, до сих пор на китайскую аспектологию как раздел языкознания оказывают свое доминирующее влияние только западные концепции по аспекту, построенные в большинстве случаев на материалах английского языка, не имеющего прототипической грамматической категории вида.

Признак целостности действия ярко представлен в длительно-результативных китайских глаголах(accomplishments) совершеннего вида(с маркером 了). Их грамматическое значение не может быть полностью интерпретировано внутренним пределом:

(3)他2001年读了这部长篇。(Он прочитал этот роман в 2001 году.)

---

① Zhang Jiahua, The Context-independent Perfective Meaning of the Chinese "le"(了). *Contemporary Linguistics*, journal of the Institute of Linguistics, The Chinese Academe of Social Sciences. 2004,№2, pp. 97 – 109.

（4）他 2001 年 12 月 5 日读了这部长篇。（Он прочитал этот роман 5-ого декабря 2001 года.）

Почему предложение（1）приемлемо，а предложение（2）нет? Единственная причина в том，что“读了”，как и русские глаголы СВ，выражает не только ограничение действия «读» внутренним пределом，то-есть конечной критической точкой，но его начало，середину и конец вместе взятые，как одно неделимое целостное. Именно по этой причине длительно— результативные глаголы совершенного вида（с маркером 了）не используются в сочетании с точечным временным обстоятельством.[①]“2001 年”（*в* 2001 *году*）не точечное временное обстоятельство，его временная длительность достаточна для покрытия целостного действия，выраженного“读了”，следовательно，предложение（1）приемлемо. А “2001 年 12 月 5 日”（5-ого декабря 2001 года）– точечное，его временная длительность не достаточна для покрытия целостного действия，выраженного“读了”，поэтому предложение（2）не приемлемо. По целостности китайский СВ отличается от русского следующими моментами：

1）Выражение целостности обязательно. Ср.：

（5）— Вы все еще читаете «Анну Каренину»？— Нет，я уже прочитал.

（6）——你还在读《安娜. 卡列尼娜》吗？—— 不，我已经读完了。

Глагол «прочитал» в примере（3）выделило не целостность，а внутренний предел из грамматического значения СВ，противопоставление СВ «прочитал» НСВ «читаете» в данном контексте представлено не как противопоставление целостности нецелостности，а как результата процессу. Тогда как в переводе примера（3）на китайский язык（4）“读完了”не может быть заменено на“读了”. В отличие от“读了”，“读完了”（кончил читать）как глагол результативного способа специализирован в выражении достижения действием результата，тогда как“读

---

① См. И. Шатуновский，Семантика предложения и нереферентные слова.（Значение. Коммуникативная перспектива. Прагматика）. М.，1996.

了”не может выразить результативного значения в отдельности от целостности даже с помощью котекста. Иначе говоря, русский «прочитал» обладает двумя вариантными значениями, а именно целостным и результативным, а у китайского“读了”имеется только целостное значение.

2) Часть денотативной зоны, обозначаемая русским НСВ, покрыта китайским СВ.

в предложениях с пост-обстоятельством количества времени Маркер СВ “$了_1$” при выражении целостности обозначает не только беспредельное состояние и деятельность, ограниченные двуконечными временными пределами (1,2), но и временно-ограниченное протекание предельного действия (3):

(7)站了一个小时。(Простоял час.)

(8)说了半个小时的话。(Проговорил полчаса.)

(9)开罐头开了五分钟。(Он 5 минут *открывал* консервную банку.)

Тогда как в русском языке глаголы СВ ограниченно-длительных способов действия, образуются только от непредельных глаголов состояния и деятельности; временно— ограниченное протекание действия на этапе до достижения внутреннего предела обозначают только глаголы НСВ (9):

Даже то, что состояние, деятельность, ограниченные временными пределами, выражают глаголы СВ специальных способов, не обязательно. Замена их на синонимические глаголы НСВ во многих случаях допустима: *простоял час≈стоял час.*

3) В русском языке СВ и НСВ конативных видовых пар, как известно, противоположны друг другу как перлокутивные иллокутивным, в то время как в китайском соотносительные глагольные эквиваленты, образовав с помощью “$了_1$” форму СВ и приобретя целостность, остаются иллокутивными, в результате чего китайские“调查 / 调查了”семантически соотносятся не с русскими “выяснять / выяснил”, а с “выяснять / выяснял”. Перлокутивную функцию исполняют в китайс-

ком языке отдельные глаголы результативного способа действия.

Все это имеет большое значение для преподавания китайского языка в русской аудитории.

4. Внесение вклада в теоретические и практические исследования русского языка. Это профиль для нас, надо признаться, гораздо сложнее, чем предыдущие. Причина сама собой разумеется: русский язык для нас иностранный. Но поскольку он наша профессия, как лингвистам, нам не отделаться от его исследования.

В «Русской грамматике» 80 года относительно семантических отношений существи— тельных, производных от СВ, образованных с помощью способов префиксации, с производными существительными от соответствующих глаголов НСВ, говорится следующее: «Нередки образования от соотносительных глаголов сов. и несов. Однако видовое значение мотивирующего глагола, как правило, не отражается на семантике существительного. Поэтому возможно употребление таких слов в тождественных контекстах. ... *завершено формирование правительства* и *завершено сформирование правительства*》[Грамматика 1980: 159 – 160].》Такое безразличное употребление с нашей точки зрения возможно, но далеко не во всех контекстах. ①Сравните примеры:

(10) а. Я бы тоже мог покритиковать, но, к сожалению, во время *прочтения* (= во время *чтения*) оно(«Бегство Земли»)меня не впечатлило (lame. ru); / б. Продолжим обсуждение социалистического рынка, если вам и по *прочтении* этого ответа будет что-то не понятно (subscribe. ru) =.. *после того как вы прочитаете этот ответ..*, **по чтении*;

(11) а. Через пять лет вынуждены были остановить *постройку* (= остановить *стройку*, *строительство*) ... из-за осадки грунта (из газет); / б. В результате *постройки* оросительных систем, связанных с этим каналом, удалось значительно повысить сбор хлопка-сырца (eur-

① Чжан Цзяхуа, Аспектуальные семантические компоненты в значении имен существительных в русском языке. —ВЯ. 2007, №1, стр. 27 – 43.

asia. ru) = *в результате того, что построили оросительные системы*, **в результате стройки*;

(12) а. На кузбасских полях начался *посев* (= *сев*) озимых (mediakuzbass. ru). / б. И хотя в 1999 году была предпринята *попытка посева* трав на тридцати гектарах, ситуацию это не спасло (newsweek. krd. ru) = *попытались посеять травы*..., **попытка сева*.

замена существительного от СВ на существительное от НСВ возможна в примерах (10а) — (12а) и невозможна в примерах (10б) — (12б). Поэтому более точной будет следующая формулировка: существительные, производные от глаголов НСВ, во многих случаях имеют аспектуальное значение только НСВ (*комплектование*, *открывание*, *подавание*, *формирование* и т. д.), тогда как существительные, образованные от СВ (*выяснение*, *повышение*, *прочтение*, *постройка*, *сформирование*, *укомплектование* и т. п.), обычно являются двувидовыми, совмещают в себе аспектуальное значение сов. и несов. вида.

Что касается толковых словарей, то в них такие глаголы, как *израсходование*, *напечатание*, *посев*, *построение*, *постройка*, *прочтение*, *сформирование*, *укомплектование* и т. д., в большинстве случаев рассматриваются как соотносительные с мотивирующими глаголами СВ, вследствие чего теряется аспектуальный компонент их семантики, соответствующий глаголам НСВ. Сравните толкование «*посев*» и «*раскол*» в МАС:

Посев-действие по глаг. посеять. / *Раскол — действие по знач. глаг.* расколоть — раскалывать.

参 考 文 献

[1]房玉清:《实用汉语语法》,北京语言学院出版社 1992 年版。

[2]金立鑫:《试论“了”的时体特征》,《语言教学与研究》1998 年第 1 期。

[3]孔令达:《关于动态助词“过 1”和“过 2”》,《中国语文》,1986 年第 4 期。

[4]李纳,Sandra A. Thompson,R. McMillan Thompson,《已然体的话语理据:汉语助词“了”》,《功能主义与汉语语法》,北京语言大学出版社 1994 年版。

[5]李兴亚:《试说动态助词“了”的自由隐现》,《中国语文》1989 年第 5 期。

[6]刘　坚:《〈训世评话〉中所见明代前期汉语的一些特点》,《中国语文》1998 年第 2 期。

[7]刘月华:《动词重叠的表达功能及可重叠动词的范围》,《中国语文》1983 年第 1 期。

[8]刘月华等:《实用现代汉语语法》,外语教学与研究出版社 1983 年版。

[9]刘勋宁:《现代汉语词尾“了”的语法意义》,《中国语文》1988 第 5 期。

[10]陆俭明:《现代汉语中数量词的作用》,《语法研究和探索》(四),商务印书馆 1988 年版。

[11]吕叔湘、朱德熙:《语法修辞讲话》,中国青年出版社 1979 年版。

[12]吕文华:《“了”与句子语气的完整及其它》,《语言教学与研究》1983 年第 3 期。

[13]马庆株:《汉语动词和动词性结构》,北京语言学院出版社 1992 年版。

[14]马庆株:《时量宾语和动词的类》,《中国语文》1981 年第 2 期。

[15]沈家煊:《“有界”与“无界”》,《中国语文》1995 年第 5 期。

[16]沈家煊:《再谈“有界”与“无界” 》,《语言学论丛》第三十辑,商务印

书馆 2004 年版。
[17]王　还:《再谈现代汉语词尾“了”的语法意义》,《中国语文》1990 年第 3 期。
[18]王　力:《王力文集》第一卷,山东教育出版社 1984 年版。
[19]徐　丹:《汉语里的“在”与“着(著)”》,《中国语文》1992 年第 6 期。
[20]郑怀德:《“住了三年”和“住了三年了”》,《中国语文》1980 年第 2 期。
[21]张家骅:《布拉格学派标记理论管窥》,《外国语》1992 年第 4 期。
[22]张家骅:《否定结构中俄语动词体的意义》,《外语学刊》1989 年第 6 期。
[23]张家骅:《现代俄语体学》,高等教育出版社 1996 年版。
[24]张家骅:《语法・语义・语用——现代俄语研究》,黑龙江人民出版社 2000 年版。
[25] АН СССР, Грамматика современного русского литературного языка, М., 1970.
[26]АН СССР,Русская грамматика. Т. I. М., 1980.
[27]АН СССР, Словарь русского языка. Т. III. М., 1983.
[28] Авилова Н. Вид глагола и семантика глагольного слова. М., 1976.
[29]Акимова Т. Значение совершенного вида в отрицаттельных предложениях в русском языке. — ВЯ, 1993, №1.
[30]Апресян Ю. Типы информации для поверхностно-семантического компонента модели “Смысл-Текст”. Wiener Slawistischer Almanach. Wien,1980.
[31] Апресян Ю. Избранные труды. Т. II. Интегральное описание языка и системная лексикография. М.,1995.
[32]Апресян. Ю. Глаголы моментального действия и перформативы в русском языке. // Руснстика сегодня (Язык: система и ее функциюнирование), М., 1988.
[33]Апресян Ю. Отечественная теоретическая семантика в конце XX столетия. Известия РАН. Серия литературы и языка. т. 58, №4, 1999.

[34] Арутюнова Н. К проблеме функциональных типов лексического значения. //Аспекты семантических исследований. М., 1980.
[35] Арутюнова Н. Предложение и его смысл. М., 1976.
[36] Белошапкова В. Современный русский язык. М., 1989.
[37] Бенвенист Э. Общая лингвистика. М., 1974.
[38] Бондарко А. Проблемы грамматической семантики и русской аспектологии. СПб., 1996.
[39] Бондарко А. и Буланин Л. Русский глагол. Л.,1967.
[40] Бондарко А. Вид и время русского глагола. М., 1971.
[41] Бондарко А. О значениях видов русского глагола. —ВЯ, 1990, №4.
[42] Бондарко А. О системе анализа семантики глагольного вида. // Труды аспектологического семинара филологического факультета МГУ им. М. В. Ломоносова. Т. I. М., 1997.
[43] Бондарко А. В. Принципы функциональной грамматики и вопросы аспектологии. Л., 1983.
[44] Бондарко А. Функциональная грамматика. Л., 1984.
[45] Булыгина Т. и Швелев А. Языковая концептуализация мира (на материале русской грамматики). М., 1997.
[46] Виноградов В. В. Русский язык (грамматическое учение о слове). М., 1947.
[47] Гак В. Формальные и функциональные видовые пары в русском языке. — Вестник МГУ, сер. 9. Филология. 1997, №1.
[48] Гак В. Прагматика, узус и грамматика речи. — Иностранные языки в школе, 1982, №5.
[49] Гловинская М. Семантические типы видовых противопоставлений русского глагола. М., 1982.
[50] Гловинская М. Русские речевые акты и вид глагола. // Логический анализ языка. Модели действия. М., 1992.
[51] Гловинская М. Многозначность и синонимия в видо-временной системе русского глагола. М., 2001.
[52] Гуревич В. Вид и лексическое значение глагола. // филологичес-

кие науки, 1979, №5.

[53] Гуревич В. Актуальное членение и употребление глагольного вида. — Русский язык за рубежом, 1986, №5.

[54] Жолковский А. К. и Мельчук И. А. К построению действующей модели языка "Смысл⇔Текст". // Машинный перевод и прикладная лингвистика. М., 1969.

[55] Кустова Г. и Падучева Е. Перформативные глаголы в неперформативных употреблениях. // Логический анализ языка. Язык речевых действий. М., 1994.

[56] Лебедева Г. Употребление глагольных форм прошедшего времени совершенного вида в перфектном в современном русском литературном языке. // Вопросы истории русского языка. М.,1959.

[57] Лингвистический энциклопедический словарь. Под ред. В. Ярцевой. М., 1990.

[58] Ломов А. Аспектуальная характеристика действий и ее ти-пы. // Сб. Вопросы русской аспектологии. Воронеж, 1975.

[59] Ломов А. Очерки по русской аспектологии. Воронеж, 1997.

[60] Лопатин В. и др. Современный русский язык. Теоретический курс. М., 1989.

[61] Маслов Ю. Очерки по аспектологии. Л., 1984.

[62] Маслов Ю. Глагольный вид в современном болгарском литературном языке. // Вопросы грамматики болгарского литературного языка, М., 1959.

[63] Маслов Ю. К основаниям сопоставительной аспектологии. //Вопросы сопоставительной аспектологии. Л.,1978.

[64] Мельчук И. А. Опыт теории лингвистических моделей "Смысл⇔Текст". М., 1974.

[65] Новиков Л. Семантика русского языка. М., 1982.

[66] Падучева Е. В. Высказывание и его соотнесенность с действительностью. М., 1985.

[67] Падучева Е. В. О роли метонимии в концептуальных структурах. //Диалог '99. Теоретические проблемы. М., 1999.

[68] Падучева Е. В. Семантические исследования. М., 1996.

[69] Падучева Е. В. Семантика вида и точка отсчета.// Серия лит. и яз., 1986, №5.

[70] Панова Г. Выражение повторяемости действия в современном русском языке. Автороферат дисе, на соиск. уч. ст. канд. филол, наук. Л., 1979.

[71] Пешковский А. Русский синтакси в научном освещении. М., 1935.

[72] Пешковский А. Русский синтаксис в научном освещении. 7-е изд. М., 1956.

[73] Поснелов И. Прямое и относительное употребление форм настоящего и будущего глагола в современном русском языке. // Исследования по грамматике русского литературного языка (Сборник статей). М., 1955.

[74] Плунгян В. А. и Рахилина Е. В. Парадоксы валентностей. // Семиотика и информатика, вып. 36. М., 1998.

[75] Размусен Л. О глагольных временах и об их отношениях к видам в русском, немецком и французском языках. — Журнал Министерства народного просвещения, 1891.

[76] Рассудова О. Употребление видов глагола в современном русском языке. М., 1982,

[77] Русская грамматика. Под ред. Н. Шведовой и В. Лопатина. М., 1990.

[78] Русский язык. Энциклопедия. Под ред. Ф. Филина. М., 1979.

[79] Русский язык. Энциклопедия. Под ред. Ф. Караулова. М., 1997.

[80] Соколовская К. Дифференцирование и единство семантики несовершенного вида (при передаче повторяющихся действий). — Болгарская русистнка, 1985, №4.

[81] Спагис А. Парные и непарные глаголы в русском языке. М., 1969.

[82] Шапиро М. Видовые пары глаголов в русском языке. — Ученые

записки Тиральпольского госпединститута им. Шевченко, вып. I, Кишинев, 1956.

[83] Шаронов И. Проблема толкования вида в императиве. // Русский глагольный вид в прикладных исследованиях. М., 1994.

[84] Шатуновский И. Семантика вида: к проблеме инвариан-та. // Русистика сегодня. М., 1992.

[85] Шведова Л. Н. Трудные случаи функционирования видов русского глагола (К. Проблеме конкуренции видов). М., 1984.

[86] Шелякин М. Основные проблемы современной русской аспектологии. // Вопросы русской аспектолоии. Воронеж, 1975.

[87] Шелякин М. Категория вида и способы действия русского глагола (Теоретические основы). Таллин, 1983.

[88] Шелякин М. О спорных вопросах аспектолгии. — Вестник МГУ, сер. 9. Филология, 1995, №4.

[89] Якобсон Р. Избранные работы. М., 1985.

[90] Vendler Z. *Linguistics in Philosophy*. Ithaca, New York: Cornell Univ. Press, 1967.

[91] Grice H. P. *Logic and Conversation.* // Syntas. and Semantics, v. 3. ed. by P. Cole and J. L. Morgan N. Y., Acad. Press, 1975.

[92] Wierzbicka A. *On the semantics of verbal aspect in Polish. // To honor Roman* Jakobson, V. III. The Hague-Paris, 1967.

《张家骅集》收录论著索引

概括体范畴语法意义的若干理论问题

……………………………………… 原载《外语学刊》2001 年第 1 期

俄语动词体的语法意义 ………………… 原载《现代外语》1991 年第 2 期

动词体与动词的词汇意义

………………… 原载《论文选萃》,上海外语教育出版社 1997 年版

词汇意义还是语法意义? ……………… 原载《外语研究》1991 年第 1 期

语用学与动词体 ……………………… 原载《外语学刊》1996 年第 4 期

俄语动词体的几个问题 …………………… 原载《外语学刊》1987 第 4 期

俄语体学的成就、现状与任务

……… 原载《海峡两岸俄语教育学术研讨会论文集》(台北,1998)

俄语完成体动词过去时的结果存在意义

……………………………………… 原载《外语学刊》1990 年第 6 期

完成体言语行为努力尝试动词的意向言语行为意义

…………………………………… 原载《中国俄语教学》2009 年第 1 期

关于完成体动词表达预料行为问题

…………………………………… 原载《中国俄语教学》1989 年第 1 期

完成体动词的总和一体意义 ……… 原载《中国俄语教学》1987 年第 6 期

俄语动词未完成体表达的概括事实意义

……………………………………… 原载《外语学刊》1986 年第 4 期

俄语未完成体动词现在时的具体过程意义和拟定行为意义

……………………………………… 原载《外语学刊》1994 年第 1 期

俄语动词体用例分析 ………………… 原载《外语学刊》1992 年第 2 期

汉语棱镜下的俄语未完成体动词概括事实意义

……………………………………… 原载《外语学刊》1991 年第 5 期

俄汉动词语义类别对比述要 …………… 原载《外语学刊》2000 年第 2 期

俄汉语动词完成体语法意义的对比研究

……………………………… 原载《俄语学报》第四期(台北,2001)

俄语棱镜下的汉语体范畴……………… 原载《外语学刊》2006年第2期

体学研究应服务于教学………………… 原载《外语研究》1998年第3期

关于俄语动词体教学的几个问题……… 原载《现代外语》1989年第1期

Об одной трудности употребления видов глаголов русского языка

……………………………… Русский язык за рубежом, 1986, №5

Аспектуальные семантические компоненты в значении имен существительных в русском языке …… Вопросы языкознания, 2007, №1

Обще-фактическое значение русского глагола в сопоставлении с китайским глаголом

……… Русское слово в мировой культуре. СПб.: Политехника.

Исследовательские профили у китайских лингвистов-русистов (на примерах научных успехов по русской аспектологии)

…………… Кафедра лингвистики Международного университета природы, общества и человека "Дубна".

作者传略

张家骅，四川成都人。1966 年毕业于东北师范大学俄语专业，1978—1981年为黑龙江大学俄语系研究生，1984—1986 年访学莫斯科普希金俄语学院，1998 年 8 月—1999 年 8 月应聘赴台任政治大学（台北）客座教授。

现任黑龙江大学俄罗斯语言文学与文化研究中心教授、博士生导师、黑龙江大学校学术委员会人文艺术学部主任、《当代语言学》（中国社科院语言所主办）顾问委员会委员、《中国外语》（高等教育出版社主办）编委、国家社会科学基金学科评审组专家。曾任黑龙江大学俄语系主任（1994—1999）、黑龙江大学俄语语言文学研究中心（教育部人文社会科学重点研究基地）主任（1999—2006）、《外语学刊》主编（1998—2006）。

主要荣誉：俄罗斯普希金奖章获得者、第三届国家级教学名师、第四、五两届中国高校人文社会科学研究优秀成果奖获得者。

主要著作有《现代俄语体学》（高等教育出版社，1996 年，获黑龙江省第八次社会科学优秀成果一等奖）、《俄罗斯当代语义学》（商务印书馆，2003 年，第一作者，2003—2004 年度入选教育部推荐研究生教学用书，2006 年获第四届中国高校人文社会科学研究优秀成果奖）、《现代俄语体学》（修订本）（增补 16 万字，2004—2005 年度入选教育部推荐研究生教学用书）、《新时代俄语通论》（上、下册）（商务印书馆，2006 年，主编）、《俄罗斯语义学：理论与研究》（中国社会科学出版社，2011 年）、«Аспектуальные семантические компоненты в значении имен существительных в русском языке»（Вопросы языкознания, 2007, №1）、《透过汉俄对比看'了$_1$'的常体意义》（当代语言学，2004 年第 2 期）。

Биографические сведения

Чжан Цзяхуа родился в 1941 году в городе Чэнду(Chengdu) провинции Сычуань, в 1966 году окончил Северо- восточный педагогический университет по специальности русского языка и в 1981 окончил аспирантуру Хэйлунцзянского университета. С 1984 по 1986 г. он получал повышение квалификации в Москве в Государственном институте русского языка имени А. С. Пушкина. С 1998 по 1999 г. работал приглашенным профессором университета «Чжэнчжи» В Тайбэе .

В настоящее время Чжан Цзяхуа является профессором Центра исследования русского языка, литературы и культуры Хэйлунцзянского университета, руководит докторантами и пост-докторами в научной работе, возглавляет подсовет гуманитарных и искусствоведческих наук ученого совета университета, состоит членом редсовета журнала «Современная лингвистика», изданием которого руководит институт языкознания Академии общественных наук КНР, членом редколлегии журнала «Иностранные языки в Китае», издаваемого под руководством изд. «Высшее образование», специалистом-экспертом научно-отраслевых групп Государственного общественного научного фонда. В свое время он был деканом факультета русского языка Хэйлунцзянского университета(1994—1999), заведующим Центром исследования русского языка и литературы(одним из 100 ведущих исследовательских центров гуманитарно-общественных наук при Министерстве образования КНР) (1999—2006) и главным редактором журнала «Исследования по иностранным языкам»(ученые записки Хэйлунцзянского университета по иностранным языкам и литературе) (1998—2006) .

Чжан Цзяхуа — обладатель целого ряда наград. В 2006 году он

был награжден медалью А. С. Пушкина, в 2007 году — званием заслуженного учителя высших учебных заведений КНР. Он дважды лауреат всекитайского конкурса «Отличные научно-исследовательские работы высших учебных заведений по гуманитарным и общественным наукам», дважды лауреат 1-ой степени хэйлунцзянского провинциального конкурса «Отличные научно-исследовательские работы по гуманитарным и общественным наукам».

Как прилежный лингвист, он автор большого количества научных работ, напечатанных на страницах отечественных и зарубежных изданий, в том числе«Аспектуальные семантические компоненты в значении имен существительных в русском языке»(ВЯ, 2007, №1), «Инвариант аспектуального маркера‘ 了$_1$’ через призму русского глагола совершенного вида»(Современная лингвистика, 2004, №2), «Современная семантика в России»(Пекин: издательство Шанъу, 2005, главный из соавторов), «Современнный русский язык. Обновленный теоретический курс»(в двух томах)(Пекин: издательство Шанъу, 2006, главный редактор), «Современная русская аспектология (исправленное и дополненное)»(Пекин: издательство «Высшее образование», 2006). Последние две из них рекомендованы Министерством образования КНР как учебные пособия для аспирантуры по специальности теоретической и прикладной лингвистике.